Amerikanische Meistererzählungen

Zweisprachige Ausgabe

Amerikanische Meistererzählungen

Famous American Short Stories

Zweisprachige Ausgabe

Aus dem Amerikanischen von
Pieke Biermann, Helmut Frielinghaus,
Isabelle Fuchs, Margarete Jacobi,
Kai Kilian, Kim Landgraf, Felix Mayer
und Bernd Samland

Anaconda

Die seitenidentische Hardcover-Ausgabe erschien im Frühjahr 2010,

Die Deutsche Nationalbibliothek verzeichnet diese Publikation in der Deutschen Nationalbibliografie; detaillierte bibliografische Daten sind im Internet unter http://dnb.d-nb.de abrufbar.

Umschlagmotiv: R. Schwarz, »Brooklyn Bridge« (um 1883),
Private Collection / bridgemanart.com
Umschlaggestaltung: www.katjaholst.de
Satz und Layout: InterMedia, Ratingen
Printed in Czech Republic 2013
ISBN 978-3-7306-0001-6
www.anacondaverlag.de
info@anacondaverlag.de

Contents / Inhalt

Washington Irving

Rip Van Winkle

A Posthumous Writing of Diedrich Knickerbocker

By Woden, God of Saxons,
From whence comes Wensday, that is Wodensday,
Truth is a thing that ever I will keep
Unto thylke day in which I creep into
My sepulcher–

Cartwright

Whoever has made a voyage up the Hudson must remember the Kaatskill mountains. They are a dismembered branch of the great Appalachian family, and are seen away to the west of the river, swelling up to a noble height, and lording it over the surrounding country. Every change of season, every change of weather, indeed, every hour of the day, produces some change in the magical hues and shapes of these mountains, and they are regarded by all the good wives, far and near, as perfect barometers. When the weather is fair and settled, they are clothed in blue and purple, and print their bold outlines on the clear evening sky; but, sometimes, when the rest of the landscape is cloudless, they will gather a hood of gray vapors about their summits, which, in the last rays of the setting sun, will glow and light up like a crown of glory.

At the foot of these fairy mountains, the voyager may have descried the light smoke curling up from a village, whose shingle-roofs gleam among the trees, just where the blue tints of the upland melt away into the fresh green of the nearer landscape. It is a little village of great antiquity, having been founded by some of the Dutch colonists, in the early times of the province, just about the beginning of the government of the good Peter Stuyvesant, (may he rest in peace!) and there

Washington Irving

Rip Van Winkle

*Aus den nachgelassenen Schriften des Diedrich Knickerbocker**

Bei Donar, dem Sachsen-Gott,
Der Donnerstag den Namen gab:
Die Wahrheit ist ein Gut, an das ich stets mich halte,
Bis zu dem Tag, an dem ich krieche
In mein Grab –

Cartwright*

Wer je den Hudson flussaufwärts gefahren ist, muss sich der Kaatskill-Berge erinnern. Sie sind ein getrennter Zweig der großen Familie der Appalachen, und zu sehen sind sie westlich des Flusses, wo sie sich zu herrlicher Höhe aufschwingen und damit übers Umland gebieten. Jeder Wechsel der Jahreszeit, jeder Wetterwechsel, ja, jede Stunde des Tages erzeugt eine Veränderung der magischen Formen und Farben dieser Berge, und deshalb werden sie von allen guten Hausfrauen nah und fern als perfektes Barometer angesehen. Ist das Wetter schön und beständig, sind sie in Blau und Lila gehüllt und zeichnen sich in ihren kühnen Umrissen gegen den klaren Abendhimmel ab; doch bisweilen, wenn die übrige Landschaft wolkenlos ist, sammeln sich graue Nebel um ihre Gipfel, die in den letzten Strahlen der untergehenden Sonne aufleuchten und glänzen wie eine Glorienkrone.

Am Fuße dieser märchenhaften Berge hat der Reisende vielleicht den hellen Rauch erspäht, der aus einem Dorf aufsteigt, dessen Schindeldächer zwischen den Bäumen eben dort hindurchschimmern, wo die Blautöne des Hochlandes in das frische Grün der angrenzenden Landschaft übergehen. Es ist ein kleines, dabei sehr altes Dorf, das von niederländischen Kolonisten gegründet wurde, und zwar in den Anfangsjahren der Provinz, ungefähr zu Beginn der Regierung des guten Peter Stuyvesant* (er ruhe in Frieden!), und binnen weniger Jahre

were some of the houses of the original settlers standing within a few years, built of small yellow bricks brought from Holland, having latticed windows and gable fronts, surmounted with weather-cocks.

In that same village, and in one of these very houses (which, to tell the precise truth, was sadly time-worn and weather-beaten), there lived many years since, while the country was yet a province of Great Britain, a simple good-natured fellow of the name of Rip Van Winkle. He was a descendant of the Van Winkles who figured so gallantly in the chivalrous days of Peter Stuyvesant, and accompanied him to the siege of Fort Christina. He inherited, however, but little of the martial character of his ancestors. I have observed that he was a simple, good-natured man; he was, moreover, a kind neighbor, and an obedient, hen-pecked husband. Indeed, to the latter circumstance might be owing that meekness of spirit which gained him such universal popularity; for those men are most apt to be obsequious and conciliating abroad, who are under the discipline of shrews at home. Their tempers, doubtless, are rendered pliant and malleable in the fiery furnace of domestic tribulation; and a curtain lecture is worth all the sermons in the world for teaching the virtues of patience and long-suffering. A termagant wife may, therefore, in some respects, be considered a tolerable blessing; and if so, Rip Van Winkle was thrice blessed.

Certain it is, that he was a great favorite among all the good wives of the village, who, as usual, with the amiable sex, took his part in all family squabbles; and never failed, whenever they talked those matters over in their evening gossipings, to lay all the blame on Dame Van Winkle. The children of the village, too, would shout with joy whenever he approached. He assisted at their sports, made their playthings, taught them to fly kites and shoot marbles, and told them long stories of ghosts, witches, and Indians. Whenever he went dodging about the village, he was surrounded by a troop of them, hanging on his

standen dort einige Häuser der ersten Siedler, gebaut aus den schmalen gelben, aus Holland importierten Ziegeln, versehen mit Sprossenfenstern und Spitzgiebeln, auf denen Wetterhähne thronten.

In selbigem Dorf und in genau einem dieser Häuser (das, um die Wahrheit zu sagen, leider von der Zeit sehr angenagt und von der Witterung arg mitgenommen war) lebte schon viele Jahre, seit der Zeit, als das Land noch britische Provinz gewesen war, ein einfacher gutmütiger Bursche namens Rip Van Winkle. Er war ein Abkömmling jener Van Winkles, die in den ritterlichen Tagen Peter Stuyvesants so tapfer in Erscheinung getreten waren und ihm bei der Belagerung von Fort Christina* zur Seite gestanden hatten. Er hatte allerdings nur wenig vom kämpferischen Charakter seiner Vorfahren geerbt. Ich habe ihn als einfachen, gutmütigen Mann erlebt; darüber hinaus war er ein freundlicher Nachbar und ein gehorsamer Gatte unterm Pantoffel seiner Frau. Letzterem Umstand mag in der Tat jene Sanftmut geschuldet sein, die ihm eine so allseitige Beliebtheit bescherte; denn jene Männer, die außer Haus meist leutselig und versöhnlich sind, stehen daheim unter der Fuchtel zänkischer Weiber. Das Naturell solcher Männer wird zweifellos in der feurigen Ofenglut häuslicher Drangsal nachgiebig und gefügig gemacht, und eine Gardinenpredigt ist mehr wert als alle Kanzelworte dieser Welt, um die Tugenden Geduld und Langmut zu lehren. Ein streitsüchtiges Weib mag deshalb in mancherlei Hinsicht als erträglicher Segen betrachtet werden; so gesehen war Rip Van Winkle dreifach gesegnet.

Gewiss ist jedenfalls, dass er sehr beliebt war bei allen guten Frauen des Dorfes, die sich, wie üblich beim reizenden Geschlecht, in allen familiären Zankereien auf seine Seite schlugen und es nie unterließen, wenn sie beim abendlichen Klatsch und Tratsch auf diese Dinge zu sprechen kamen, alle Schuld der gnädigen Frau Van Winkle anzulasten. Auch die Kinder des Dorfes stießen Freudenschreie aus, wann immer er sich blicken ließ. Er machte mit bei ihren Späßen, baute ihnen Spielzeug, zeigte ihnen, wie man Drachen steigen lässt und Murmeln schießt, und erzählte ihnen lange Geschichten von Gespenstern, Hexen und Indianern. Er brauchte nur durchs Dorf zu schlurfen,

skirts, clambering on his back, and playing a thousand tricks on him with impunity; and not a dog would bark at him throughout the neighborhood.

The great error in Rip's composition was an insuperable aversion to all kinds of profitable labor. It could not be from the want of assiduity or perseverance; for he would sit on a wet rock, with a rod as long and heavy as a Tartar's lance, and fish all day without a murmur, even though he should not be encouraged by a single nibble. He would carry a fowling-piece on his shoulder for hours together, trudging through woods and swamps, and up hill and down dale, to shoot a few squirrels or wild pigeons. He would never refuse to assist a neighbor even in the roughest toil, and was a foremost man at all country frolics for husking Indian corn, or building stone fences; the women of the village, too, used to employ him to run their errands, and to do such little odd jobs as their less obliging husbands would not do for them. In a word Rip was ready to attend to anybody's business but his own; but as to doing family duty, and keeping his farm in order, he found it impossible.

In fact, he declared it was of no use to work on his farm; it was the most pestilent little piece of ground in the whole country; everything about it went wrong, and would go wrong, in spite of him. His fences were continually falling to pieces; his cow would either go astray, or get among the cabbages; weeds were sure to grow quicker in his fields than anywhere else; the rain always made a point of setting in just as he had some out-door work to do; so that though his patrimonial estate had dwindled away under his management, acre by acre, until there was little more left than a mere patch of Indian corn and potatoes, yet it was the worst conditioned farm in the neighborhood.

schon war er umgeben von einem ganzen Schwarm; die Kinder hängten sich an seine Rockschöße, kletterten ihm auf den Rücken und spielten ihm ungestraft tausenderlei Streiche; und in der ganzen Gegend hat ihn kein einziger Köter angekläfft.

Der große Fehler in Rips Gemütsverfassung war eine unüberwindliche Abneigung gegen einträgliche Arbeit jedweder Art. An mangelnder Ausdauer oder Beharrlichkeit konnte das nicht liegen, denn er saß gerne mit einer Angelrute, so lang und schwer wie eine Tatarenlanze, auf einem nassen Stein, ohne je zu murren, um den ganzen Tag zu angeln, auch wenn kein einziger Fisch anbiss, um ihn zu ermutigen. Er stapfte viele Stunden am Stück mit geschulterter Flinte durch Wald und Sumpf, den Berg hinauf, ins Tal hinab, um ein paar Eichhörnchen oder Wildtauben zu schießen. Er weigerte sich niemals, einem Nachbarn selbst bei schwersten Arbeiten behilflich zu sein, und bei allen ländlichen Lustbarkeiten stand er in erster Reihe seinen Mann, ob beim geselligen Maisschälen, beim Brauen und Brennen oder beim Bauen von Steinmauern; auch die Frauen des Dorfes spannten ihn für ihre Besorgungen ein und ließen ihn Kleinigkeiten erledigen, für die sich ihre weniger willfährigen Männer nicht hergeben mochten. Kurz gesagt, Rip war bereit, sich um den Dreck aller anderen zu kümmern, nur nicht um den eigenen; die Erfüllung der Familienpflichten und die Instandhaltung seiner Farm, die waren ihm unmöglich.

So verkündete er doch tatsächlich, es habe keinen Sinn, auf seiner Farm zu arbeiten; sie sei das verseuchteste kleine Stück Erde im ganzen Lande; alles sei hier immer schiefgegangen und würde auch künftig schiefgehen, trotz seiner Bemühungen. Seine Zäune gingen dauernd kaputt; seine Kuh kam entweder von der rechten Weide ab und verlief sich oder tat sich an den Kohlköpfen gütlich; auf seinen Feldern wuchs das Unkraut immer schneller als woanders; der Regen setzte naturgemäß immer dann ein, wenn Rip im Freien arbeiten musste; auch wenn also nun sein väterliches Erbe unter seiner Bewirtschaftung Morgen um Morgen geschrumpft war, bis von der Besitzung kaum mehr übrig war als ein mit Mais und Kartoffeln bepflanztes Fleckchen Erde, befand sich dennoch in der ganzen Gegend keine Farm in einem schlechteren Zustand.

His children, too, were as ragged and wild as if they belonged to nobody. His son Rip, an urchin begotten in his own likeness, promised to inherit the habits, with the old clothes of his father. He was generally seen trooping like a colt at his mother's heels, equipped in a pair of his father's cast-off galligaskins, which he had much ado to hold up with one hand, as a fine lady does her train in bad weather.

Rip Van Winkle, however, was one of those happy mortals, of foolish, well-oiled dispositions, who take the world easy, eat white bread or brown, whichever can be got with least thought or trouble, and would rather starve on a penny than work for a pound. If left to himself, he would have whistled life away in perfect contentment; but his wife kept continually dinning in his ears about his idleness, his carelessness, and the ruin he was bringing on his family. Morning, noon, and night, her tongue was incessantly going, and everything he said or did was sure to produce a torrent of household eloquence. Rip had but one way of replying to all lectures of the kind, and that, by frequent use, had grown into a habit. He shrugged his shoulders, shook his head, cast up his eyes, but said nothing. This, however, always provoked a fresh volley from his wife; so that he was fain to draw off his forces, and take to the outside of the house—the only side which, in truth, belongs to a hen-pecked husband.

Rip's sole domestic adherent was his dog Wolf, who was as much hen-pecked as his master; for Dame Van Winkle regarded them as companions in idleness, and even looked upon Wolf with an evil eye, as the cause of his master's going so often astray. True it is, in all points of spirit befitting an honorable dog, he was as courageous an animal as ever scoured the woods—but what courage can withstand the ever-during

Auch seine Kinder waren so verwildert und abgerissen, als gehörten sie niemandem. Sein Sohn Rip, ihm wie aus dem Gesicht geschnitten, verhieß, mit den alten Kleidern seines Vaters auch dessen Gewohnheiten zu übernehmen. Gewöhnlich sah man ihn wie ein junges Füllen an den Fersen seiner Mutter kleben, bekleidet mit den abgelegten, viel zu weiten Hosen seines Vaters, die er mühsam mit einer Hand hochhalten musste, wie es eine feine Dame bei schlechtem Wetter mit der Schleppe tut.

Rip Van Winkle jedoch war einer jener glücklichen Sterblichen von schlichter, unkomplizierter Denkungsart, die die Welt leichtnehmen, Weiß- oder Schwarzbrot essen, was gerade am mühelosesten oder ohne großes Nachdenken zu kriegen ist, und die lieber mit einem Penny hungern würden, als für ein Pfund zu arbeiten. Wenn sich selbst überlassen, hätte er sein Leben vor sich hin pfeifend in völliger Zufriedenheit über die Runden bringen können; aber seine Frau lag ihm ständig in den Ohren und schalt ihn ob seiner Faulheit, seines Müßiggangs, seiner Liederlichkeit, welche die Zerstörung seiner Familie zur Folge hätten. Morgens, mittags und auch abends, ihre Zunge war unablässig in Bewegung, und was er auch sagte oder tat, entfesselte mit Sicherheit eine Flut häuslicher Streitreden. Rip hatte nur eine Art, auf alle Predigten dieser Sorte zu antworten, und die war ihm nach häufigem Gebrauch zur Gewohnheit geworden. Er zuckte mit den Schultern, schüttelte den Kopf, drehte die Augen himmelan, sagte jedoch kein einziges Wort. Das wiederum reizte seine Frau zu einer neuen Salve, sodass er bereit war, seine Streitkräfte abzuziehen und sich aus dem Haus nach draußen zu verziehen – Rückzug ist in Wahrheit der einzig gute Zug, der einem Mann gebühret, der unterm Pantoffel steht.

Rips einziger treuer Kamerad zu Hause war sein Hund Wolf, der ebenso wie sein Herrchen unterm Pantoffel stand; denn die gnädige Frau Van Winkle betrachtete beide als Verbündete in Sachen Müßiggang und warf auf Wolf sogar ein böses Auge, sah sie in ihm doch den Grund dafür, dass sein Herrchen so oft vom rechten Wege abkam. Wahr allerdings ist in jeder Hinsicht, was diesen ehrenwerten Hund betrifft, dass kaum je ein mutigeres Tier den Wald durchstreift hat –

and all-be-setting terrors of a woman's tongue? The moment Wolf entered the house his crest fell, his tail drooped to the ground, or curled between his legs, he sneaked about with a gallows air, casting many a sidelong glance at Dame Van Winkle, and at the least flourish of a broomstick or ladle, he would fly to the door with yelping precipitation.

Times grew worse and worse with Rip Van Winkle as years of matrimony rolled on; a tart temper never mellows with age, and a sharp tongue is the only edged tool that grows keener with constant use. For a long while he used to console himself, when driven from home, by frequenting a kind of perpetual club of the sages, philosophers, and other idle personages of the village; which held its sessions on a bench before a small inn, designated by a rubicund portrait of His Majesty George the Third. Here they used to sit in the shade through a long lazy summer's day, talking listlessly over village gossip, or telling endless sleepy stories about nothing. But it would have been worth any statesman's money to have heard the profound discussions that sometimes took place, when by chance an old newspaper fell into their hands from some passing traveller. How solemnly they would listen to the contents, as drawled out by Derrick Van Bummel, the schoolmaster, a dapper learned little man, who was not to be daunted by the most gigantic word in the dictionary; and how sagely they would deliberate upon the public events some months after they had taken place.

The opinions of this junto were completely controlled by Nicholas Vedder, a patriarch of the village, and landlord of the inn, at the door of which he took his seat from morning till night, just moving sufficiently to avoid the sun and keep in the shade of a large tree; so that the neighbors could tell the hour by his movements as accurately as by a sun-dial. It is true he was rarely heard to speak, but smoked his pipe incessantly. His adherents, however (for every great man has his adherents),

aber welcher Mut kann schon dem Schrecken einer unablässig alles attackierenden Weiberzunge standhalten? Kaum hatte Wolf eine Pfote ins Haus gesetzt, ließ er den Kopf hängen, die Mähne und den Schwanz sinken oder zog ihn sogar ein und schlich mit Galgenmiene umher, wobei er immer wieder die gnädige Frau Van Winkle im Auge behielt, um dann bei der geringsten Bewegung eines Besenstiels oder einer Schöpfkelle jählings jaulend zur Tür zu flüchten.

Im Laufe der Ehejahre wurden die Zeiten für Rip Van Winkle immer schlimmer; denn ein bissiges Gemüt wird mit dem Alter niemals milder, und eine spitze Zunge ist das einzige geschliffene Werkzeug, das durch ständigen Gebrauch nur schärfer wird. Lange Zeit pflegte er, wenn aus dem Haus vertrieben, sich mit dem Besuch eines immerwährenden Clubs zu trösten, der aus den Weisen, Philosophen und anderen Müßiggängern des Dorfes bestand; dieser hielt seine Sitzungen auf einer Bank vor einem kleinen Gasthaus ab, das ein rosiges Portrait Seiner Majestät Georg des Dritten zum Kennzeichen hatte. Hier nun saßen sie den lieben langen, müden Sommertag im Schatten und redeten gemächlich über den Dorfklatsch oder ergingen sich in endlosen einschläfernden Geschichten über nichts und wieder nichts. Dabei es wäre jedem Politiker Geld wert gewesen, den tiefsinnigen Erörterungen lauschen zu dürfen, die sich bisweilen ergaben, wenn den Herren eine alte Zeitung eines Durchreisenden in die Hände fiel. Wie ernsthaft sie folgten, wenn Derrick Van Bummel schleppend den Inhalt vorlas; er war der Schulmeister, ein flinker gelehrter kleiner Mann, der sich vom gigantischsten Wort im Wörterbuch nicht schrecken ließ; und wie weise sie die öffentlichen Ereignisse erörterten, Monate, nachdem sie stattgefunden hatten.

Die Meinungen dieser Clique wurden völlig beherrscht von Nicholas Vedder, Dorfpatriarch und Wirt des Hauses, vor dessen Tür er vom Morgen bis zum Abend seinen Platz einnahm und sich nur soweit bewegte, um der Sonne zu entgehen und im Schatten eines großen Baumes zu bleiben; an seinen Bewegungen konnten seine Nachbarn die Zeit geradeso genau ablesen wie auf einer Sonnenuhr. Zwar war seine Stimme nur selten zu hören, denn er schmauchte unablässig seine Pfeife. Seine Anhänger jedoch (denn jeder große Mann hat seine

perfectly understood him, and knew how to gather his opinions. When any thing that was read or related displeased him, he was observed to smoke his pipe vehemently, and to send forth short, frequent and angry puffs; but when pleased, he would inhale the smoke slowly and tranquilly, and emit it in light and placid clouds; and sometimes, taking the pipe from his mouth, and letting the fragrant vapor curl about his nose, would gravely nod his head in token of perfect approbation.

From even this stronghold the unlucky Rip was at length routed by his termagant wife, who would suddenly break in upon the tranquillity of the assemblage and call the members all to naught; nor was that august personage, Nicholas Vedder himself, sacred from the daring tongue of this terrible virago, who charged him outright with encouraging her husband in habits of idleness.

Poor Rip was at last reduced almost to despair; and his only alternative, to escape from the labor of the farm and clamor of his wife, was to take gun in hand and stroll away into the woods. Here he would sometimes seat himself at the foot of a tree, and share the contents of his wallet with Wolf, with whom he sympathized as a fellow-sufferer in persecution. "Poor Wolf," he would say, "thy mistress leads thee a dog's life of it; but never mind, my lad, whilst I live thou shalt never want a friend to stand by thee!" Wolf would wag his tail, look wistfully in his master's face, and if dogs can feel pity I verily believe he reciprocated the sentiment with all his heart.

In a long ramble of the kind on a fine autumnal day, Rip had unconsciously scrambled to one of the highest parts of the Kaatskill mountains. He was after his favorite sport of squirrel shooting, and the still solitudes had echoed and re-echoed with the reports of his gun. Panting and fatigued, he threw himself, late in the afternoon, on a green knoll, covered with mountain herbage, that crowned the brow of a precipice. From an opening between the trees he could overlook all the

Anhänger) verstanden ihn vollkommen und wussten seine Meinungen zu erschließen. Wenn ihm etwas Vorgelesenes oder Erzähltes missfiel, so sah man ihn kräftig an seiner Pfeife ziehen und hastig, häufig und wütend paffen; doch wenn es ihm gefiel, sog er langsam und seelenruhig den Rauch ein und stieß ihn gelassen in leichten Wölkchen wieder aus, und bisweilen nahm er die Pfeife aus dem Mund, sodass der duftende blaue Dunst sich um seine Nase kräuselte, und nickte gravitätisch mit dem Kopf, zum Zeichen vollständiger Zustimmung.

Doch selbst aus dieser Festung wurde der unglückliche Rip schließlich von seiner streitsüchtigen Gattin vertrieben, die urplötzlich über die geruhsame Versammlung hereinbrach und alle Mitglieder Nichtsnutze schalt; nicht einmal jene erhabene Erscheinung, Nicholas Vedder höchstpersönlich, war vor der dreisten Zunge dieses weiblichen Drachen sicher, beschuldigte sie ihn doch unverblümt, ihren Gatten zu gewohnheitsmäßigem Müßiggang anzuspornen.

Der arme Rip wurde letztlich fast zu Verzweiflung getrieben; und seine einzige Möglichkeit, der Arbeit auf der Farm und dem Geschrei seiner Gattin zu entfliehen, war es dann, sich seine Flinte zu schnappen und in die Wälder zu trollen. Hier setzte er sich dann und wann am Fuße eines Baumes nieder und teilte den Inhalt seines Rucksacks mit Wolf, dem sein ganzes Mitgefühl galt, war er doch sein Leidensbruder in der Verfolgung. »Armer Wolf«, sagte er dann, »deine Herrin gönnt dir nur ein Hundeleben; aber mach dir nichts draus, mein lieber Bursche, solange ich lebe, soll es dir nicht an einem Freund an deiner Seite mangeln!« Wolf wedelte dann immer mit dem Schwanz, sah seinem Herrn versonnen ins Gesicht, und falls Hunde Mitleid empfinden, glaube ich, er erwiderte das Gefühl aus vollem Herzen.

Während einer solchen langen Wanderung war Rip an einem schönen Herbsttag ganz in Gedanken auf einen der höchsten Punkte der Kaatskill-Berge gekraxelt. Er ging seiner liebsten Lust nach, der Eichhörnchenjagd, und Schall und echohafter Widerhall der knallenden Schüsse seiner Flinte klangen durch die stille Waldeinsamkeit. Schwer atmend und erschöpft ließ er sich am späten Nachmittag auf einer grünen, mit Gebirgskräutern bewachsenen Bergkuppe nieder, die über dem Rand eines Abgrunds thronte. Eine Bresche zwischen den Bäu-

lower country for many a mile of rich woodland. He saw at a distance the lordly Hudson, far, far below him, moving on its silent but majestic course, with the reflection of a purple cloud, or the sail of a lagging bark, here and there sleeping on its glassy bosom, and at last losing itself in the blue highlands.

On the other side he looked down into a deep mountain glen, wild, lonely, and shagged, the bottom filled with fragments from the impending cliffs, and scarcely lighted by the reflected rays of the setting sun. For some time Rip lay musing on this scene; evening was gradually advancing; the mountains began to throw their long blue shadows over the valleys; he saw that it would be dark long before he could reach the village, and he heaved a heavy sigh when he thought of encountering the terrors of Dame Van Winkle.

As he was about to descend, he heard a voice from a distance, hallooing, "Rip Van Winkle! Rip Van Winkle!" He looked round, but could see nothing but a crow winging its solitary flight across the mountain. He thought his fancy must have deceived him, and turned again to descend, when he heard the same cry ring through the still evening air: "Rip Van Winkle! Rip Van Winkle!"—at the same time Wolf bristled up his back, and giving a low growl, skulked to his master's side, looking fearfully down into the glen. Rip now felt a vague apprehension stealing over him; he looked anxiously in the same direction, and perceived a strange figure slowly toiling up the rocks, and bending under the weight of something he carried on his back. He was surprised to see any human being in this lonely and unfrequented place, but supposing it to be some one of the neighborhood in need of his assistance, he hastened down to yield it.

On nearer approach he was still more surprised at the singularity of the stranger's appearance. He was a short square-

men bot ihm einen Blick übers Tiefland, meilenweit nichts als reicher Waldbestand. In der Ferne sah er den herrlichen Hudson, der weit, weit unter ihm seinen stillen, aber majestätischen Lauf nahm, mit der Spiegelung einer lila Wolke oder dem Segel einer langsamen Bark, die hier und da in seinem glasigen Schoße schlief, bis er sich im blauen Hochland verlor.

Auf der anderen Seite blickte er hinab in eine tiefe Gebirgsschlucht, wild, einsam und zerklüftet, deren Grund mit Trümmern aus den überhangenden Felsen bedeckt war und vom Widerschein der Strahlen der untergehenden Sonne nur wenig erhellt wurde. Rip lag eine Weile da und gab sich sinnend dem Anblick hin; allmählich rückte der Abend näher; langsam warfen die Berge ihre langen blauen Schatten über die Täler; er sah, dass es längst dunkel sein würde, bevor er das Dorf erreichen konnte, und er seufzte einen schweren Seufzer beim Gedanken an die Begegnung mit dem Schreckgespenst der gnädigen Frau Van Winkle.

Als er sich gerade an den Abstieg machen wollte, hörte er aus der Ferne eine Stimme, die rief: »Rip Van Winkle! Rip Van Winkle!« Er schaute sich um, sah aber nichts als eine Krähe auf ihrem einsamen Flug über die Berge. Er dachte, seine Phantasie müsse ihm einen Streich gespielt haben, drehte sich um und machte sich wieder an den Abstieg, als er den gleichen Ruf durch die Abendstille schallen hörte: »Rip Van Winkle! Rip Van Winkle!« – im selben Augenblick richteten sich Wolfs Nackenhaare auf, und mit dumpfem Knurren schlich er an die Seite seines Herrn und schaute ängstlich hinab in die Schlucht. Rip spürte nun, wie ihn eine unbestimmte Furcht ergriff; er schaute besorgt in dieselbe Richtung und gewahrte eine seltsame Gestalt, die sich langsam die Felsen hinaufquälte und sich unter dem Gewicht einer Last beugte, die sie auf dem Rücken schleppte. Er war überrascht, in dieser einsamen und wenig betretenen Gegend einen Menschen zu sehen, aber da er annahm, es handele sich um einen aus seiner Nachbarschaft, der seine Hilfe brauchte, eilte er bergab, um ihm diese zu gewähren.

Als er näherkam, war er noch weit mehr überrascht, und zwar von der einzigartigen Erscheinung des Fremden. Er war ein kleiner, vier-

built old fellow, with thick bushy hair, and a grizzled beard. His dress was of the antique Dutch fashion—a cloth jerkin strapped round the waist—several pairs of breeches, the outer one of ample volume, decorated with rows of buttons down the sides, and bunches at the knees. He bore on his shoulder a stout keg, that seemed full of liquor, and made signs for Rip to approach and assist him with the load. Though rather shy and distrustful of this new acquaintance, Rip complied with his usual alacrity; and mutually relieving one another, they clambered up a narrow gully, apparently the dry bed of a mountain torrent. As they ascended, Rip every now and then heard long rolling peals, like distant thunder, that seemed to issue out of a deep ravine, or rather cleft, between lofty rocks, toward which their rugged path conducted. He paused for an instant, but supposing it to be the muttering of one of those transient thundershowers which often take place in mountain heights, he proceeded. Passing through the ravine, they came to a hollow, like a small amphitheatre, surrounded by perpendicular precipices, over the brinks of which impending trees shot their branches, so that you only caught glimpses of the azure sky and the bright evening cloud. During the whole time Rip and his companion had labored on in silence; for though the former marvelled greatly what could be the object of carrying a keg of liquor up this wild mountain, yet there was something strange and incomprehensible about the unknown, that inspired awe and checked familiarity.

On entering the amphitheatre, new objects of wonder presented themselves. On a level spot in the centre was a company of odd looking personages playing at ninepins. They were dressed in a quaint outlandish fashion; some wore short doublets, others jerkins, with long knives in their belts, and most of them had enormous breeches, of similar style with that of the guide's. Their visages, too, were peculiar: one had a large beard,

schrötiger alter Bursche mit dickem buschigen Haar und einem angegrauten Bart. Gekleidet war er nach altertümlicher niederländischer Mode – ein enges Wams aus Tuch, in der Taille gegürtet, mehrere Kniehosen übereinander, die äußere äußerst ausladend und geschmückt mit Knopfleisten an den Seiten und mit Beulen an den Knien. Er trug auf seiner Schulter ein dickes Fass, anscheinend gefüllt mit Alkohol, und er gab Rip mit Zeichen zu verstehen, er möge näherkommen und ihm beim Tragen helfen. Auch wenn Rip seiner neuen Bekanntschaft gegenüber ziemlich schüchtern und misstrauisch war, kam er der Bitte doch mit seinem üblichen Eifer nach; und abwechselnd die Last einander abnehmend, kletterten sie eine enge Felsrinne hinauf, allem Anschein nach das trockene Bett eines Bergbachs. Während ihres Aufstiegs hörte Rip hin und wieder ein langes grummelndes Getöse, wie fernen Donner, das aus einer tiefen Schlucht oder eher einer Spalte zwischen hohen Felsen zu kommen schien, zu denen ihr rauer Pfad sie führte. Er machte einen Augenblick Halt, doch da er annahm, es handele sich um das Grollen eines jener durchziehenden Gewitterschauer, wie sie oft in den Bergen niedergehen, schritt er weiter voran. Nachdem sie die Schlucht durchquert hatten, gelangten sie zu einer Senke, die einem kleinen Amphitheater glich, umgeben von steilen Hängen, über deren Ränder die umstehenden Bäume ihre Äste streckten, sodass vom azurblauen Himmel und der strahlenden Abendwolke nur ein flüchtiger Blick zu erhaschen war. Während der ganzen Zeit hatten Rip und sein Begleiter schweigend geschuftet; denn wenn auch jener sich sehr wunderte, welchen Sinn es haben mochte, ein Fass Schnaps diesen wilden Berg hinaufzutragen, so hatte das Unbekannte doch etwas Sonderbares und Unbegreifliches an sich, das ehrfurchtsvolle Scheu einflößte und der Vertraulichkeit Grenzen setzte.

Beim Betreten des Amphitheaters stieß er auf weitere staunenswerte Dinge. Auf einer ebenen Fläche in der Mitte befand sich eine Gruppe seltsam aussehender Personen beim Kegelspiel. Gekleidet waren sie in wunderlich fremdländischer Manier; manche hatten kurze Wämser an, andere Westen, mit langen Messern im Gürtel, und die meisten trugen dazu gewaltige Bundhosen ganz im Stil jener des Bergführers. Eigenartig waren auch ihre Köpfe; einer hatte einen langen Bart, ein breites

broad face, and small piggish eyes; the face of another seemed to consist entirely of nose, and was surmounted by a white sugar-loaf hat set off with a little red cock's tail. They all had beards, of various shapes and colors. There was one who seemed to be the commander. He was a stout old gentleman, with a weather-beaten countenance; he wore a laced doublet, broad belt and hanger, high-crowned hat and feather, red stockings, and high-heeled shoes, with roses in them. The whole group reminded Rip of the figures in an old Flemish painting, in the parlor of Dominic Van Shaick, the village parson, and which had been brought over from Holland at the time of the settlement.

What seemed particularly odd to Rip was, that though these folks were evidently amusing themselves, yet they maintained the gravest faces, the most mysterious silence, and were, withal, the most melancholy party of pleasure he had ever witnessed. Nothing interrupted the stillness of the scene but the noise of the balls, which, whenever they were rolled, echoed along the mountains like rumbling peals of thunder.

As Rip and his companion approached them, they suddenly desisted from their play, and stared at him with such fixed statue-like gaze, and such strange, uncouth, lack-lustre countenances, that his heart turned within him, and his knees smote together. His companion now emptied the contents of the keg into large flagons, and made signs to him to wait upon the company. He obeyed with fear and trembling; they quaffed the liquor in profound silence, and then returned to their game.

By degrees Rip's awe and apprehension subsided. He even ventured, when no eye was fixed upon him, to taste the beverage, which he found had much of the flavor of excellent Hollands. He was naturally a thirsty soul, and was soon tempted to repeat the draught. One taste provoked another; and he reiterated his visits to the flagon so often that at length his senses were overpowered, his eyes swam in his head, his head gradually declined, and he fell into a deep sleep.

Gesicht und kleine Schweinsäuglein; das Gesicht eines anderen schien ganz Nase zu sein und wurde gekrönt von einem zuckerhutförmigen Hut, geschmückt mit einem kleinen roten Hahnenschwanz. Allesamt hatten sie Bärte in allerlei Farben und Formen. Einer von ihnen war anscheinend der Befehlshaber. Er war ein stämmiger älterer Herr mit wettergegerbtem Antlitz; er trug ein geschnürtes Wams, einen breiten Gürtel mit Hirschfänger, einen hohen Spitzhut mit Feder, rote Strümpfe und hochhackige, rosettenbesetzte Schuhe. Die ganze Gesellschaft erinnerte Rip an die Gestalten auf einem alten flämischen Gemälde, das in der guten Stube des Dorfpastors Dominie Van Shaick hing und zu Beginn der Besiedlung aus Holland herübergebracht worden war.

Eines allerdings erschien Rip besonders seltsam, denn obwohl diese Leute sich offenbar freudig vergnügten, bewahrten sie doch alle ihr allerernstestes Gesicht, verharrten sämtlich in allerrätselhaftestem Schweigen und feierten somit das melancholischste Freudenfest, das er je erlebt hatte. Nichts störte die Stille der Szene, nur das Krachen der Kegelkugeln, welches, wenn sie denn rollten, in den Bergen widerhallte wie grollende Donnerschläge.

Als Rip und sein Begleiter sich ihnen näherten, wandten sich die Gestalten urplötzlich von ihrem Spiel ab und starrten ihn mit einem wie in Stein gemeißelten Blick und so seltsamen, unheimlichen, dumpfen Mienen an, dass ihm das Herz fast stehenblieb und die Knie ihm schlotterten. Sein Begleiter leerte nun den Inhalt des Fasses in große Deckelkrüge und gab ihm durch Zeichen zu verstehen, er solle die Gesellschaft bedienen. Er gehorchte mit Angst und Zittern; die Männer soffen den Schnaps in tiefem Schweigen und wandten sich dann wieder ihrem Spiel zu.

Allmählich schwanden Rips Befangenheit und Furcht. Er wagte es sogar, wenn er sich von keinem Auge beobachtet wähnte, von dem Getränk zu kosten, und er fand, es schmecke ganz wie bester Genever. Er war von Natur aus eine durstige Seele und schon bald versucht, sich einen weiteren Trunk zu genehmigen. Ein Schluck führte zum nächsten, und er kehrte so oft zu dem Krug zurück, dass er am Ende nicht mehr Herr seiner Sinne war; alles verschwamm ihm vor den Augen, allmählich sackte sein Kopf vornüber und er fiel in einen tiefen Schlaf.

On waking, he found himself on the green knoll whence he had first seen the old man of the glen. He rubbed his eyes–it was a bright sunny morning. The birds were hopping and twittering among the bushes, and the eagle was wheeling aloft, and breasting the pure mountain breeze. "Surely," thought Rip, "I have not slept here all night." He recalled the occurrences before he fell asleep. The strange man with a keg of liquor–the mountain ravine–the wild retreat among the rocks–the woe-begone party at ninepins–the flagon–"Oh! that flagon! that wicked flagon!" thought Rip–"what excuse shall I make to Dame Van Winkle!"

He looked round for his gun, but in place of the clean well-oiled fowling-piece, he found an old firelock lying by him, the barrel incrusted with rust, the lock falling off, and the stock worm-eaten. He now suspected that the grave roysters of the mountain had put a trick upon him, and, having dosed him with liquor, had robbed him of his gun. Wolf, too, had disappeared, but he might have strayed away after a squirrel or partridge. He whistled after him and shouted his name, but all in vain; the echoes repeated his whistle and shout, but no dog was to be seen.

He determined to revisit the scene of the last evening's gambol, and if he met with any of the party, to demand his dog and gun. As he rose to walk, he found himself stiff in the joints, and wanting in his usual activity. "These mountain beds do not agree with me," thought Rip, "and if this frolic should lay me up with a fit of the rheumatism, I shall have a blessed time with Dame Van Winkle." With some difficulty he got down into the glen: he found the gully up which he and his companion had ascended the preceding evening; but to his astonishment a mountain stream was now foaming down it, leaping from rock to rock, and filling the glen with babbling murmurs. He, however, made shift to scramble up its sides, working his toilsome way through thickets of birch, sassafras,

Als er aufwachte, fand er sich auf der grünen Kuppe wieder, von wo er den alten Mann aus der Schlucht zum ersten Mal gesehen hatte. Er rieb sich die Augen – es war ein heller sonniger Morgen. Die Vögel hüpften und zwitscherten in den Büschen, und der Adler kreiste hoch droben und stemmte sich gegen den reinen Gebirgswind. »Bestimmt«, dachte Rip, »habe ich hier nicht die ganze Nacht geschlafen.« Er rief sich ins Gedächtnis zurück, was sich ereignet hatte, bevor er eingeschlafen war. Der seltsame Fremde mit dem Fass Schnaps – die Bergschlucht – der wilde Schlupfwinkel zwischen den Felsen – die trübselige Kegelrunde – der Krug – »Ach! Dieser Krug! Dieser böse Krug!«, dachte Rip – »Mit welcher Ausrede soll ich der gnädigen Frau Van Winkle bloß kommen!«

Er schaute sich nach seinem Gewehr um, aber statt der sauberen, gutgeölten Schrotflinte lag neben ihm eine alte Muskete, der Lauf von Rost verkrustet, das Schloss abgefallen und der Schaft von Würmern zerfressen. Nun kam ihm der Verdacht, dass die ernsten Zecher der Berge ihm einen Streich gespielt hatten; erst hatten sie ihn mit Schnaps abgefüllt und ihm dann sein Gewehr gestohlen. Auch Wolf war verschwunden, aber er mochte einem Eichhörnchen oder Waldhuhn nachgesetzt haben. Er pfiff nach ihm und rief seinen Namen, doch alles vergeblich; sein Rufen und Pfeifen hallten als Echo wider, aber es war kein Hund zu sehen.

Er beschloss, noch einmal den Schauplatz der Possen der letzten Nacht aufzusuchen, und falls er einem der Teilnehmer begegnete, seinen Hund und seine Flinte zurückzufordern. Als er sich zum Gehen erhob, spürte er eine Steifheit in den Gelenken und wie es ihm an seiner üblichen Beweglichkeit mangelte. »Diese Betten in den Bergen bekommen mir nicht«, dachte Rip, »und sollte mich dieses Vergnügen mit einem rheumatischen Anfall niederwerfen, so blüht mir eine verflixte Zeit mit der gnädigen Frau Van Winkle.« Unter Mühen gelangte er hinab in die Schlucht: Er fand die Schachtrinne, die er mit seinem Begleiter in der Nacht zuvor emporgeklettert war; aber zu seinem Erstaunen schäumte darin jetzt ein Bergbach herab, hüpfte von Stein zu Stein und füllte die Schlucht mit murmelndem Geplätscher. Rip kraxelte an den Seiten hinauf, arbeitete sich mühselig durch ein

and witch-hazel, and sometimes tripped up or entangled by the wild grapevines that twisted their coils or tendrils from tree to tree, and spread a kind of network in his path.

At length he reached to where the ravine had opened through the cliffs to the amphitheatre; but no traces of such opening remained. The rocks presented a high impenetrable wall, over which the torrent came tumbling in a sheet of feathery foam, and fell into a broad deep basin, black from the shadows of the surrounding forest. Here, then, poor Rip was brought to a stand. He again called and whistled after his dog; he was only answered by the cawing of a flock of idle crows, sporting high in air about a dry tree that overhung a sunny precipice; and who, secure in their elevation, seemed to look down and scoff at the poor man's perplexities. What was to be done? The morning was passing away, and Rip felt famished for want of his breakfast. He grieved to give up his dog and gun; he dreaded to meet his wife; but it would not do to starve among the mountains. He shook his head, shouldered the rusty firelock, and, with a heart full of trouble and anxiety, turned his steps homeward.

As he approached the village he met a number of people, but none whom he knew, which somewhat surprised him, for he had thought himself acquainted with everyone in the country round. Their dress, too, was of a different fashion from that to which he was accustomed. They all stared at him with equal marks of surprise, and whenever they cast their eyes upon him, invariably stroked their chins. The constant recurrence of this gesture induced Rip, involuntarily, to do the same, when, to his astonishment, he found his beard had grown a foot long!

He had now entered the skirts of the village. A troop of strange children ran at his heels, hooting after him, and pointing at his gray beard. The dogs, too, not one of which he recognized for an old acquaintance, barked at him as he passed.

Dickicht aus Birken, Sassafras und Zauberstrauch, wobei er bisweilen strauchelte oder sich in den wilden Pflanzen verfing, die ihre Ranken und Lianen von Baum zu Baum verflochten und ihm den Weg versperrten wie mit einem Netz.

Schließlich erreichte er die Stelle, wo sich die Schlucht zwischen den Felswänden zum Amphitheater geöffnet hatte; aber von einer solchen Öffnung war keine Spur mehr zu sehen. Die Felsen bildeten eine hohe, undurchdringliche Mauer, über welche der Wildbach sich in einem Strom federleichter weißer Gischt ergoss und in ein breites tiefes Becken stürzte, das die Bäume ringsum in Schwarz tauchten. Hier nun war der arme Rip gezwungen, Halt zu machen. Er rief und pfiff erneut nach seinem Hund; als einzige Antwort bekam er das Krächzen einer Schar träger Krähen zu hören, die sich hoch droben in der Luft über einem verdorrten Baum tummelten, der in einen sonnigen Abgrund hing, und die aus ihrer sicheren Höhe ungefährdet auf den armen Mann herabzuschauen und über seine Verlegenheit zu spotten schienen. Was tun? Der Morgen verging, und Rip fühlte sich dem Verhungern nahe, weil er nicht gefrühstückt hatte. Er betrauerte den Verlust seines Hundes und seiner Flinte; aber es hatte keinen Sinn, in den Bergen den Hungertod zu sterben. Er schüttelte den Kopf und schulterte die rostige Muskete, dann machte er angst- und sorgenvollen Herzens auf dem Absatz kehrt und trat den Heimweg an.

Als er sich dem Dorf näherte, begegnete er mehreren Leuten, aber niemandem, den er kannte, was ihn etwas überraschte, denn er hatte gedacht, er sei mit jedermann rings im Land bekannt. Auch ihre Kleidung unterschied sich von der Mode, wie er sie gewohnt war. Alle starrten ihn mit den gleichen Zeichen der Überraschung an, und wenn sie einen Blick auf ihn warfen, strichen sie sich ausnahmslos übers Kinn. Die ständige Wiederkehr dieser Gebärde verleitete Rip, unwillkürlich dasselbe zu tun, wobei er zur seiner Verwunderung feststellte, dass sein Bart um einen Fuß gewachsen war!

Er war jetzt am Dorfrand angelangt. Eine Horde seltsamer Kinder folgte ihm auf den Fersen, sie johlten ihm hinterher und zeigten auf seinen grauen Bart. Auch die Hunde, von denen er keinen einzigen als alten Bekannten wiedererkannte, bellten ihn an, als er vorbeiging. Das

The very village was altered; it was larger and more populous. There were rows of houses which he had never seen before, and those which had been his familiar haunts had disappeared. Strange names were over the doors—strange faces at the windows—everything was strange. His mind now misgave him; he began to doubt whether both he and the world around him were not bewitched. Surely this was his native village, which he had left but the day before. There stood the Kaatskill mountains—there ran the silver Hudson at a distance—there was every hill and dale precisely as it had always been. Rip was sorely perplexed—"That flagon last night," thought he, "has addled my poor head sadly!"

It was with some difficulty that he found the way to his own house, which he approached with silent awe, expecting every moment to hear the shrill voice of Dame Van Winkle. He found the house gone to decay—the roof fallen in, the windows shattered, and the doors off the hinges. A half-starved dog that looked like Wolf was skulking about it. Rip called him by name, but the cur snarled, showed his teeth, and passed on. This was an unkind cut indeed—"My very dog," sighed poor Rip, "has forgotten me!"

He entered the house, which, to tell the truth, Dame Van Winkle had always kept in neat order. It was empty, forlorn, and apparently abandoned. This desolateness overcame all his connubial fears—he called loudly for his wife and children—the lonely chambers rang for a moment with his voice, and then all again was silence.

He now hurried forth, and hastened to his old resort, the village inn—but it too was gone. A large rickety wooden building stood in its place, with great gaping windows, some of them broken and mended with old hats and petticoats, and over the door was painted, "the Union Hotel, by Jonathan Doolittle." Instead of the great tree that used to shelter the quiet little Dutch inn of yore, there now was reared a tall naked pole, with something on the top that looked like a red

ganze Dorf hatte sich verändert; es war größer geworden und an Einwohnern gewachsen. Da standen ganze Häuserzeilen, die er noch nie gesehen hatte, andere waren verschwunden, die einst sein vertrautes Revier gewesen waren. Fremde Namen über den Türen – fremde Gesichter in den Fenstern – alles war ihm fremd. Langsam beschlich ihn ein Argwohn; allmählich erwuchsen ihm Zweifel, ob nicht er und die Welt um ihn herum verhext worden wären. Ganz gewiss war dies sein Heimatort, den er nur einen Tag zuvor verlassen hatte. Dort standen die Kaatskill-Berge – dort floss in der Ferne der silberne Hudson – jeder Berg und jedes Tal genau, wie sie immer gewesen waren. Rip war zutiefst verwirrt – »Der Krug letzte Nacht«, dachte er, »der hat meinem armen Kopf den letzten bösen Rest gegeben!«

Er fand nur unter Mühen den Weg zu seinem Haus, dem er sich mit stiller Scheu näherte, erwartete er doch auf der Stelle, die schrille Stimme der gnädigen Frau Van Winkle zu hören. Er fand das Haus im Zustand des Verfalls – das Dach eingestürzt, die Fenster zersplittert und die Türen aus den Angeln gehoben. Ein halbverhungerter Hund, der aussah wie Wolf, lungerte dort herum. Rip rief ihn beim Namen, aber der Köter knurrte nur, bleckte die Zähne und trollte sich. Das war nun wirklich eine unfreundliche Abfuhr – »Ausgerechnet mein eigener Hund«, seufzte der arme Rip, »hat mich vergessen!«

Er betrat das Haus, das, um die Wahrheit zu sagen, die gnädige Frau Van Winkle immer reinlich in Ordnung gehalten hatte. Es war leer, verlassen und offensichtlich aufgegeben worden. Diese Ödnis obsiegte über all seine ehelichen Ängste – laut rief er nach seiner Frau und seinen Kindern – die geräumten Zimmer hallten einen Augenblick von seiner Stimme wider, dann war alles wieder still.

Nun machte er sich schleunigst auf und eilte zu seinem alten Zufluchtsort, dem Dorfgasthaus – doch auch das war verschwunden. An seiner Stelle stand ein klappriges Gebäude aus Holz mit großen gähnenden Fenstern, einige davon kaputt und geflickt mit alten Hüten und Unterröcken, und über der Tür stand »Union Hotel, Inh. Jonathan Doolittle«. Anstelle des großen Baumes, der einst das stille kleine niederländische Gasthaus früherer Zeit beschirmt hatte, erhob sich jetzt ein hoher nackter Mast, an dessen Spitze sich etwas befand, das

night-cap, and from it was fluttering a flag, on which was a singular assemblage of stars and stripes—all this was strange and incomprehensible. He recognized on the sign, however, the ruby face of King George, under which he had smoked so many a peaceful pipe; but even this was singularly metamorphosed. The red coat was changed for one of blue and buff, a sword was held in the hand instead of a sceptre, the head was decorated with a cocked hat, and underneath, was painted in large characters, GENERAL WASHINGTON.

There was, as usual, a crowd of folk about the door, but none that Rip recollected. The very character of the people seemed changed. There was a busy, bustling, disputatious tone about it, instead of the accustomed phlegm and drowsy tranquillity. He looked in vain for the sage Nicholas Vedder, with his broad face, double chin, and fair long pipe, uttering clouds of tobacco-smoke instead of idle speeches; or Van Bummel, the schoolmaster, doling forth the contents of an ancient newspaper. In place of these, a lean, bilious-looking fellow, with his pockets full of handbills, was haranguing vehemently about rights of citizens—elections—members of Congress—liberty—Bunker's Hill—heroes of seventy-six—and other words, which were a perfect Babylonish jargon to the bewildered Van Winkle.

The appearance of Rip, with his long grizzled beard, his rusty fowling-piece, his uncouth dress, and an army of women and children at his heels, soon attracted the attention of the tavern politicians. They crowded round him, eying him from head to foot with great curiosity. The orator bustled up to him, and, drawing him partly aside, inquired "On which side he voted?" Hip stared in vacant stupidity. Another short but busy little fellow pulled him by the arm, and, rising on tiptoe, inquired in his ear, "Whether he was Federal or Democrat?" Rip was equally at a loss to comprehend the question; when a knowing, self-important old gentleman, in a sharp cocked hat, made

aussah wie eine rote Schlafmütze, und daran flatterte eine Fahne mit einer seltsamen Ansammlung von Sternen und Streifen – das alles war befremdlich und unbegreiflich. Auf dem Wirtshausschild, unter dem er so manch ein friedliches Pfeifchen geraucht hatte, erkannte er jedoch das gerötete Gesicht von König Georg; aber selbst das hatte sich auf eigenartige Weise verwandelt. Die rote Jacke war gegen eine blaue und lohgelbe ausgetauscht worden, in der Hand hielt er ein Schwert statt eines Szepters, den Kopf schmückte ein Dreispitz, und unter allem stand mit großen Buchstaben GENERAL WASHINGTON.

Es befand sich wie gewöhnlich eine Menge Menschen vor der Tür, aber niemand, an den Rip sich erinnerte. Das ganze Wesen der Leute schien verändert. Es herrschte ein geschäftiger, gehetzter, streitender Ton unter ihnen statt der gewohnten Gelassenheit und trägen Gemütsruhe. Er suchte vergebens nach dem Weisen Nicholas Vedder mit seinem breiten Gesicht, dem Doppelkinn und der schönen, langen Pfeife, wie er Wolken von Tabakrauch ausstieß, statt müßige Reden von sich zu geben; oder nach Van Bummel, dem Schulmeister, wie er den Inhalt uralter Zeitungen häppchenweise unter die Leute brachte. An ihrer Statt schwadronierte ein dürrer, mürrisch aussehender Kerl, die Taschen voller Handzettel, über die Rechte der Bürger – Wahlen – Kongressabgeordnete – Freiheit – Bunker Hill* – die Helden von '76* – und führte noch ganz andere Worte im Munde, welche für den verwirrten Van Winkle ein vollkommen babylonisches Kauderwelsch waren.

Das Erscheinen von Rip mit seinem langen, grauen Bart, seiner rostigen Flinte, seiner wunderlichen Bekleidung und einem Heer von Frauen und Kindern im Gefolge zog schon bald die Aufmerksamkeit der Wirtshauspolitiker auf sich. Sie umringten und beäugten ihn von Kopf bis Fuß mit großer Neugier. Der Redner drängte sich zu ihm, zog ihn etwas beiseite und fragte, für welche Seite er gestimmt habe. Rip glotzte nur mit verständnislosem, stumpfem Blick. Ein anderes kleines, aber eifriges Kerlchen zupfte ihm am Arm, stellte sich auf Zehenspitzen und fragte ihn ins Ohr, ob er Föderalist sei oder Demokrat? Rip war außerstande, auch diese Frage zu verstehen. Da bahnte sich ein gewiefter, wichtigtuerischer älterer Herr mit flottem Dreispitz

his way through the crowd, putting them to the right and left with his elbows as he passed, and planting himself before Van Winkle, with one arm akimbo, the other resting on his cane, his keen eyes and sharp hat penetrating, as it were, into his very soul, demanded in an austere tone, "What brought him to the election with a gun on his shoulder, and a mob at his heels, and whether he meant to breed a riot in the village?"—"Alas! gentlemen," cried Rip, somewhat dismayed, "I am a poor quiet man, a native of the place, and a loyal subject of the king, God bless him!"

Here a general shout burst from the bystanders—"A tory! a tory! a spy! a refugee! hustle him! away with him!" It was with great difficulty that the self-important man in the cocked hat restored order; and, having assumed a tenfold austerity of brow, demanded again of the unknown culprit, what he came there for, and whom he was seeking? The poor man humbly assured him that he meant no harm, but merely came there in search of some of his neighbors, who used to keep about the tavern.

"Well—who are they?—name them."

Rip bethought himself a moment, and inquired. "Where's Nicholas Vedder?"

There was a silence for a little while, when an old man replied in a thin piping voice, "Nicholas Vedder! why, he is dead and gone these eighteen years! There was a wooden tombstone in the church yard that used to tell all about him, but that's rotten and gone too."

"Where's Brom Dutcher?"

"Oh, he went off to the army in the beginning of the war; some say he was killed at the storming of Stony Point—others say he was drowned in a squall at the foot of Antony's Nose. I don't know—he never came back again."

"Where's Van Bummel, the schoolmaster?"

auf dem Kopf einen Weg durch die Menge, stieß die Leute mit den Ellbogen rechts und links zur Seite, pflanzte sich vor Van Winkle auf, einen Arm auf die Hüfte gestemmt, den anderen auf den Gehstock gestützt, seine scharfen Augen und sein spitzer Hut Rips Seele geradezu durchbohrend, und verlangte in strengem Ton zu wissen, was ihn mit einer Waffe über der Schulter und einem Mob im Gefolge zur Wahl geführt habe und ob er vielleicht beabsichtige, im Dorf einen Aufruhr anzuzetteln? – »Aber! Meine Herrschaften«, rief Rip, reichlich in Schrecken versetzt, »ich bin ein armer friedlicher Mann, an diesem Ort geboren und ein getreuer Untertan des Königs, Gott schütze ihn!«

An dieser Stelle ging ein allgemeiner Aufschrei durch die umstehende Menge – »Ein Tory! Ein Tory! Ein Spion! Ein Entflohener! Packt ihn! Und weg mit ihm!« Nur unter großen Mühen stellte der wichtigtuerische Mann mit dem Dreispitz die Ordnung wieder her; und nachdem er seine Stirn zu zehnfacher Strenge gerunzelt hatte, verlangte er von dem unbekannten Beschuldigten zu wissen, weshalb er hergekommen sei und wen und was er hier suche. Der arme Mann beteuerte ihm demütig, er führe nichts Böses im Schilde, sondern sei nur auf der Suche nach ein paar seiner Nachbarn, die sich gewöhnlich vor dem Wirtshaus herumtrieben.

»Nun – wer sind sie? – Nennt uns ihre Namen.«

Rip dachte einen Augenblick nach und fragte dann: »Wo ist Nicholas Vedder?«

Kurze Zeit herrschte Schweigen, dann meldete sich ein alter Mann mit dünner Piepsstimme zur Antwort: »Nicholas Vedder! Ja doch, der ist tot und begraben seit achtzehn Jahren! Da stand auf dem Kirchhof ein hölzerner Grabstein, der von ihm zeugte, aber auch der ist verfault und längst dahin.«

»Wo ist Brom Dutcher?«

»Ach, der ist zu Beginn des Krieges zu den Soldaten gegangen; manche sagen, er sei bei der Erstürmung von Stony Point* ums Leben gekommen – andere sagen, er sei in einem Unwetter am Fuße von Antony's Nose* ertrunken. Ich weiß es nicht – er ist nie mehr heimgekehrt.«

»Wo ist Van Bummel, der Schulmeister?«

"He went off to the wars too, was a great militia general, and is now in Congress."

Rip's heart died away at hearing of these sad changes in his home and friends, and finding himself thus alone in the world. Every answer puzzled him too, by treating of such enormous lapses of time, and of matters which he could not understand: war–congress–Stony Point;–he had no courage to ask after any more friends, but cried out in despair, "Does nobody here know Rip Van Winkle?"

"Oh, Rip Van Winkle!" exclaimed two or three, "Oh, to be sure! that's Rip Van Winkle yonder, leaning against the tree."

Rip looked, and beheld a precise counterpart of himself, as he went up the mountain: apparently as lazy, and certainly as ragged. The poor fellow was now completely confounded. He doubted his own identity, and whether he was himself or another man. In the midst of his bewilderment, the man in the cocked hat demanded who he was, and what was his name?

"God knows," exclaimed he, at his wit's end; "I'm not myself–I'm somebody else–that's me yonder–no–that's somebody else got into my shoes–I was myself last night, but I fell asleep on the mountain, and they've changed my gun, and every thing's changed, and I'm changed, and I can't tell my name, or who I am!"

The bystanders began now to look at each other, nod, wink significantly, and tap their fingers against their foreheads. There was a whisper, also, about securing the gun, and keeping the old fellow from doing mischief, at the very suggestion of which the self-important man in the cocked hat retired with some precipitation. At this critical moment a fresh, comely woman pressed through the throng to get a peep at the gray-bearded man. She had a chubby child in her arms, which, frightened at his looks, began to cry. "Hush, Rip," cried she, "hush, you little fool; the old man won't hurt you." The name of the child,

»Der ist auch in den Krieg gezogen, war ein großer General der Miliz und sitzt jetzt im Kongress.«

Rip erstarb das Herz im Leibe, als er von diesen traurigen Veränderungen in seiner Heimat und bei seinen Freunden hörte und feststellen musste, dass er jetzt ganz allein auf der Welt war. Auch gab ihm jede Antwort Rätsel auf, da es doch um so gewaltige Zeiträume und um Dinge ging, die er nicht begreifen konnte: Krieg – Kongress – Stony Point; er hatte nicht den Mut, nach weiteren Freunden zu fragen, sondern rief in lauter Verzweiflung: »Kennt denn hier niemand Rip Van Winkle?«

»Ach, Rip Van Winkle!«, kam es von zwei oder drei Leuten, »aber natürlich! Das da hinten ist Rip Van Winkle, der da am Baum lehnt.«

Rip schaute hin und erblickte sein genaues Ebenbild, so wie er ins Gebirge gestiegen war, anscheinend ebenso faul und auf jeden Fall genauso abgerissen. Der arme Kerl war jetzt völlig durcheinander. Er zweifelte an seiner eigenen Identität und ob er er selbst war oder ein anderer. Mitten in seiner Verwirrung verlangte der Mann mit dem Dreispitz zu wissen, wer er sei und wie sein Name laute.

»Weiß Gott«, rief er aus, mit seiner Weisheit am Ende, »ich bin nicht ich selbst – ich bin jemand anders – das da hinten bin ich – nein – das ist jemand anders, der in meine Schuhe geschlüpft ist – gestern Abend war ich noch ich selbst, aber ich bin auf dem Berg eingeschlafen, und mein Gewehr wurde ausgetauscht, und alles hat sich verändert, und ich habe mich verändert, und ich kann weder sagen, wie ich heiße, noch wer ich bin!«

Die Umstehenden sahen sich jetzt an, nickten sich augenzwinkernd zu und tippten sich mit dem Finger an die Stirn. Auch ging ein Raunen durch die Menge, sich der Waffe zu bemächtigen, um den alten Kerl davor zu bewahren, ein Unheil anzurichten; bei der bloßen Erwähnung dieses Wortes zog sich der wichtigtuerische Mann mit dem Dreispitz ziemlich überstürzt zurück. In diesem kritischen Moment bahnte sich eine blühend schöne Frau einen Weg durchs Gewimmel, um einen Blick auf den graubärtigen Mann zu erhaschen. In ihren Armen lag ein pausbäckiges Kind, das beim Anblick des Alten Angst bekam und anfing zu weinen. »Still doch, Rip«, rief sie, »sei doch still,

the air of the mother, the tone of her voice, all awakened a train of recollections in his mind. "What is your name, my good woman?" asked he.

"Judith Gardenier."

"And your father's name?"

"Ah, poor man, Rip Van Winkle was his name, but it's twenty years since he went away from home with his gun, and never has been heard of since—his dog came home without him; but whether he shot himself, or was carried away by the Indians, nobody can tell. I was then but a little girl."

Rip had but one question more to ask; but he put it with a faltering voice:

"Where's your mother?"

"Oh, she too had died but a short time since; she broke a blood-vessel in a fit of passion at a New England peddler."

There was a drop of comfort, at least, in this intelligence. The honest man could contain himself no longer. He caught his daughter and her child in his arms. "I am your father!" cried he—"Young Rip Van Winkle once—old Rip Van Winkle now!—Does nobody know poor Rip Van Winkle?"

All stood amazed, until an old woman, tottering out from among the crowd, put her hand to her brow, and peering under it in his face for a moment, exclaimed, "Sure enough! it is Rip Van Winkle—it is himself! Welcome home again, old neighbor—Why, where have you been these twenty long years?"

Rip's story was soon told, for the whole twenty years had been to him but as one night. The neighbors stared when they heard it; some were seen to wink at each other, and put their tongues in their cheeks; and the self-important man in the cocked hat, who, when the alarm was over, had returned to the field, screwed down the corners of his mouth, and shook

du kleines Dummerchen; der alte Mann tut dir schon nichts.« Der Name des Kindes, das Gebaren der Mutter, der Ton ihrer Stimme, das alles weckte in seinem Kopf einen Strom der Erinnerung. »Wie heißt ihr denn, gute Frau?«, fragte er.

»Judith Gardenier.«

»Und der Name eures Vaters?«

»Ach, der arme Mann. Rip Van Winkle war sein Name, doch es ist zwanzig Jahre her, dass er mit seinem Gewehr das Haus verließ, und seither hat niemand mehr etwas von ihm gehört – sein Hund kam ohne ihn nach Hause zurück; aber ob er sich erschossen hat oder von den Indianern verschleppt wurde, weiß kein Mensch. Ich war damals noch ein kleines Mädchen.«

Rip hatte nur noch eine Frage; die aber stellte er mit schwankender Stimme.

»Wo ist eure Mutter?«

»Ach, die ist kurz darauf gestorben; ihr ist ein Blutgefäß geplatzt, bei einem leidenschaftlichen Wutanfall über einen Hausierer aus Neuengland.«

In dieser Nachricht lag immerhin ein Tropfen Trost. Der ehrliche Mann konnte sich nicht länger beherrschen. Er umarmte seine Tochter und ihr Kind. »Ich bin dein Vater!«, rief er aus. »Einst der junge Rip Van Winkle – jetzt der alte Rip Van Winkle! – Kennt denn niemand den armen Rip Van Winkle?«

Alle standen sprachlos da, bis eine alte Frau wackligen Schrittes aus der Menge trat, die Hand über die Augen hielt, einen Moment genau in sein Gesicht schaute und daraufhin erklärte: »Kein Zweifel! Das ist Rip Van Winkle – das ist er selbst! Willkommen zurück daheim, alter Nachbar. – Aber wo habt ihr die zwanzig langen Jahre nur gesteckt?«

Rips Geschichte war schnell erzählt, denn die ganzen zwanzig Jahre waren für ihn bloß eine Nacht gewesen. Die Nachbarn machten große Augen, als sie das hörten; manche sah man, wie sie einander zublinzelten und dabei die Augen verdrehten; und der wichtigtuerische Mann mit dem Dreispitz, der aufs Feld zurückgekehrt war, als der Tumult sich gelegt hatte, verzog die Mundwinkel eisern nach unten

his head—upon which there was a general shaking of the head throughout the assemblage.

It was determined, however, to take the opinion of old Peter Vanderdonk, who was seen slowly advancing up the road. He was a descendant of the historian of that name, who wrote one of the earliest accounts of the province. Peter was the most ancient inhabitant of the village, and well versed in all the wonderful events and traditions of the neighborhood. He recollected Rip at once, and corroborated his story in the most satisfactory manner. He assured the company that it was a fact, handed down from his ancestor the historian, that the Kaatskill mountains had always been haunted by strange beings. That it was affirmed that the great Hendrick Hudson, the first discoverer of the river and country, kept a kind of vigil there every twenty years, with his crew of the *Half-Moon*; being permitted in this way to revisit the scenes of his enterprise, and keep a guardian eye upon the river, and the great city called by his name. That his father had once seen them in their old Dutch dresses playing at ninepins in a hollow of the mountain; and that he himself had heard one summer afternoon, the sound of their balls, like distant peals of thunders.

To make a long story short, the company broke up, and returned to the more important concerns of the election. Rip's daughter took him home to live with her; she had a snug, well-furnished house, and a stout cheery farmer for a husband, whom Rip recollected for one of the urchins that used to climb upon his back. As to Rip's son and heir, who was the ditto of himself, seen leaning against the tree, he was employed to work on the farm; but evinced an hereditary disposition to attend to anything else but his business.

Rip now resumed his old walks and habits; he soon found many of his former cronies, though all rather the worse for the wear and tear of time, and preferred making friends

und schüttelte den Kopf – woraufhin allgemeines Kopfschütteln die Runde durch die Versammlung machte.

Es wurde jedoch beschlossen, die Meinung des alten Peter Vanderdonk einzuholen, den man gerade langsam die Straße herankommen sah. Er war ein Nachfahr des gleichnamigen Historikers, der eine der ersten Darstellungen der Provinz geschrieben hatte. Peter war der älteste Einwohner des Dorfes und höchst bewandert in allen Ereignissen und Traditionen der Gegend. Er erinnerte sich auf Anhieb an Rip und bestätigte dessen Geschichte auf höchst einleuchtende Weise. Er versicherte den Versammelten, es sei eine Tatsache, überliefert von seinem Vorfahr, dem Historiker, dass die Kaatskill-Berge schon immer von seltsamen Wesen heimgesucht worden seien. Es stehe fest, dass der große Hendrick Hudson*, Erstentdecker des Flusses und des Landes, alle zwanzig Jahre mit seiner Mannschaft der »Half-Moon« dort oben eine Art Nachtwache feiere; auf diese Weise werde es ihm gestattet, die Schauplätze seiner Unternehmung erneut zu besuchen und ein wachsames Auge auf den Fluss und die große Stadt zu bewahren, die nach ihm benannt worden waren. Dass sein Vater einst gesehen habe, wie sie in ihrer althergebrachten holländischen Kleidung in einer Bergschlucht Kegel geschoben hatten, und dass er selbst an einem Sommernachmittag das Rollen ihrer Kugeln gehört habe, wie das ferne Grollen von Donnerschlägen.

Um es kurz zu machen: Die Versammlung zerstreute sich und wandte sich wieder den wichtigeren Angelegenheiten der Wahl zu. Rips Tochter nahm ihn mit zu sich nach Hause, wo er fortan lebte; sie hatte ein schmuckes, wohl eingerichtetes Haus und zum Mann einen kräftigen, fröhlichen Farmer, der, wie Rip sich erinnerte, einer der Bengel war, die ihm immer auf den Rücken geklettert waren. Was Rips Sohn und Erben angeht, der ihm glich bis aufs Haar und den er an einen Baum gelehnt gesehen hatte, so war er zur Arbeit auf der Farm zwar angestellt, bekundete aber eine angeborene Neigung, sich um alles Mögliche zu kümmern, nur nicht um das, was er sollte.

Rip nahm nun seine alten Gänge und Gewohnheiten wieder auf; bald schon fand er viele seiner Kumpane von früher, um die es freilich ungut stand, da ihnen die Zeit doch heftig zugesetzt hatte, sodass er

among the rising generation, with whom he soon grew into great favor.

Having nothing to do at home, and being arrived at that happy age when a man can be idle with impunity, he took his place once more on the bench at the inn door, and was reverenced as one of the patriarchs of the village, and a chronicle of the old times "before the war." It was some time before he could get into the regular track of gossip, or could be made to comprehend the strange events that had taken place during his torpor. How that there had been a revolutionary war—that the country had thrown off the yoke of old England—and that, instead of being a subject of his Majesty George the Third, he was now a free citizen of the United States. Rip, in fact, was no politician; the changes of states and empires made but little impression on him; but there was one species of despotism under which he had long groaned, and that was—petticoat government. Happily that was at an end; he had got his neck out of the yoke of matrimony, and could go in and out whenever he pleased, without dreading the tyranny of Dame Van Winkle. Whenever her name was mentioned, however, he shook his head, shrugged his shoulders, and cast up his eyes; which might pass either for an expression of resignation to his fate, or joy at his deliverance.

He used to tell his story to every stranger that arrived at Mr. Doolittle's hotel. He was observed, at first, to vary on some points every time he told it, which was, doubtless, owing to his having so recently awaked. It at last settled down precisely to the tale I have related, and not a man, woman, or child in the neighborhood, but knew it by heart. Some always pretended to doubt the reality of it, and insisted that Rip had been out of his head, and that this was one point on which he always remained flighty. The old Dutch inhabitants, however, almost universally gave it full credit. Even to this day they never hear a thunderstorm of a summer afternoon about the Kaatskill, but they say Hendrick Hudson and his crew are at

sich lieber mit der neuen Generation anfreundete, bei der er bald sehr beliebt war.

Da er zu Hause nichts zu tun hatte und jenes glückliche Alter erreicht war, wo ein Mann ungestraft dem Müßiggang frönen kann, nahm er wieder seinen Platz auf der Bank vor dem Wirtshaus ein und wurde als einer der Dorfpatriarchen verehrt, zudem als leibhaftige Chronik der alten Zeiten »vor dem Krieg«. Es dauerte seine Zeit, bis er dem gewöhnlichen Gang der Plaudereien zu folgen imstande war und ihm die Ereignisse begreiflich gemacht werden konnten, die während seiner Bergesstarre stattgefunden hatten. Dass es einen Revolutionskrieg gegeben hatte – dass das Land das Joch Alt-Englands abgeworfen hatte – und dass er nicht mehr Untertan seiner Majestät Georgs des Dritten war, sondern jetzt ein freier Bürger der Vereinigten Staaten. Rip war nun beileibe kein Politiker; die Veränderungen von Staaten und Imperien machten nur wenig Eindruck auf ihn; aber es gab eine Form der Despotie, unter der er lange gestöhnt hatte, und das war – die Weiberherrschaft. Damit war zum Glück jetzt Schluss; er hatte seinen Hals aus dem Ehejoch gezogen und konnte ein und ausgehen, wann immer es ihm gefiel, ohne die Tyrannei der gnädigen Frau Van Winkle zu fürchten. Wann immer jedoch ihr Name fiel, schüttelte er den Kopf, zuckte die Achseln und verdrehte die Augen; was als Ausdruck der Ergebenheit in sein Schicksal oder als Freude über seine Erlösung durchgehen mochte.

Seine Geschichte pflegte er jedem Fremden zu erzählen, der Mr Doolittles Hotel betrat. Er wurde anfangs noch dabei ertappt, wie er manche Einzelheiten bei jedem Erzählen ein wenig abwandelte, was jedoch zweifellos daran lag, dass er erst kürzlich erwacht war. Schließlich aber nahm die Geschichte die Form an, in der ich sie hier berichtet habe, und es gab in der Gegend keinen Mann, keine Frau und auch kein Kind, die sie nicht auswendig kannten. Manche freilich taten immer so, als zweifelten sie an ihrem Wahrheitsgehalt und blieben dabei, dass Rip den Verstand verloren hätte, und bei diesem Punkt ist er immer ausweichend unbestimmt geblieben. Die alten niederländischen Einwohner jedoch schenkten der Geschichte fast durchweg vollen Glauben. Sogar bis zum heutigen Tage hören sie an einem Sommer-

their game of ninepins; and it is a common wish of all hen-pecked husbands in the neighborhood, when life hangs heavy on their hands, that they might have a quieting draught out of Rip Van Winkle's flagon.

nachmittag kein Gewitter in den Kaatskills, ohne zu erwähnen, Hendrick Hudson und seine Mannschaft, die schieben da oben wieder Kegel; und es ist in der Gegend ein allgemein verbreiteter Wunsch aller Ehemänner, die unterm Pantoffel stehen und denen das Leben schwergemacht wird, einmal einen lindernden Schluck aus Rip Van Winkles Krug zu nehmen.

Nathaniel Hawthorne

Wakefield

In some old magazine or newspaper, I recollect a story, told as truth, of a man–let us call him Wakefield–who absented himself for a long time from his wife. The fact thus abstractedly stated is not very uncommon, nor–without a proper distinction of circumstances–to be condemned either as naughty or nonsensical. Howbeit, this, though far from the most aggravated, is perhaps the strangest instance on record of marital delinquency; and, moreover, as remarkable a freak as may be found in the whole list of human oddities. The wedded couple lived in London. The man, under pretence of going a journey, took lodgings in the next street to his own house, and there, unheard of by his wife or friends, and without the shadow of a reason for such self-banishment, dwelt upwards of twenty years. During that period, he beheld his home every day, and frequently the forlorn Mrs. Wakefield. And after so great a gap in his matrimonial felicity–when his death was reckoned certain, his estate settled, his name dismissed from memory, and his wife, long, long ago, resigned to her autumnal widowhood–he entered the door one evening, quietly, as from a day's absence, and became a loving spouse till death.

This outline is all that I remember. But the incident, though of the purest originality, unexampled, and probably never to be repeated, is one, I think, which appeals to the generous sympathies of mankind. We know, each for himself, that none of us would perpetrate such a folly, yet feel as if some other might. To my own contemplations, at least, it has often recurred, always exciting wonder, but with a sense that the story must be true, and a conception of its hero's character. Whenever any subject so forcibly affects the mind, time is well spent

Nathaniel Hawthorne

Wakefield

In irgendeiner alten Illustrierten oder Zeitung finde ich die angeblich wahre Geschichte eines Mannes – wir wollen ihn Wakefield nennen –, der sich für lange Zeit von seiner Frau absentierte. An sich ist die Begebenheit nicht sonderlich ungewöhnlich, sie wäre auch ohne genaue Darlegung der Umstände weder als ungehörig noch als unsinnig zu tadeln. Nichtsdestoweniger ist sie vielleicht das seltsamste bekannte Beispiel von ehelicher Pflichtvergessenheit, wenn auch bei Weitem nicht das schlimmste. Vor allem aber handelt es sich um eine der bemerkenswertesten Launenhaftigkeiten, die in der großen Liste menschlicher Wunderlichkeiten zu entdecken sind. Das Ehepaar lebte in London. Der Mann gab vor, eine Reise antreten zu wollen, und nahm sich in der zu seinem Haus nächst gelegenen Straße eine Wohnung, wo er über zwanzig Jahre verweilte, ohne dass seine Frau oder seine Freunde davon wussten und ohne den Anflug eines Grundes für eine derartige Selbstverbannung. Während dieser Zeit sah er jeden Tag sein Haus, häufig auch die verlassene Mrs Wakefield. Und nach einer so ausufernden Unterbrechung in seinem ehelichen Glück – als sein Tod bereits für sicher galt, sein Nachlass geregelt, sein Name aus dem Gedächtnis getilgt war und seine Frau sich längst mit ihrer herbstlichen Witwenschaft abgefunden hatte – trat er eines Abends leise durch die Tür, als sei er nur einen Tag fort gewesen, und wurde ein liebevoller Gatte bis in den Tod.

Dieser Umriss ist alles, was ich mir gemerkt habe. Aber der Vorfall, obgleich höchst einmalig, beispiellos und vermutlich nicht wiederholbar, scheint mir einer zu sein, der die edle Anteilnahme des Menschen berührt. Wir wissen, jeder für sich, dass keiner von uns eine derartige Torheit begehen würde, anderen hingegen trauen wir sie zu. In meinen eigenen Gedanken jedenfalls taucht sie immer wieder auf, und immer erregt sie Verwunderung, jedoch gepaart mit dem Gefühl, dass die Geschichte unbedingt wahr ist, und einer Vorstellung vom Charakter des Helden. Wann immer eine Sache den Geist

in thinking of it. If the reader choose, let him do his own meditation; or if he prefer to ramble with me through the twenty years of Wakefield's vagary, I bid him welcome; trusting that there will be a pervading spirit and a moral, even should we fail to find them, done up neatly, and condensed into the final sentence. Thought has always its efficacy, and every striking incident its moral.

What sort of a man was Wakefield? We are free to shape out our own idea, and call it by his name. He was now in the meridian of life; his matrimonial affections, never violent, were sobered into a calm, habitual sentiment; of all husbands, he was likely to be the most constant, because a certain sluggishness would keep his heart at rest, wherever it might be placed. He was intellectual, but not actively so; his mind occupied itself in long and lazy musings, that tended to no purpose, or had not vigour to attain it; his thoughts were seldom so energetic as to seize hold of words. Imagination, in the proper meaning of the term, made no part of Wakefield's gifts. With a cold but not depraved nor wandering heart, and a mind never feverish with riotous thoughts, nor perplexed with originality, who could have anticipated that our friend would entitle himself to a foremost place among the doers of eccentric deeds? Had his acquaintances been asked, who was the man in London, the surest to perform nothing to-day which should be remembered on the morrow, they would have thought of Wakefield. Only the wife of his bosom might have hesitated. She, without having analysed his character, was partly aware of a quiet selfishness, that had rusted into his inactive mind,—of a peculiar sort of vanity, the most uneasy attribute about him,—of a disposition to craft, which had seldom produced more positive effects than the keeping of petty secrets, hardly worth revealing,—and, lastly, of what she called a little strangeness, sometimes,

derart machtvoll ergreift, lohnt es sich, darüber nachzudenken. Dem Leser steht es frei, sich seinen eigenen Betrachtungen hinzugeben; zieht er es hingegen vor, mit mir gemeinsam durch die zwanzig Jahre währende Schrulle Wakefields zu schweifen, so sei er mir willkommen, darauf vertrauend, dass ein durchgehender Sinn und eine Moral darin stecken, selbst wenn wir sie nicht gleich finden – fein zurechtgemacht und im letzten Satz auf den Punkt gebracht. Gedanken haben immer eine wirkende Kraft und jedes auffällige Geschehen birgt eine Lehre.

Was für ein Mensch war Wakefield? Es steht uns frei, uns ein eigenes Bild zu entwerfen und es beim Namen zu nennen Er stand im Zenit des Lebens; seine eheliche Zuneigung, die niemals heftig gewesen war, hatte sich zu einer gelassenen, gewohnheitsmäßigen Empfindung ernüchtert; von allen Ehemännern war er wahrscheinlich der beständigste, da eine gewisse Trägheit sein Herz zur Ruhe kommen ließ, wo immer es hingesetzt wurde. Er besaß Verstand, setzte ihn jedoch nicht ein; er hing langen, müßigen Grübeleien nach, die entweder kein Ziel oder nicht die Kraft hatten, es zu erreichen; seine Gedanken waren selten stark genug, um ihren Weg ins Wort zu finden. Fantasie im eigentlichen Sinn des Begriffs gehörte nicht zu Wakefields Gaben. Sein Herz war kühl, aber weder verderbt noch wankelmütig, sein Geist wurde durch aufrührerische Gedanken niemals in Fieber versetzt oder durch Originalität verwirrt – wer hätte da ahnen können, dass unser Freund einst unter Menschen, die exzentrische Handlungen begehen, einen herausragenden Platz einnehmen würde? Hätte man seine Bekannten gefragt, welcher Mann in London mit absoluter Sicherheit heute nichts tun würde, woran man sich morgen noch erinnert, sie hätten an Wakefield gedacht. Lediglich seine Angetraute hätte vielleicht gezögert. Sie hatte seinen Charakter nicht ergründet, doch sie ahnte eine stille Selbstsucht, die sich seinem untätigen Geist eingefressen hatte; seine merkwürdige Eitelkeit, die seine beunruhigendste Eigenschaft war; seine Neigung zur Gerissenheit, die selten ernsthaftere Auswirkungen zeigte, als dass er alberne Geheimnisse hatte, kaum wert, enthüllt zu werden; und schließlich manchmal in diesem guten Mann eine gewisse Andersartigkeit, wie

in the good man. This latter quality is indefinable, and perhaps non-existent.

Let us now imagine Wakefield bidding adieu to his wife. It is the dusk of an October evening. His equipment is a drab great-coat, a hat covered with an oil-cloth, top-boots, an umbrella in one hand and a small portmanteau in the other. He has informed Mrs. Wakefield that he is to take the night coach into the country. She would fain inquire the length of his journey, its object, and the probable time of his return; but, indulgent to his harmless love of mystery, interrogates him only by a look. He tells her not to expect him positively by the return coach, not to be alarmed should he tarry three or four days; but, at all events, to look for him at supper on Friday evening. Wakefield himself, be it considered, has no suspicion of what is before him. He holds out his hand; she gives her own, and meets his parting kiss, in the matter-of-course way of a ten years' matrimony; and forth goes the middle-aged Mr. Wakefield, almost resolved to perplex his good lady by a whole week's absence. After the door has closed behind him, she perceives it thrust partly open, and a vision of her husband's face, through the aperture, smiling on her, and gone in a moment. For the time, this little incident is dismissed without a thought. But, long afterwards, when she has been more years a widow than a wife, that smile recurs, and flickers across all her reminiscences of Wakefield's visage. In her many musings, she surrounds the original smile with a multitude of fantasies, which make it strange and awful; as, for instance, if she imagines him in a coffin, that parting look is frozen on his pale features; or, if she dreams of him in heaven, still his blessed spirit wears a quiet and crafty smile. Yet, for its sake, when all others have given him up for dead, she sometimes doubts whether she is a widow.

sie es nannte. Diese letztgenannte Eigenschaft ist nicht fixierbar, und vielleicht gibt es sie gar nicht.

Stellen wir uns nun vor, wie sich Wakefield von seiner Frau verabschiedet. Es ist ein Abend im Oktober und es dämmert. Seine Reisekleidung besteht aus einem graubraunen Winterüberzieher, einem mit Wachstuch überzogenen Hut und Stulpstiefeln. In einer Hand hält er einen Schirm, in der anderen einen kleinen Handkoffer. Er hat Mrs Wakefield darüber in Kenntnis gesetzt, dass er die Nachtkutsche aufs Land nehmen wird. Sie hätte ihn gerne nach der Dauer der Reise, ihrem Zweck und dem voraussichtlichen Zeitpunkt seiner Rückkehr gefragt, doch aus Rücksicht auf seinen harmlosen Hang zur Geheimniskrämerei wirft sie ihm nur einen fragenden Blick zu. Er sagt, sie solle ihn keinesfalls mit der Rückkutsche erwarten oder beunruhigt sein, wenn er drei oder vier Tage wegbliebe; sie möge aber auf jeden Fall am Freitag zum Abendessen mit ihm rechnen. Nehmen wir an, Wakefield selbst hat keinerlei Ahnung, was ihm bevorsteht. Er reicht ihr die Hand, sie gibt ihm die ihre und erwidert seinen Abschiedskuss mit der Nüchternheit einer Ehe von zehn Jahren. Und so zieht Mr Wakefield davon, ein Mann mittleren Alters, fast entschlossen, seine brave Frau mit einem ganzwöchigen Fernbleiben in Unruhe zu versetzen. Nachdem die Tür sich hinter ihm geschlossen hat, bemerkt sie, wie sie noch einmal einen Spaltbreit aufgestoßen wird, und sieht durch die Öffnung das Gesicht ihres Mannes, der ihr zulächelt und im nächsten Moment verschwunden ist. Damals hat sie die kleine Szene sofort wieder vergessen, doch viele Jahre später, nachdem sie länger Witwe als Ehefrau war, taucht dieses Lächeln wieder auf und geistert durch all ihre Erinnerungen an Wakefields Antlitz. Während ihrer endlosen Grübeleien umgibt sie das ursprüngliche Lächeln mit einer Vielzahl von Bildern, die es seltsam und schrecklich erscheinen lassen. Wenn sie sich ihn zum Beispiel in einem Sarg vorstellt, liegt dieser Abschiedsblick vereist auf seinen bleichen Zügen; und wenn sie träumt, er sei im Himmel, trägt selbst sein seliger Geist ein stilles, hinterlistiges Lächeln. Dennoch zweifelt sie, wo doch die anderen ihn längst alle für einen toten Mann halten, nur deshalb manchmal, ob sie eine Witwe sei.

But our business is with the husband. We must hurry after him, along the street, ere he lose his individuality, and melt into the great mass of London life. It would be vain searching for him there. Let us follow close at his heels, therefore, until, after several superflous turns and doublings, we find him comfortably established by the fireside of a small apartment, previously bespoken. He is in the next street to his own, and at his journey's end. He can scarcely trust his good fortune in having got thither unperceived,–recollecting that, at one time, he was delayed by the throng, in the very focus of a lighted lantern; and, again, there were footsteps, that seemed to tread behind his own, distinct from the multitudinous tramp around him; and, anon, he heard a voice shouting afar, and fancied that it called his name. Doubtless, a dozen busybodies had been watching him, and told his wife the whole affair. Poor Wakefield! Little knowest thou thine own insignificance in this great world! No mortal eye but mine has traced thee. Go quietly to thy bed, foolish man; and, on the morrow, if thou wilt be wise, get thee home to good Mrs. Wakefield, and tell her the truth. Remove not thyself, even for a little week, from thy place in her chaste bosom. Were she, for a single moment, to deem thee dead, or lost, or lastingly divided from her, thou wouldst be woefully conscious of a change in thy true wife, forever after. It is perilous to make a chasm in human affections; not that they gape so long and wide, but so quickly close again!

Almost repenting of his frolic, or whatever it may be termed, Wakefield lies down betimes, and starting from his first nap, spreads forth his arms into the wide and solitary waste of the unaccustomed bed. 'No,' –thinks he, gathering the bedclothes about him–'I will not sleep alone another night.'

In the morning, he rises earlier than usual, and sets himself to consider what he really means to do. Such are his loose and rambling modes of thought, that he has taken this very singu-

Doch uns beschäftigt der Ehemann. Wir müssen ihm auf der Straße hinterhereilen, ehe er seine Ich verliert und mit der großen Masse des Londoner Lebens verschmilzt. Dort würden wir ihn vergeblich suchen. Wir müssen uns deshalb dicht an seine Fersen heften, bis wir ihn nach einigen überschüssigen Kehren und Haken behaglich am Kamin der schon erwähnten kleinen Wohnung sitzen sehen. Er befindet sich in der Parallelstraße zu seiner eigenen und hat das Ende seiner Reise erreicht. Er kann sein Glück kaum fassen, unbemerkt dorthin gelangt zu sein, denn einmal wurde er im Lichtkreis einer brennenden Laterne durch die Menge aufgehalten, hatte Schritte hinter sich vernommen, die ihn zu verfolgen schienen, deutlich unterscheidbar von dem Getrappel ringsum; mitunter hörte er aus der Ferne eine Stimme rufen und bildete sich ein, sie riefe seinen Namen. Zweifellos hatte ihn ein Dutzend Wichtigtuer beobachtet und die ganze Sache seiner Frau erzählt. Armer Wakefield! Wenn du wüsstest, wie unbedeutend du in dieser großen Welt bist. Kein sterbliches Auge außer dem meinen ist deiner Spur gefolgt. Begib dich ruhig zu Bett, törichter Mann, und wenn du weise handeln willst, geh morgen früh nach Hause zur guten Mrs Wakefield und sage ihr die Wahrheit. Weiche nicht von deinem Platz an ihrer edlen Brust, nicht einmal für eine kurze Woche. Würde sie einen einzigen Moment lang glauben, du wärest tot, verschollen oder auf ewig von ihr getrennt, müsstet du dir schmerzvoll einer Veränderung in deiner treuen Gattin bewusst werden, die für immer anhält. Es ist gefährlich, eine Kluft in menschliche Zuneigungen zu reißen – nicht, weil sie so weit und lange klafft, sondern weil sie sich so rasch wieder schließt.

Wakefield bereut seinen Streich, oder wie immer man es nennen mag, schon fast und begibt sich zeitig zur Ruhe. Er schreckt aus einem ersten Schlummer hoch und breitet in dem großen, überflüssig einsamen und ungewohnten Bett die Arme aus: »Nein«, sagt er sich, als er die Bettdecke enger um sich zieht, »ich will keine zweite Nacht alleine schlafen.«

Am Morgen erhebt er sich früher als gewöhnlich und geht mit sich selbst zu Rate, was er nun wirklich tun will. Seine Gedankengänge sind derart vage und verschwommen, dass er diesen äußerst sonder-

lar step, with the consciousness of a purpose, indeed, but without being able to define it sufficiently for his own contemplation. The vagueness of the project, and the convulsive effort with which he plunges into the execution of it, are equally characteristic of a feeble-minded man. Wakefield sifts his ideas, however, as minutely as he may, and finds himself curious to know the progress of matters at home, how his exemplary wife will endure her widowhood of a week; and, briefly, how the little sphere of creatures and circumstances, in which he was a central object, will be affected by his removal. A morbid vanity, therefore, lies nearest the bottom of the affair. But, how is he to attain his ends? Not, certainly, by keeping close in this comfortable lodging, where, though he slept and awoke in the next street to his home, he is as effectually abroad, as if the stage-coach had been whirling him away all night. Yet, should he reappear, the whole project is knocked on the head. His poor brains being hopelessly puzzled with this dilemma, he at length ventures out, partly resolving to cross the head of the street, and send one hasty glance towards his forsaken domicile. Habit–for he is a man of habits–takes him by the hand, and guides him, wholly unaware, to his own door, where, just at the critical moment, he is aroused by the scraping of his foot upon the step. Wakefield! whither are you going?

At that instant, his fate was turning on the pivot. Little dreaming of the doom to which his first backward step devotes him, he hurries away, breathless with agitation hitherto unfelt, and hardly dares turn his head, at the distant corner. Can it be that nobody caught sight of him? Will not the whole household–the decent Mrs. Wakefield, the smart maidservant, and the dirty little footboy–raise a hue and cry, through London streets, in pursuit of their fugitive lord and master? Wonderful escape! He gathers courage to pause and look homeward, but is perplexed with a sense of change about the familiar edifice, such as affects us all, when, after a

baren Schritt zwar mit dem Bewusstsein einer Absicht getan hat, aber nicht imstande ist, diese Absicht für die eigene Betrachtung ausreichend klar zu definieren. Die Unklarheit des Vorhabens und der krampfhafte Elan, mit dem er sich in die Ausführung stürzt, beides ist für einen geistesschwachen Menschen gleichermaßen bezeichnend. Immerhin sortiert Wakefield seine Gedanken so gut er kann und stellt fest, dass er neugierig ist, wie die Dinge zuhause verlaufen – wie seine mustergültige Gattin ihre einwöchige Witwenschaft aushalten wird und wie, kurzum, der kleine Kreis von Geschöpfen und Verhältnissen, deren Mittelpunkt er war, auf sein Fortgehen reagieren wird. Demzufolge liegt der ganzen Sache eine morbide Eitelkeit zugrunde. Doch wie soll er sein Ziel erreichen? Sicherlich nicht, indem er in dieser behaglichen Wohnung verharrt, dort ist er in Wahrheit so weit weg, als hätte ihn die Postkutsche die ganze Nacht lang fortgetragen, obwohl er nur in der Straße parallel zu seinem Haus schlief und erwachte. Doch wenn er jetzt wieder auftauchte, wäre der ganze Plan vereitelt. Sein armer Geist ist von diesem Dilemma hoffnungslos verwirrt, schließlich wagt er sich hinaus, halb entschlossen, die Straße am oberen Ende zu überqueren und einen hastigen Blick auf das Haus zu werfen, das er verlassen hat. Die Gewohnheit – denn er ist ein Mann der Gewohnheiten – nimmt ihn an der Hand und führt ihn, ohne dass er etwas ahnt, vor seine eigene Tür, wo ihn, just im kritischen Moment, das eigene Fußabstreifen an der Schwelle weckt. – Wakefield, was tust du?

In diesem Augenblick steht sein Schicksal am Wendepunkt. Er weiß nicht, ob sein erster Schritt ihn rückwärts ins Verderben führen wird, und eilt atemlos von einer bisher nie verspürten Erregung davon und wagt es kaum, sich am anderen Ende der Straße umzudrehen. Sollte ihn wirklich niemand gesehen haben? Wird nicht der ganze Haushalt – die ehrbare Mrs Wakefield, das muntere Hausmädchen und der schmutzige kleine Laufbursche – seinen flüchtigen Herrn und Meister Zeter und Mordio schreiend durch die Straßen Londons verfolgen? Wundersame Rettung! Er fasst Mut, stehen zu bleiben und heimwärts zu blicken und ist erstaunt; er hat das Gefühl, an dem vertrauten Bauwerk habe sich etwas verändert. Dieses Gefühl

separation of months or years, we again see some hill or lake, or work of art, with which we were friends of old. In ordinary cases, this indescribable impression is caused by the comparison and contrast between our imperfect reminiscences and the reality. In Wakefield, the magic of a single night has wrought a similar transformation, because, in that brief period, a great moral change has been effected. But this is a secret from himself. Before leaving the spot, he catches a far and momentary glimpse of his wife, passing athwart the front window, with her face turned towards the head of the street. The crafty nincompoop takes to his heels, scared with the idea, that, among a thousand such atoms of mortality, her eye must have detected him. Right glad is his heart, though his brain be somewhat dizzy, when he finds himself by the coalfire of his lodgings.

So much for the commencement of this long whim-wham. After the initial conception, and the stirring up of the man's sluggish temperament to put it in practice, the whole matter evolves itself in a natural train. We may suppose him, as the result of deep deliberation, buying a new wig, of reddish hair, and selecting sundry garments, in a fashion unlike his customary suit of brown, from a Jew's old-clothes bag. It is accomplished. Wakefield is another man. The new system being now established, a retrograde movement to the old would be almost as difficult as the step that placed him in his unparalleled position. Furthermore, he is rendered obstinate by a sulkiness, occasionally incident to his temper, and brought on, at present, by the inadequate sensation which he conceives to have been produced in the bosom of Mrs. Wakefield. He will not go back until she be frightened half to death. Well; twice or thrice has she passed before his sight, each time with a heavier step, a paler cheek, and more anxious brow; and in the third week of his non-appearance, he detects a portent of evil entering the house, in the guise of an

kennen wir alle, wenn wir nach Monaten oder Jahren der Abwesenheit einen Hügel, einen See oder einen Kunstgegenstand wieder erblicken, mit dem wir einst freundschaftlich verbunden waren. Gewöhnlich wird dieser unbeschreibliche Eindruck durch den Vergleich und Kontrast zwischen unseren unvollkommenen Erinnerungen und der Wirklichkeit hervorgerufen. Bei Wakefield hat der Zauber einer einzigen Nacht eine ähnliche Wandlung bewirkt, weil in dieser kurzen Frist eine große moralische Veränderung in ihm vorgegangen ist. Doch dies bleibt ihm verborgen. Ehe er den Ort verlässt, erhascht er aus der Ferne einen kurzen Blick auf seine Frau, die am vorderen Fenster vorübergeht, ihr Gesicht ist dem Kopf der Straße zugewendet. Der listige Einfaltspinsel nimmt Reißaus, ihn beängstigt der Gedanke, ihre Augen könnten unter Tausenden solcher sterblichen Atome ausgerechnet ihn entdeckt haben. Als er wieder am Kohlenfeuer seiner Wohnung sitzt, ist ihm wahrhaft froh ums Herz, obgleich ihm der Kopf leicht schwindelt.

So viel also zum Beginn dieser fortgesetzten Kapriole. Nach der anfänglichen Idee und nachdem das träge Temperament des Mannes ausreichend in Wallung gebracht worden war, um den Plan in die Tat umzusetzen, nimmt die ganze Angelegenheit einen natürlichen Verlauf. Wir können uns vorstellen, wie er nach reiflicher Überlegung eine neue Perücke mit rötlichem Haar kauft und aus dem Lumpensack eines Juden allerlei Kleidungsstücke heraussucht, die von ganz anderer Art sind als sein üblicher brauner Anzug. Es ist vollbracht: Wakefield ist ein anderer Mensch. Da nun die neue Ordnung hergestellt ist, wäre eine Rückwärtsbewegung zum Alten beinahe ebenso schwierig wie der Schritt, der ihn in diese beispiellose Lage gebracht hat. Außerdem hat ihn eine Übellaunigkeit, die seinem Naturell zuweilen anhaftet, trotzig werden lassen, gegenwärtig ausgelöst durch die Einbildung, er habe im Herzen von Mrs Wakefield nur unzulängliche Gefühle erweckt. Er will nicht zurückkehren, ehe sie halbtot vor Angst ist. Tatsächlich ging sie zwei- oder dreimal an ihm vorüber, jedes Mal mit schwererem Schritt, mit blasseren Wangen und besorgterer Stirn; in der dritten Woche seines Fernbleibens dann entdeckt er einen Unheilsboten, der in Gestalt eines Apothekers das Haus betritt. Am

apothecary. Next day, the knocker is muffled. Towards nightfall comes the chariot of a physician, and deposits its bigwigged and solemn burden at Wakefield's door, whence, after a quarter of an hour's visit, he emerges, perchance the herald of a funeral. Dear woman! Will she die? By this time, Wakefield is excited to something like energy of feeling, but still lingers away from his wife's bedside, pleading with his conscience, that she must not be disturbed at such a juncture. If aught else restrains him, he does not know it. In the course of a few weeks, she gradually recovers; the crisis is over; her heart is sad, perhaps, but quiet; and, let him return soon or late, it will never be feverish for him again. Such ideas glimmer through the mist of Wakefield's mind, and render him indistinctly conscious that an almost impassable gulf divides his hired apartment from his former home. 'It is but in the next street!' he sometimes says. Fool! it is in another world. Hitherto, he has put off his return from one particular day to another; henceforward, he leaves the precise time undetermined. Not to-morrow,—probably next week,—pretty soon. Poor man! The dead have nearly as much chance of revisiting their earthly homes, as the self-banished Wakefield.

Would that I had a folio to write, instead of an article of a dozen pages! Then might I exemplify how an influence, beyond our control, lays its strong hand on every deed which we do, and weaves its consequences into an iron tissue of necessity. Wakefield is spellbound. We must leave him, for ten years or so, to haunt around his house, without once crossing the threshold, and to be faithful to his wife, with all the affection of which his heart is capable, while he is slowly fading out of hers. Long since, it must be remarked, he has lost the perception of singularity in his conduct.

Now for a scene! Amid the throng of a London street, we distinguish a man, now waxing elderly, with few characteris-

nächsten Tag ist der Türklopfer umwickelt. Gegen Abend fährt die Kutsche eines Arztes vor und setzt ihre würdige Last mit der großen Perücke vor Wakefields Tür ab; nach einer Viertelstunde kommt der Arzt wieder heraus, vielleicht als Vorbote eines Begräbnisses. Die gute Frau! Wird sie sterben? Jetzt entwickelt Wakefield fast so etwas wie ein kraftvolles Gefühl, bleibt dem Krankenbett seiner Frau jedoch fern und beruhigt sein Gewissen damit, dass sie an einem so kritischen Zeitpunkt nicht gestört werden dürfe. Sollte ihn etwas anderes zurückhalten, dann weiß er es nicht. Im Verlauf einiger Wochen erholt sie sich allmählich. Die Krise ist überwunden; ihr Herz ist traurig vielleicht, aber ruhig; und ob er nun früher oder später zurückkommen wird: Es wird nie wieder heftig für ihn schlagen. Solche Gedanken flimmern durch Wakefields vernebeltes Gehirn und bringen ihm undeutlich zu Bewusstsein, dass zwischen seinem angemieteten Appartement und seinem ehemaligen Zuhause eine nahezu unüberwindliche Kluft liegt. »Es ist ja nur eine Straße weiter«, denkt er manchmal. Narr! Es liegt in einer anderen Welt. Bisher hat er seine Rückkehr von einem festen Tag auf den nächsten verschoben; von nun an lässt er den genauen Zeitpunkt offen – morgen nicht, wahrscheinlich nächste Woche, ziemlich bald. Armer Mensch! Die Toten haben ähnlich geringe Aussichten, ihr irdisches Zuhause noch einmal zu betreten, wie Wakefield, der sich selbst verbannt hat.

Ich wünschte, ich dürfte ein dickes Buch schreiben anstelle eines Artikels von wenigen Seiten! Dann könnte ich erläutern, wie ein außerhalb unserer Kontrolle liegender Einfluss mit starker Hand jede unserer Handlungen prägt und wie sich seine Auswirkungen zu einem ehernen Geflecht aus Zwangsläufigkeiten verdichten. Wakefield ist wie durch Zauber gebannt. Wir müssen ihn für ungefähr zehn Jahre sich selbst überlassen, in denen er um sein Haus geistert, ohne ein einziges Mal seinen Fuß über die Schwelle zu setzen. Er ist seiner Frau mit aller Zuneigung treu, deren sein Herz fähig ist, während er langsam aus dem ihren schwindet. Lange schon – das sei gesagt – hat er das Gefühl dafür verloren, dass sein Verhalten sonderbar ist.

Jetzt ein Szenenbild: Inmitten der Menschenmenge einer Londoner Straße erkennen wir einen Mann, nun sichtlich gealtert, mit nur we-

tics to attract careless observers, yet bearing, in his whole aspect, the handwriting of no common fate, for such as have the skill to read it. He is meagre; his low and narrow forehead is deeply wrinkled; his eyes, small and lustreless, sometimes wander apprehensively about him, but oftener seem to look inward. He bends his head, and moves with an indescribable obliquity of gait, as if unwilling to display his full front to the world. Watch him, long enough to see what we have described, and you will allow, that circumstances–which often produce remarkable men from nature's ordinary handiwork–have produced one such here. Next, leaving him to sidle along the footwalk, cast your eyes in the opposite direction, where a portly female, considerably in the wane of life, with a prayer-book in her hand, is proceeding to yonder church. She has the placid mien of settled widowhood. Her regrets have either died away, or have become so essential to her heart, that they would be poorly exchanged for joy. Just as the lean man and well-conditioned woman are passing, a slight obstruction occurs, and brings these two figures directly in contact. Their hands touch; the pressure of the crowd forces her bosom against his shoulder; they stand, face to face, staring into each other's eyes. After a ten years' separation, thus Wakefield meets his wife!

The throng eddies away, and carries them asunder. The sober widow, resuming her former pace, proceeds to church, but pauses in the portal, and throws a perplexed glance along the street. She passes in, however, opening her prayer-book as she goes. And the man! with so wild a face, that busy and selfish London stands to gaze after him, he hurries to his lodgings, bolts the door, and throws himself upon the bed. The latent feelings of years break out; his feeble mind acquires a brief energy from their strength; all the miserable strangeness of his

nigen Merkmalen, die einen achtlosen Beobachter anziehen könnten, dennoch trägt seine ganze Erscheinung die Handschrift eines ungewöhnlichen Schicksals für jene, die sie zu lesen verstehen. Er ist mager, seine niedrige, schmale Stirn ist tief gefurcht; die kleinen, glanzlosen Augen wandern mitunter ängstlich umher, häufiger aber scheinen sie nach innen zu blicken. Er senkt den Kopf und bewegt sich mit unbeschreiblich schiefem Gang, als würde er sich weigern, der Welt seinen ganzen Körper zuzukehren. Betrachten Sie ihn lange genug, um zu sehen, was ich beschrieben habe, und Sie werden mir zugestehen, dass die Umstände – die häufig aus dem gewöhnlichen Handwerk der Natur bemerkenswerte Männer formen – hier einen solchen hervorgebracht haben. Nun lassen Sie ihn auf dem Gehsteig weiterschleichen und wenden Ihren Blick in die entgegengesetzte Richtung, wo eine füllige Frau, die ihre Jugend bereits ein beträchtliches Stück hinter sich gelassen hat, mit einem Gebetbuch in der Hand zu der Kirche dort drüben schreitet. Sie trägt die gelassene Miene erprobter Witwenschaft. Ihr Kummer hat sich entweder verflüchtigt oder ist ihrem Herzen so wesentlich geworden, dass Freude ein schlechter Tausch wäre. Gerade als der hagere Mann und die stattliche Frau aneinander vorbeigehen, kommt es zu einem kurzen Stocken, das die beiden Gestalten in direkten Kontakt bringt. Ihre Hände berühren einander, der Druck der Menge drängt ihre Brust gegen seine Schulter; sie stehen sich von Angesicht zu Angesicht gegenüber und starren einander in die Augen. Nach einer Trennung von zehn Jahren trifft Wakefield so seine Frau.

Die Menge verläuft sich und trägt sie auseinander. Die ehrbare Witwe nimmt ihren früheren Gang wieder auf und geht weiter auf die Kirche zu, hält unter dem Portal jedoch inne und wirft einen verstörten Blick die Straße hinunter. Dann erst geht sie hinein und öffnet dabei ihr Gebetbuch. Und der Mann? Er eilt mit einem so fassungslosen Gesichtsausdruck, dass sogar das geschäftige, selbstverliebte London stehen bleibt und ihm hinterher starrt, in seine Wohnung, verriegelt die Tür und wirft sich aufs Bett. Jahrelang verborgene Gefühle brechen auf; ihre Kraft gibt seinem schwachen Geist einen Moment

life is revealed to him at a glance: and he cries out, passionately, 'Wakefield! Wakefield! You are mad!'

Perhaps he was so. The singularity of his situation must have so moulded him to himself, that, considered in regard to his fellow-creatures and the business of life, he could not be said to possess his right mind. He had contrived, or rather he had happened, to dissever himself from the world,–to vanish,–to give up his place and privileges with living men, without being admitted among the dead. The life of a hermit is nowise parallel to his. He was in the bustle of the city, as of old; but the crowd swept by, and saw him not; he was, we may figuratively say, always beside his wife, and at his hearth, yet must never feel the warmth of the one, nor the affection of the other. It was Wakefield's uprecedented fate, to retain his original share of human sympathies, and to be still involved in human interests, while he had lost his reciprocal influence on them. It would be a most curious speculation, to trace out the effect of such circumstances on his heart and intellect, separately, and in unison. Yet, changed as he was, he would seldom be conscious of it, but deem himself the same man as ever; glimpses of the truth, indeed, would come, but only for the moment; and still he would keep saying, 'I shall soon go back!' nor reflect that he had been saying so for twenty years.

I conceive, also, that these twenty years would appear, in the retrospect, scarcely longer than the week to which Wakefield had at first limited his absence. He would look on the affair as no more than an interlude in the main business of his life. When, after a little while more, he should deem it time to re-enter his parlour, his wife would clap her hands for joy, on beholding the middle-aged Mr. Wakefield. Alas, what a mistake! Would Time but await the close of our favourite follies, we should be young men, all of us, and till Doomsday.

lang Festigkeit; die ganze erbärmliche Fremdartigkeit seines Lebens wird ihm auf einen Blick bewusst, und leidenschaftlich bricht es aus ihm heraus: »Wakefield! Wakefield! Du bist wahnsinnig!«

Vielleicht war er es wirklich. Die Einzigartigkeit seiner Lage muss ihn derart in sich selbst verschmolzen haben, dass man im Hinblick auf seine Mitmenschen und auf das Geschäft des Lebens nicht hätte behaupten können, er sei im Vollbesitz seiner geistigen Kräfte. Er war ihm gelungen – oder besser: widerfahren –, sich von der Welt zu trennen, zu verschwinden, seinen Platz und seine Vorrechte unter den Lebenden aufzugeben, ohne Zutritt ins Reich der Toten zu erlangen. Das Leben eines Einsiedlers war keinesfalls mit dem seinen vergleichbar. Er befand sich wie eh und je im Tumult der Stadt, doch die Menge jagte vorüber und übersah ihn; bildlich gesprochen lebte er stets an der Seite seiner Frau und an seinem Herd, durfte jedoch nie die Wärme des einen noch die Zärtlichkeit der andern fühlen. Es war Wakefields beispielloses Schicksal, seinen ursprünglichen Anteil menschlichen Mitgefühls zu behalten und noch immer in menschliche Belange verwickelt zu sein, während er umgekehrt jeden Einfluss auf sie verloren hatte. Es käme einem höchst sonderbaren Rätselraten gleich, die Wirkung derartiger Umstände auf sein Herz und seinen Verstand im Einzelnen und insgesamt zu verfolgen. Doch so sehr er sich verändert hatte, er war sich dessen nur selten bewusst, sondern hielt sich für denselben Menschen wie zuvor. Gelegentlich dämmerte ihm weiß Gott die Wahrheit, aber nur für den Moment, und noch immer pflegte er zu sagen: »Bald gehe ich zurück!« – ohne zu bedenken, dass er dies bereits seit zwanzig Jahren tat.

Ich kann mir sogar vorstellen, dass ihm diese zwanzig Jahre im Rückblick kaum länger erschienen als jene Woche, auf die Wakefield seine Abwesenheit zunächst begrenzt hatte. Wahrscheinlich betrachtete er die Angelegenheit als bloßes Zwischenspiel im eigentlichen Verlauf seines Lebens. Wenn er es nach einer weiteren kleinen Weile für angemessen halten sollte, sein Wohnzimmer wieder zu betreten, würde seine Frau beim Anblick des gealterten Mr Wakefield vor Freude in die Hände klatschen. Ach, welch ein Irrtum! Denn wenn die Zeit nur auf das Ende unserer liebsten Torheiten wartete, wären wir alle bis zum Jüngsten Tage jung.

One evening, in the twentieth year since he vanished, Wakefield is taking his customary walk towards the dwelling which he still calls his own. It is a gusty night of autumn, with frequent showers, that patter down upon the pavement, and are gone, before a man can put up his umbrella. Pausing near the house, Wakefield discerns, through the parlour windows of the second floor, the red glow, and the glimmer and fitful flash of a comfortable fire. On the ceiling appears a grotesque shadow of good Mrs. Wakefield. The cap, the nose and chin, and the broad waist form an admirable caricature, which dances, moreover, with the up-flickering and down-sinking blaze, almost too merrily for the shade of an elderly widow. At this instant, a shower chances to fall, and is driven, by the unmannerly gust, full into Wakefield's face and bosom. He is quite penetrated with its autumnal chill. Shall he stand, wet and shivering here, when his own hearth has a good fire to warm him, and his own wife will run to fetch the grey coat and small clothes, which doubtless she has kept carefully in the closet of their bedchamber? No! Wakefield is no such fool. He ascends the steps,—heavily! —for twenty years have stiffened his legs, since he came down,—but he knows it not. Stay, Wakefield! Would you go to the sole home that is left you? Then step into your grave! The door opens. As he passes in, we have a parting glimpse of his visage, and recognize the crafty smile, which was the precursor of the little joke that he has ever since been playing off at his wife's expense. How unmercifully has he quizzed the poor woman! Well, a good night's rest to Wakefield!

This happy event—supposing it to be such—could only have occurred at an unpremeditated moment. We will not follow our friend across the threshold. He has left us much food for thought, a portion of which shall lend its wisdom to a moral, and be shaped into a figure. Amid the seeming confusion of our mysterious world, individuals are so nicely adjusted to a

Eines Abends, im zwanzigsten Jahr seit seinem Verschwinden, macht Wakefield seinen gewohnten Spaziergang zu dem Haus, das er immer noch sein eigen nennt. Es ist ein stürmischer Herbstabend, häufig prasseln Schauer auf das Pflaster nieder und sind vorüber, noch ehe man den Schirm aufspannen kann. Als er in der Nähe des Hauses stehenbleibt, bemerkt Wakefield durch die Wohnzimmerfenster im ersten Stock den roten Schein und den flackernden Lichtstrahl eines behaglichen Feuers. An der Decke zeichnet sich der groteske Schatten der guten Mrs Wakefield ab: Haube, Nase und Kinn sowie die breite Taille bilden eine prächtige Karikatur, die zudem im Auf- und Abflackern des Feuers einen für eine ältere Witwe beinahe zu fröhlichen Schattentanz aufführt. Just in diesem Augenblick geht ein Schauer nieder, der raue Wind treibt den Regen direkt in Wakefields Gesicht und gegen seine Brust. Die herbstliche Kälte geht ihm durch und durch. Soll er denn hier durchnässt und fröstelnd stehen, wenn in seinem eigenen Kamin ein hübsches Feuer brennt, das ihn wärmen kann, und seine eigene Frau sich aufmachen wird, um ihm den grauen Rock und die Hose zu holen, die sie zweifellos sorgsam im Schrank ihres Schlafzimmers verwahrt hat? Nein, ein solcher Narr ist Wakefield nicht. Er steigt die Stufen hoch – schwerfällig, denn zwanzig Jahre haben seine Beine steif werden lassen, seit er sie hinabstieg, aber davon weiß er nichts. Bleib stehen, Wakefield! Willst du zur letzten Heimstatt gehen, die dir noch geblieben ist? Dann steig hinab in dein Grab. Die Tür öffnet sich. Als er eintritt, erhaschen wir noch einen letzten Blick auf sein Gesicht und erkennen das listige Lächeln wieder, das der Vorbote jenes kleinen Schabernacks war, den er seit damals auf Kosten seiner Frau gespielt hat. Wie unbarmherzig hat er die arme Frau gefoppt! Nun, wir wünschen Wakefield eine angenehme Nachtruhe!

Dieses glückliche Ereignis – angenommen, es war ein solches –, konnte einzig in einem unbedachten Augenblick stattfinden. Wir werden unserem Freund nicht über die Schwelle folgen. Er hat uns viel Stoff zum Nachdenken gegeben, und ein Teil dieser Weisheit soll bleiben für eine Moral, die in eine Form gefasst werden kann. Mitten im scheinbaren Gewirr unserer rätselhaften Welt sind die Menschen so

system, and systems to one another, and to a whole, that, by stepping aside for a moment, a man exposes himself to a fearful risk of losing his place for ever. Like Wakefield, he may become, as it were, the Outcast of the Universe.

sorgsam eingepasst in eine Ordnung und die Ordnungen ineinander und wiederum in ein Ganzes, dass ein Mensch, der für einen Moment nur beiseite tritt, sich der schrecklichen Gefahr aussetzt, seinen Platz für immer zu verlieren. Er könnte – wie Wakefield – gewissermaßen zum Verbannten des Universums werden.

Edgar Allan Poe

The Tell-Tale Heart

True!-nervous-very, very dreadfully nervous I had been and am; but why *will* you say that I am mad? The disease had sharpened my senses—not destroyed—not dulled them. Above all was the sense of hearing acute. I heard all things in the heaven and in the earth. I heard many things in hell. How, then, am I mad? Hearken! and observe how healthily-how calmly I can tell you the whole story.

It is impossible to say how first the idea entered my brain: but, once conceived, it haunted me day and night. Object there was none. Passion there was none. I loved the old man. He had never wronged me. He had never given me insult. For his gold I had no desire. I think it was his eye! yes, it was this! One of his eyes resembled that of a vulture—a pale blue eye, with a film over it. Whenever it fell upon me, my blood ran cold; and so by degrees—very gradually—I made up my mind to take the life of the old man, and thus rid myself of the eye forever.

Now this is the point. You fancy me mad. Madmen know nothing. But you should have seen *me*. You should have seen how wisely I proceeded—with what caution—with what foresight—with what dissimulation I went to work! I was never kinder to the old man than during the whole week before I killed him. And every night, about midnight, I turned the latch of his door and opened it—oh, so gently! And then, when I had made an opening sufficient for my head, I put in a dark lantern, all closed, closed, so that no light shone out, and then I thrust in my head. Oh, you would have laughed to see how cunningly I thrust it in! I moved it slowly—very, very slowly, so that I might not disturb the old man's sleep. It took me an hour to place my whole head within the opening so far that I could see him as he lay upon his bed. Ha!—would a madman have

Edgar Allan Poe

Das verräterische Herz

Wahrlich! – nervös – sehr, furchtbar nervös war ich und bin es noch; doch warum *wollt* ihr sagen, dass ich verrückt bin? Die Krankheit hat meine Sinne geschärft – sie nicht zerstört – nicht abgestumpft. Vor allem mein Gehörsinn war fein entwickelt. Ich hörte alle Dinge im Himmel und auf Erden. Ich hörte viele Dinge in der Hölle. Wie, bin ich deshalb verrückt? Hört zu! und gebt acht, wie gesund – wie ruhig ich euch die ganze Geschichte erzählen kann.

Ich kann nicht sagen, wie mir die Vorstellung zuerst in den Kopf kam: doch einmal ersonnen, verfolgte sie mich Tag und Nacht. Es gab kein Ziel. Es gab keine Leidenschaft. Ich liebte den alten Mann. Er hatte mir nie unrecht getan. Er hatte mich nie gekränkt. Ich hatte kein Verlangen nach seinem Gold. Ich glaube, es war sein Auge! ja, das war es! Eins seiner Augen glich dem eines Geiers – ein blassblaues Auge, mit einem Häutchen darüber. Wann immer es mich ansah, erkaltete mein Blut; und so entschloss ich mich nach und nach – ganz allmählich –, dem alten Mann das Leben zu nehmen und mich so für immer von dem Auge zu befreien.

Nun, das ist der Punkt. Ihr haltet mich für verrückt. Verrückte wissen nichts. Aber *mich* hättet ihr sehen sollen! Ihr hättet sehen sollen, wie klug ich vorging – mit welcher Vorsicht – mit welchem Weitblick – mit welcher Verstellung ich zu Werke ging! Nie war ich freundlicher zu dem alten Mann als während der ganzen Woche, bevor ich ihn umbrachte. Und jede Nacht, gegen Mitternacht, legte ich die Hand auf die Klinke seiner Tür und öffnete – oh, so sacht! Und dann, wenn die Öffnung groß genug für meinen Kopf war, schob ich eine verdunkelte Laterne ins Zimmer, geschlossen, ganz geschlossen, dass kein Licht herausschien, und dann zwängte ich meinen Kopf hinein. Oh, ihr hättet gelacht, wenn ihr gesehen hättet, wie geschickt ich ihn hineinzwängte! Ich bewegte ihn langsam – sehr, sehr langsam, um den Schlaf des alten Mannes nicht zu stören. Ich brauchte eine Stunde dazu, den Kopf so weit durch die Öffnung zu schieben, dass ich den Alten auf

been so wise as this? And then, when my head was well in the room, I undid the lantern cautiously—oh, so cautiously—cautiously (for the hinges creaked)—I undid it just so much that a single thin ray fell upon the vulture eye. And this I did for seven long nights—every night just at midnight—but I found the eye always closed; and so it was impossible to do the work; for it was not the old man who vexed me, but this Evil Eye. And every morning, when the day broke, I went boldly into the chamber, and spoke courageously to him, calling him by name in a hearty tone, and inquiring how he had passed the night. So you see he would have been a very profound old man, indeed, to suspect that every night, just at twelve, I looked in upon him while he slept.

Upon the eighth night I was more than usually cautious in opening the door. A watch's minute hand moves more quickly than did mine. Never, before that night, had *I felt* the extent of my own powers—of my sagacity. I could scarcely contain my feelings of triumph. To think that there I was, opening the door, little by little, and he not even to dream of my secret deeds or thoughts. I fairly chuckled at the idea; and perhaps he heard me; for he moved on the bed suddenly, as if startled. Now you may think that I drew back—but no. His room was as black as pitch with the thick darkness (for the shutters were close fastened, through fear of robbers,) and so I knew that he could not see the opening of the door, and I kept pushing it on steadily, steadily.

I had my head in, and was about to open the lantern, when my thumb slipped upon the tin fastening, and the old man sprang up in the bed, crying out—'Who's there?'

I kept quite still and said nothing. For a whole hour I did not move a muscle, and in the meantime I did not hear him lie down. He was still sitting up in the bed, listening;—just as I have done, night after night, hearkening to the death-watches in the wall.

seinem Bett liegen sehen konnte. Ha! – wäre ein Verrückter derart klug gewesen? Und dann, wenn mein Kopf ganz im Zimmer war, öffnete ich behutsam die Laterne – oh, so behutsam – behutsam (denn die Scharniere quietschten) –, öffnete sie gerade so weit, dass ein einzelner dünner Strahl auf das Geierauge fiel. Und dies tat ich sieben Nächte lang – jede Nacht just um Mitternacht –, doch immer fand ich das Auge geschlossen; und so war es unmöglich, das Werk zu verrichten; denn es war nicht der alte Mann, der mich ärgerte, sondern sein böses Auge. Und jeden Morgen, wenn der Tag anbrach, ging ich forsch in das Zimmer und sprach tapfer mit ihm, indem ich ihn in herzlichem Ton beim Namen nannte und mich erkundigte, wie er die Nacht verbracht hatte. Ihr seht also, er hätte wirklich ein sehr hellsichtiger alter Mann sein müssen, um zu argwöhnen, dass ich jede Nacht, genau um zwölf, zu ihm hereinsah, während er schlief.

In der achten Nacht war ich beim Öffnen der Tür noch vorsichtiger als gewöhnlich. Der Minutenzeiger einer Uhr bewegt sich schneller, als meine Hand es tat. Niemals vor dieser Nacht hatte ich das Ausmaß meiner eigenen Kräfte – meines Scharfsinns *empfunden*. Ich konnte mein Triumphgefühl kaum zurückhalten. Daran zu denken, dass ich dort war, die Tür öffnete, ganz allmählich, und dass er nicht einmal von meinen geheimen Gedanken und Taten träumte. Ich lachte regelrecht in mich hinein bei dieser Vorstellung, und vielleicht hörte er mich; denn er rührte sich plötzlich im Bett, wie erschreckt. Jetzt mögt ihr denken, ich hätte mich zurückgezogen – doch nein. Sein Zimmer war so schwarz wie Pech von dichtem Dunkel (denn die Läden waren fest verschlossen aus Furcht vor Räubern), und so wusste ich, dass er das Öffnen der Tür nicht sehen konnte, und ich schob sie immer weiter auf, stetig, stetig.

Ich hatte meinen Kopf im Zimmer und war gerade dabei, die Laterne zu öffnen, als mein Daumen vom Zinnverschluss abrutschte und der alte Mann im Bett aufsprang und schrie – »Wer ist da?«

Ich blieb ganz still und sagte nichts. Für eine volle Stunde rührte ich keinen Muskel, und während dieser Zeit hörte ich nicht, dass er sich wieder hinlegte. Er saß noch immer aufrecht im Bett, horchend – gerade so wie ich Nacht für Nacht auf die Totenuhren in der Wand gelauscht habe.

Presently I heard a slight groan, and I knew it was the groan of mortal terror. It was not a groan of pain or of grief—oh, no!—it was the low stifled sound that arises from the bottom of the soul when overcharged with awe. I knew the sound well. Many a night, just at midnight, when all the world slept, it has welled up from my own bosom, deepening, with its dreadful echo, the terrors that distracted me. I say I knew it well. I knew what the old man felt, and pitied him, although I chuckled at heart. I knew that he had been lying awake since ever the first slight noise, when he had turned in the bed. His fears had been ever since growing upon him. He had been trying to fancy them causeless, but could not. He had been saying to himself—'It is nothing but the wind in the chimney—it is only a mouse crossing the floor,' or 'it is merely a cricket which has made a single chirp.' Yes, he has been trying to comfort himself with these suppositions: but he had found all in vain. *All in vain;* because Death, in approaching him, had stalked with his black shadow before him, and enveloped the victim. And it was the mournful influence of the unperceived shadow that caused him to feel—although he neither saw nor heard—to *feel* the presence of my head within the room.

When I had waited a long time, very patiently, without hearing him lie down, I resolved to open a little—a very, very little crevice in the lantern. So I opened it—you cannot imagine how stealthily, stealthily—until, at length, a single dim ray, like the thread of the spider, shot from out the crevice and fell upon the vulture eye.

It was open—wide, wide open—and I grew furious as I gazed upon it. I saw it with perfect distinctness—all a dull blue, with a hideous veil over it that chilled the very marrow in my bones; but I could see nothing else of the old man's face or person: for I had directed the ray as if by instinct, precisely upon the damned spot.

And now—have I not told you that what you mistake for madness is but over acuteness of the senses?—now, I say, there

Bald vernahm ich ein leises Stöhnen, und ich wusste, es war das Stöhnen tödlichen Entsetzens. Nicht von Schmerz oder von Gram – o nein! – es war der leise erstickte Laut, der sich aus der Tiefe der Seele erhebt, wenn die Angst zu schwer auf ihr lastet. Ich kannte den Laut gut. In so mancher Nacht, genau um Mitternacht, wenn alle Welt schlief, ist er aus meiner eigenen Brust hervorgequollen und hat mit seinem fürchterlichen Echo die Schrecken, die mich verwirrten, noch vertieft. Ich sage, ich kannte ihn gut. Ich wusste, was der alte Mann fühlte, und ich bedauerte ihn, wenngleich ich innerlich lachte. Ich wusste, dass er wach lag, schon seit dem ersten schwachen Geräusch, da er sich im Bett herumgedreht hatte. Seitdem waren seine Ängste in ihm stetig gewachsen. Er hatte versucht, sie als grundlos anzusehen, doch das konnte er nicht. Er hatte zu sich selbst gesagt – ›Es ist nichts als der Wind im Schornstein – es ist nur eine Maus, die durchs Zimmer läuft‹, oder ›es ist bloß eine Grille, die ein einziges Mal zirpte‹. Ja, er hat sich zu trösten versucht mit diesen Vermutungen: Doch es war alles vergeblich. *Alles vergeblich;* denn der Tod, der ihm näher kam, war mit seinem schwarzen Schatten vor ihn hingetreten und hatte das Opfer eingehüllt. Und es war der traurige Einfluss des unmerklichen Schattens, der ihn – obwohl er weder sah noch hörte – die Gegenwart meines Kopfes im Zimmer *fühlen* ließ.

Nachdem ich lange Zeit sehr geduldig gewartet hatte, ohne ihn sich niederlegen zu hören, beschloss ich, einen kleinen – einen ganz, ganz kleinen Spalt weit die Laterne zu öffnen. So öffnete ich sie – ihr könnt euch nicht vorstellen, wie heimlich, wie verstohlen –, bis schließlich, wie der Faden der Spinne, ein einzelner matter Strahl aus dem Spalt hervorschoss und auf das Geierauge fiel.

Es war offen – weit, weit offen –, und ich wurde rasend, während ich es anstarrte. Ich sah es mit vollkommener Deutlichkeit – ein stumpfes Blau mit einem abscheulichen Schleier darüber, der mich bis ins Mark erschütterte; doch nichts anderes konnte ich sehen von Gesicht oder Gestalt des alten Mannes: Denn ich hatte den Strahl wie instinktiv exakt auf die verfluchte Stelle gerichtet.

Und nun – habe ich euch nicht gesagt, dass das, was ihr als Wahnsinn missversteht, nur eine Überfeinerung der Sinne ist? – nun, sage ich,

came to my ears a low, dull, quick sound, such as a watch makes when enveloped in cotton. I knew *that* sound well, too. It was the beating of the old man's heart. It increased my fury, as the beating of a drum stimulates the soldier into courage.

But even yet I refrained and kept still. I scarcely breathed. I held the lantern motionless, I tried how steadily I could maintain the ray upon the eye. Meantime the hellish tattoo of the heart increased. It grew quicker and quicker, and louder and louder every instant. The old man's terror *must* have been extreme! It grew louder, I say, louder every moment!—do you mark me well? I have told you that I am nervous: so I am. And now at the dead hour of the night, amid the dreadful silence of that old house, so strange a noise as this excited me to uncontrollable terror. Yet, for some minutes longer I refrained and stood still. But the beating grew louder, louder! I thought the heart must burst. And now a new anxiety seized me—the sound would be heard by a neighbor! The old man's hour had come! With a loud yell, I threw open the lantern and leaped into the room. He shrieked once—once only. In an instant I dragged him to the floor, and pulled the heavy bed over him. I then smiled gaily, to find the deed so far done. But, for many minutes, the heart beat on with a muffled sound. This, however, did not vex me; it would not be heard through the wall. At length it ceased. The old man was dead. I removed the bed and examined the corpse. Yes, he was stone, stone dead. I placed my hand upon the heart and held it there many minutes. There was no pulsation. He was stone dead. His eye would trouble me no more.

If still you think me mad, you will think so no longer when I describe the wise precautions I took for the concealment of the body. The night waned, and I worked hastily, but in silence. First of all I dismembered the corpse. I cut off the head and the arms and the legs.

drang an mein Ohr ein leises, dumpfes, schnelles Geräusch, so wie es eine Uhr macht, wenn sie in Stoff gehüllt ist. Auch *diesen* Laut kannte ich gut. Es war der Herzschlag des alten Mannes. Er steigerte meine Wut, wie das Schlagen einer Trommel den Soldaten zum Mut anspornt.

Doch selbst jetzt noch hielt ich mich zurück und blieb still. Ich atmete kaum. Ich hielt die Laterne reglos, ich versuchte, wie beständig ich den Strahl auf dem Auge halten konnte. Inzwischen steigerte sich das höllische Trommeln des Herzens. Es wurde schneller und schneller und lauter und lauter, mit jedem Augenblick. Das Entsetzen des alten Mannes *muss* furchtbar gewesen sein. Es wurde lauter, sage ich, lauter mit jedem Augenblick! – hört ihr mich recht? Ich habe euch gesagt, dass ich nervös bin: Ja, das bin ich. Und nun, zur vollen Stunde der Nacht, inmitten der fürchterlichen Stille jenes alten Hauses, reizte mich dieses sonderbare Geräusch zu unbändigem Schrecken. Trotzdem, einige Minuten noch bezwang ich mich und stand still. Doch das Klopfen wurde lauter, lauter! Ich glaubte, das Herz müsse zerspringen. Und nun packte mich eine neue Angst – das Geräusch könne von einem Nachbarn gehört werden! Die Stunde des alten Mannes war gekommen! Mit einem lauten Schrei riss ich die Laterne auf und sprang ins Zimmer. Er kreischte, kurz – einmal nur! Augenblicklich zerrte ich ihn auf den Boden und zog das schwere Bettzeug über ihn. Dann lächelte ich vergnügt, die Tat soweit vollbracht zu sehen. Aber für viele Minuten schlug das Herz noch weiter mit gedämpftem Ton. Das ärgerte mich jedoch nicht; es konnte durch die Wand nicht gehört werden. Endlich verstummte es. Der alte Mann war tot. Ich entfernte das Bettzeug und untersuchte den Leichnam. Ja, er war tot, mausetot. Ich legte ihm meine Hand aufs Herz und ließ sie viele Minuten lang dort liegen. Da war kein Pulsieren mehr. Er war mausetot. Sein Auge würde mich nie mehr belästigen.

Falls ihr mich noch immer für verrückt halten solltet, werdet ihr dies nicht mehr denken, wenn ich euch die klugen Vorkehrungen beschreibe, die ich für das Verbergen der Leiche traf. Die Nacht schwand, und ich arbeitete hastig, aber geräuschlos. Zuallererst zerlegte ich den Leichnam. Ich schnitt den Kopf ab und die Arme und die Beine.

I then took up three planks from the flooring of the chamber, and deposited all between the scantlings. I then replaced the boards so cleverly, so cunningly, that no human eye—not even *his*—could have detected anything wrong. There was nothing to wash out—no stain of any kind—no blood-spot whatever. I had been too wary for that. A tub had caught all—ha! ha!

When I had made an end of these labors, it was four o'-clock—still dark as midnight. As the bell sounded the hour, there came a knocking at the street door. I went down to open it with a light heart,—for what had I *now* to fear? There entered three men, who introduced themselves, with perfect suavity, as officers of the police. A shriek had been heard by a neighbor during the night; suspicion of foul play had been aroused; information had been lodged at the police office, and they (the officers) had been deputed to search the premises.

I smiled,—for *what* had I to fear? I bade the gentlemen welcome. The shriek, I said, was my own in a dream. The old man, I mentioned, was absent in the country. I took my visiters all over the house. I bade them search—search *well*. I led them, at length, to *his* chamber. I showed them his treasures, secure, undisturbed. In the enthusiasm of my confidence, I brought chairs into the room, and desired them *here* to rest from their fatigues, while I myself, in the wild audacity of my perfect triumph, placed my own seat upon the very spot beneath which reposed the corpse of the victim.

The officers were satisfied. My *manner* had convinced them. I was singularly at ease. They sat, and while I answered cheerily, they chatted of familiar things. But, ere long, I felt myself getting pale and wished them gone. My head ached, and I fancied a ringing in my ears: but still they sat and still chatted. The ringing became more distinct:—it continued and became more distinct: I talked more freely to get rid of the feeling: but it continued and gained definitiveness—until, at length, I found that the noise was *not* within my ears.

Dann hob ich drei Dielen aus dem Fußboden des Zimmers heraus und verstaute alles zwischen den Balken. Dann setzte ich die Bretter wieder ein, so raffiniert, so geschickt, dass kein menschliches Auge – nicht einmal *seins* – etwas Verdächtiges hätte bemerken können. Es gab nichts wegzuwaschen – keine Flecken irgendwelcher Art – keinerlei Blutspritzer. Dafür war ich zu umsichtig. Ein Zuber hat alles aufgefangen – ha! ha!

Als ich diese Arbeiten abgeschlossen hatte, war es vier Uhr – noch immer dunkel wie um Mitternacht. Die Glocke schlug gerade die Stunde, da klopfte es an der Haustür. Ich ging leichten Herzens hinunter, um zu öffnen – denn was hatte ich *jetzt* noch zu fürchten? Es traten drei Männer herein, die sich mit vollendeter Höflichkeit als Polizeibeamte vorstellten. Ein Nachbar hatte in der Nacht einen Schrei gehört; man hatte Verdacht auf ein Verbrechen geschöpft; auf der Polizeiwache war Meldung erstattet worden, und man hatte sie (die Beamten) geschickt, um die Räumlichkeiten zu durchsuchen.

Ich lächelte – denn *was* hatte ich zu fürchten? Ich hieß die Herren willkommen. Der Schrei, sagte ich, sei mein eigener gewesen, in einem Traum. Der alte Mann, erwähnte ich, sei abwesend, aufs Land gereist. Ich führte meine Besucher durchs ganze Haus. Ich bat sie, zu suchen – *gründlich* zu suchen. Ich führte sie schließlich in *sein* Zimmer. Ich zeigte ihnen seine Schätze, sicher verwahrt und unangetastet. Im Überschwang meiner Zuversicht brachte ich Stühle in das Zimmer und forderte sie auf, sich *hier* von ihrer Ermüdung zu erholen, während ich selbst, in der wilden Kühnheit meines völligen Triumphs, meinen eigenen Stuhl genau über der Stelle platzierte, unter der der Leichnam des Opfers ruhte.

Die Beamten waren zufrieden. Mein *Benehmen* hatte sie überzeugt. Ich fühlte mich sonderbar wohl. Sie saßen, und während ich fröhlich Antwort gab, plauderten sie von vertraulichen Dingen. Doch bald spürte ich, dass ich blass wurde, und wünschte sie fort. Mein Kopf schmerzte, und ich bildete mir ein, in meinen Ohren ein Klingeln zu hören: Aber noch immer saßen sie da und plauderten. Das Klingeln wurde deutlicher – es dauerte an und wurde immer deutlicher: Ich redete unbefangener, um das Gefühl loszuwerden: Doch es dauerte an und gewann an Bestimmtheit – bis mir endlich klar wurde, dass das Geräusch *nicht* in meinen Ohren war.

No doubt I now grew *very* pale;—but I talked more fluently, and with a heightened voice. Yet the sound increased—and what could I do? It was *a low, dull, quick sound—much such a sound as a watch makes when enveloped in cotton.* I gasped for breath—and yet the officers heard it not. I talked more quickly—more vehemently; but the noise steadily increased. I arose and argued about trifles, in a high key and with violent gesticulations; but the noise steadily increased. Why *would* they not be gone? I paced the floor to and fro with heavy strides, as if excited to fury by the observations of the men—but the noise steadily increased. Oh God! what *could* I do? I foamed—I raved—I swore! I swung the chair upon which I had been sitting, and grated it upon the boards, but the noise arose over all and continually increased. It grew louder—louder—*louder*! And still the men chatted pleasantly, and smiled. Was it possible they heard not? Almighty God!—no, no! They heard!—they suspected—they *knew*!—they were making a mockery of my horror!—this I thought, and this I think. But anything was better than this agony! Anything was more tolerable than this derision! I could bear those hypocritical smiles no longer! I felt that I must scream or die!—and now—again!—hark! louder! louder! louder! *louder*!—

'Villains!' I shrieked, 'dissemble no more! I admit the deed!—tear up the planks!—here, here!—it is the beating of his hideous heart!'

Kein Zweifel, ich wurde jetzt *sehr* bleich – aber ich redete fließender und mit erhobener Stimme. Doch das Geräusch wurde lauter – und was konnte ich tun? Es war *ein leises, dumpfes, schnelles Geräusch – fast genau so ein Geräusch, wie es eine Uhr macht, wenn sie in Stoff gehüllt ist.* Ich rang nach Atem – und dennoch, die Beamten hörten es nicht. Ich sprach schneller – ungestümer; doch das Geräusch wurde stetig lauter. Ich stand auf und räsonierte über Kleinigkeiten, mit schriller Stimme und heftigen Gebärden – doch das Geräusch wurde stetig lauter. Warum *waren* sie nicht gegangen? Ich lief auf und ab mit schweren Schritten, als ob mich die Bemerkungen der Männer bis zur Raserei gereizt hätten – doch das Geräusch wurde stetig lauter. O Gott! was *konnte* ich tun? Ich schäumte – ich raste – ich fluchte! Ich schwenkte den Stuhl, auf dem ich gesessen hatte, und kratzte damit auf den Dielen herum – doch das Geräusch übertönte alles und wurde stetig lauter. Es wurde lauter – lauter – *lauter!* Und immer noch plauderten die Männer liebenswürdig und lächelten. War es möglich, dass sie nicht hörten? Allmächtiger Gott! – nein, nein! Sie hörten! – sie argwöhnten! – sie *wussten* es! – sie machten mein Entsetzen zum Gespött! – das dachte ich, und das denke ich noch. Aber alles war besser als diese Höllenqual! Alles war erträglicher als dieser Spott! Ich konnte dieses heuchlerische Lächeln nicht mehr ertragen. Ich glaubte, dass ich schreien musste oder sterben! – und jetzt – wieder! – horcht! lauter! lauter! lauter! *lauter!* –

»Schurken!« kreischte ich, »verstellt euch nicht länger! ich gestehe die Tat! – reißt die Dielen auf! – hier, hier! – es ist das Schlagen seines grässlichen Herzens!«

Herman Melville

Bartleby, The Scrivener

A Story of Wall-street

I am a rather elderly man. The nature of my avocations for the last thirty years has brought me into more than ordinary contact with what would seem an interesting and somewhat singular set of men of whom as yet nothing that I know of has ever been written:–I mean the law–copyists or scriveners. I have known very many of them, professionally and privately, and if I pleased, could relate divers histories, at which good-natured gentlemen might smile, and sentimental souls might weep. But I waive the biographies of all other scriveners for a few passages in the life of Bartleby, who was a scrivener the strangest I ever saw or heard of. While of other law-copyists I might write the complete life, of Bartleby nothing of that sort can be done. I believe that no materials exist for a full and satisfactory biography of this man. It is an irreparable loss to literature. Bartleby was one of those beings of whom nothing is ascertainable, except from the original sources, and in his case those are very small. What my own astonished eyes saw of Bartleby, *that* is all I know of him, except, indeed, one vague report which will appear in the sequel.

Ere introducing the scrivener, as he first appeared to me, it is fit I make some mention of myself, my *employées,* my business, my chambers, and general surroundings; because some such description is indispensable to an adequate understanding of the chief character about to be presented.

Herman Melville

Bartleby, der Schreiber

Eine Geschichte von der Wall Street

Ich bin nun schon ein älterer Mann. Meine berufliche Tätigkeit hat mir in den vergangenen dreißig Jahren einen über das gewöhnliche Maß hinausgehenden Umgang mit einem Menschenschlag verschafft, der interessant und ein wenig sonderbar erscheinen mag und über den bis jetzt nichts geschrieben wurde, was mir bekannt wäre: Ich meine die Kanzleikopisten oder Schreiber. Ich habe sehr viele von ihnen gekannt, beruflich wie privat, und wenn mir der Sinn danach stünde, könnte ich allerlei Geschichten zum Besten geben, über die gutmütige Herren lächeln und empfindsame Seelen weinen würden. Doch ich will die Lebensgeschichten all der anderen Schreiber außer Acht lassen zugunsten einiger Episoden aus dem Leben Bartlebys, des seltsamsten Schreibers, von dem ich jemals etwas gesehen oder gehört habe. Während ich von anderen Kanzleikopisten das ganze Leben schildern könnte, ist mir bei Bartleby nichts dergleichen möglich. Ich glaube, dass es keinerlei Material für eine umfassende und zufriedenstellende Lebensbeschreibung dieses Mannes gibt. Das ist ein unersetzlicher Verlust für die Literatur. Bartleby war eines dieser Geschöpfe, über die sich nichts in Erfahrung bringen lässt, es sei denn aus primären Quellen, und diese sind in seinem Fall sehr dürftig. Ich weiß von Bartleby einzig und allein, was ich selbst mit verwunderten Augen von ihm gesehen habe, mit Ausnahme freilich eines vagen Hinweises, den ich später noch anführen werde.

Bevor ich nun den Schreiber so vorstelle, wie er mir bei der ersten Begegnung erschien, ist es angebracht, dass ich ein wenig von mir selbst berichte, von meinen Angestellten, meiner Profession, meiner Kanzlei und den allgemeinen Umständen meines Lebens; denn derlei Beschreibungen sind unerlässlich für das rechte Verständnis der Hauptfigur, die sodann vorgestellt werden soll.

Imprimis: I am a man who, from his youth upwards, has been filled with a profound conviction that the easiest way of life is the best. Hence, though I belong to a profession proverbially energetic and nervous, even to turbulence, at times, yet nothing of that sort have I ever suffered to invade my peace. I am one of those unambitious lawyers who never addresses a jury, or in any way draws down public applause; but in the cool tranquillity of a snug retreat, do a snug business among rich men's bonds and mortgages and title-deeds. All who know me, consider me an eminently *safe* man. The late John Jacob Astor, a personage little given to poetic enthusiasm, had no hesitation in pronouncing my first grand point to be prudence; my next, method. I do not speak it in vanity, but simply record the fact, that I was not unemployed in my profession by the late John Jacob Astor; a name which, I admit, I love to repeat, for it hath a rounded and orbicular sound to it, and rings like unto bullion. I will freely add, that I was not insensible to the late John Jacob Astor's good opinion.

Some time prior to the period at which this little history begins, my avocations had been largely increased. The good old office, now extinct in the State of New York, of a Master in Chancery, had been conferred upon me. It was not a very arduous office, but very pleasantly remunerative. I seldom lose my temper; much more seldom indulge in dangerous indignation at wrongs and outrages; but I must be permitted to be rash here and declare, that I consider the sudden and violent abrogation of the office of Master in Chancery, by the new Constitution, as a—premature act; inasmuch as I had counted upon a life-lease of the profits, whereas I only received those of a few short years. But this is by the way.

Zunächst sei gesagt: Ich bin ein Mann, der seit seiner Jugend von der tiefen Überzeugung erfüllt war, dass die bedächtige Art zu leben die beste ist. Obwohl ich einem Berufsstand angehöre, in dem es sprichwörtlich lebhaft und angespannt, ja manchmal sogar ungestüm zugeht, habe ich es daher doch nie zugelassen, dass etwas Derartiges meinen Frieden stört. Ich gehöre zu den bescheidenen Anwälten, die sich niemals an die Geschworenen wenden oder auf irgendeine Weise öffentliche Anerkennung gewinnen; vielmehr gehe ich in behaglicher Abgeschiedenheit und unerschütterlicher Ruhe meinen einträglichen Geschäften nach, die sich um Pfandbriefe, Hypotheken und Grundbuchtitel reicher Männer drehen. Alle, die mich kennen, halten mich für einen außerordentlich *verlässlichen* Mann. Der verstorbene John Jacob Astor*, ein nur wenig zu poetischer Schwärmerei neigender Charakter, zögerte nicht, als erste meiner vorzüglichen Eigenschaften meine Vorsicht herauszustellen, als zweite mein methodisches Vorgehen. Ich sage dies nicht aus Eitelkeit, sondern nur um festzuhalten, dass John Jacob Astor mich zu seinen Lebzeiten nicht ohne Beschäftigung in meinem Beruf ließ; und seinen Namen wiederhole ich, wie ich gerne zugebe, mit Freude, denn ihm wohnt ein so runder, ausgewogener Klang inne, der mich an Goldbarren denken lässt. Ich will ganz offen hinzufügen, dass mir die Anerkennung des John Jacob Astor nicht gleichgültig war.

Einige Zeit bevor diese kurze Geschichte ihren Anfang nimmt, hatte sich mein Aufgabengebiet deutlich erweitert. Mir war das altehrwürdige Amt eines Masters am Court of Chancery* übertragen worden, ein Amt, das im Staate New York mittlerweile abgeschafft ist. Die damit verbundene Tätigkeit war nicht besonders anstrengend, aber angenehm einträglich. Ich verliere selten die Beherrschung; noch viel seltener lasse ich mich angesichts von Unrecht und Verbrechen zu einer Entrüstung hinreißen, die mir gefährlich werden könnte; doch an dieser Stelle muss mir die gewagte Äußerung erlaubt sein, dass ich die plötzliche und brutale Aufhebung des Amtes des Masters am Court of Chancery durch die neue Verfassung für eine – voreilige Tat halte, und dies insofern, als ich mit einer Vergütung auf Lebenszeit gerechnet hatte, sie aber nur für einige wenige Jahre erhalten habe. Doch dies nur nebenbei.

My chambers were up stairs at No.–Wall-street. At one end they looked upon the white wall of the interior of a spacious skylight shaft, penetrating the building from top to bottom. This view might have been considered rather tame than otherwise, deficient in what landscape painters call "life." But if so, the view from the other end of my chambers offered, at least, a contrast, if nothing more. In that direction my windows commanded an unobstructed view of a lofty brick wall, black by age and everlasting shade; which wall required no spy-glass to bring out its lurking beauties, but for the benefit of all near-sighted spectators, was pushed up to within ten feet of my window panes. Owing to the great height of the surrounding buildings, and my chambers being on the second floor, the interval between this wall and mine not a little resembled a huge square cistern.

At the period just preceding the advent of Bartleby, I had two persons as copyists in my employment, and a promising lad as an office-boy. First, Turkey; second, Nippers; third, Ginger Nut. These may seem names, the like of which are not usually found in the Directory. In truth they were nicknames, mutually conferred upon each other by my three clerks, and were deemed expressive of their respective persons or characters. Turkey was a short, pursy Englishman of about my own age, that is, somewhere not far from sixty. In the morning, one might say, his face was of a fine florid hue, but after twelve o'-clock, meridian–his dinner hour–it blazed like a grate full of Christmas coals; and continued blazing–but, as it were, with a gradual wane–till 6 o'clock, P.M. or thereabouts, after which I saw no more of the proprietor of the face, which gaining its meridian with the sun, seemed to set with it, to rise, culminate, and decline the following day, with the like regularity and undiminished glory. There are many singular coincidences I have known in the course of my life, not the least among

Meine Kanzleiräume befanden sich im ersten Stock des Hauses Wall Street Nr. … Auf der einen Seite sah man auf die weiße Innenmauer eines großen Lichtschachtes hinaus, der sich von oben nach unten durch das ganze Gebäude zog. Man mochte wohl der Meinung sein, dass diese Aussicht eher langweilig war denn sonst etwas, dass ihr an dem mangelte, was man in der Landschaftsmalerei ›Leben‹ nennt. Aber wenn das zutraf, so bot die Aussicht von der anderen Seite meiner Kanzlei zumindest einen Kontrast, wenn auch nicht viel mehr. In dieser Richtung gaben meine Fenster die Sicht auf eine hohe Backsteinmauer frei, welche mit der Zeit und durch den ewigen Schatten ganz schwarz geworden war; man brauchte kein Fernglas, um die verborgene Schönheit dieser Mauer zu entdecken, vielmehr kam sie, sehr zum Nutzen aller kurzsichtigen Betrachter, bis auf zehn Fuß an meine Fensterscheiben heran. Infolge der beträchtlichen Höhe der angrenzenden Gebäude und der Lage meiner Kanzlei im ersten Stock wirkte der Raum zwischen dieser Mauer und meiner wie eine riesige rechtwinklige Zisterne.

In der Zeit, die der Ankunft Bartlebys vorausging, hatte ich zwei Kopisten in meinen Diensten sowie einen vielversprechenden Jungen als Laufburschen. Der erste hieß Turkey, der zweite Nippers, der dritte Ginger Nut.* Es mag nun scheinen, dass dies Namen sind, wie man sie für gewöhnlich nicht im Adressverzeichnis findet. Tatsächlich waren es Spitznamen, die meine drei Bediensteten sich gegenseitig gegeben hatten und die jeweils ihre Persönlichkeiten und charakterlichen Eigenschaften zum Ausdruck bringen sollten. Turkey war ein kleiner, korpulenter Engländer etwa in meinem Alter, also schon bald nahe der Sechzig. Vormittags, so könnte man sagen, lag auf seinem Gesicht eine leichte rötliche Färbung, doch nach zwölf Uhr mittags – seiner Essenszeit – begann es zu glühen wie ein Feuerrost voller Kohlen an Weihnachten und glühte, wenn auch allmählich verblassend, weiter bis etwa sechs Uhr abends; danach bekam ich nichts mehr zu sehen vom Eigentümer dieses Gesichtes, das seinen Zenit gemeinsam mit der Sonne erreichte, dann mit ihr zu versinken und am nächsten Tag wieder mit ihr aufzusteigen, den Höchststand zu erreichen und unterzugehen schien, mit der nämlichen Regelmäßigkeit und mit unvermin-

which was the fact that exactly when Turkey displayed his fullest beams from his red and radiant countenance, just then, too, at the critical moment, began the daily period when I considered his business capacities as seriously disturbed for the remainder of the twenty-four hours. Not that he was absolutely idle, or averse to business then; far from it. The difficulty was, he was apt to be altogether too energetic. There was a strange, inflamed, flurried, flighty recklessness of activity about him. He would be incautious in dipping his pen into his inkstand. All his blots upon my documents, were dropped there after twelve o'clock, meridian. Indeed, not only would he be reckless and sadly given to making blots in the afternoon, but some days he went further, and was rather noisy. At such times, too, his face flamed with augmented blazonry, as if cannel coal had been heaped on anthracite. He made an unpleasant racket with his chair; spilled his sand-box; in mending his pens, impatiently split them all to pieces, and threw them on the floor in a sudden passion; stood up and leaned over his table, boxing his papers about in a most indecorous manner, very sad to behold in an elderly man like him. Nevertheless, as he was in many ways a most valuable person to me, and all the time before twelve o'clock, meridian, was the quickest, steadiest creature too, accomplishing a great deal of work in a style not easy to be matched—for these reasons, I was willing to overlook his eccentricities, though indeed, occasionally, I remonstrated with him. I did this very gently, however, because, though the civilest, nay, the blandest and most reverential of men in the morning, yet in the afternoon he was disposed, upon provocation, to be slightly rash with his tongue, in fact, insolent. Now, valuing his morning services as I did, and resolved not to lose them; yet, at the same time made uncomfortable by his inflamed ways after twelve o'clock; and being a man of peace, unwilling by my admonitions to call forth unseemingly retorts from him; I took upon me, one Saturday noon (he was always worse on Saturdays), to hint

derter Pracht. Ich habe im Lauf meines Lebens viele sonderbare Koinzidenzen erlebt, und eine der bemerkenswertesten war die Tatsache, dass im entscheidenden Moment des vollen Aufstrahlens von Turkeys rotem und glänzendem Gesicht auch die Phase einsetzte, in der ich feststellen musste, dass er für den Rest des Tages in seiner Arbeitskraft nachhaltig beeinträchtigt war. Nicht dass er dann rundheraus faul gewesen wäre oder sich gegen die Arbeit gesträubt hätte, im Gegenteil. Die Schwierigkeit bestand in seiner Neigung, allzu energisch vorzugehen. In seinem Tun lag dann eine seltsame, fiebrige, nervöse und flatterhafte Unbedachtheit. Er ließ es an Vorsicht fehlen, wenn er seine Feder ins Tintenfass tauchte. Alle seine Kleckse auf meinen Dokumenten entstanden nach zwölf Uhr mittags. Ja, er war nachmittags nicht nur unvorsichtig und bedauerlicherweise sehr klecksfreudig, sondern trieb es an manchen Tagen noch ärger und wurde regelrecht laut. Auch dann leuchtete sein Gesicht in kräftiger Glut, als hätte man Kännelkohle auf Anthrazit gehäuft. Er machte störende Geräusche mit seinem Stuhl; er warf seine Streusandbüchse um; wenn er seine Federhalter reparierte, zerbrach er sie in seiner Ungeduld in tausend Stücke und warf sie in einem Anfall von Zorn zu Boden; auch stand er auf, beugte sich über seinen Tisch und hantierte auf höchst ungebührliche Weise mit seinen Papieren herum, was traurig anzusehen war bei einem älteren Mann wie ihm. Und doch, da er mir in vielerlei Hinsicht ein wertvoller Mensch war und vor zwölf Uhr mittags eine äußerst flinke, zuverlässige Person, die eine beträchtliche Arbeitslast bewältigte, und das in vorbildlicher Weise –, aus diesen Gründen sah ich also bereitwillig über sein merkwürdiges Benehmen hinweg, obwohl ich ihn durchaus gelegentlich rügte. Ich tat dies jedoch sehr behutsam, denn obgleich er vormittags der höflichste, ja der nüchternste und ehrerbietigste Mensch war, konnte er am Nachmittag, wenn man ihn reizte, in seinen Äußerungen unbesonnen, wenn nicht unverschämt werden. Da ich nun seine vormittäglichen Dienste schätzte und entschlossen war, nicht auf sie zu verzichten, gleichzeitig aber wegen seines nachmittäglich erregten Wesens beunruhigt war; und da ich ein friedliebender Mensch bin und nicht durch meine Ermahnungen ungebührliche Antworten seinerseits hervorrufen wollte,

to him, very kindly, that perhaps now that he was growing old, it might be well to abridge his labors; in short, he need not come to my chambers after twelve o'clock, but, dinner over, had best go home to his lodgings and rest himself till tea-time. But no; he insisted upon his afternoon devotions. His countenance became intolerably fervid, as he oratorically assured me—gesticulating with a long ruler at the other end of the room—that if his services in the morning were useful, how indispensable, then, in the afternoon?

"With submission, sir," said Turkey on this occasion, "I consider myself your right-hand man. In the morning I but marshal and deploy my columns; but in the afternoon I put myself at their head, and gallantly charge the foe, thus!"—and he made a violent thrust with the ruler.

"But the blots, Turkey," intimated I.

"True,—but, with submission, sir, behold these hairs! I am getting old. Surely, sir, a blot or two of a warm afternoon is not to be severely urged against gray hairs. Old age—even if it blot the page—is honorable. With submission, sir, we *both* are getting old."

This appeal to my fellow-feeling was hardly to be resisted. At all events, I saw that go he would not. So I made up my mind to let him stay, resolving, nevertheless, to see to it, that during the afternoon he had to do with my less important papers.

Nippers, the second on my list, was a whiskered, sallow, and, upon the whole, rather piratical-looking young man of about five and twenty. I always deemed him the victim of two evil powers-ambition and indigestion. The ambition was evinced by a certain impatience of the duties of a mere copyist, an unwarrantable usurpation of strictly professional affairs, such as the original drawing up of legal documents. The indi-

so hielt ich es für richtig, ihn eines Samstagmittags (an Samstagen war es immer am schlimmsten mit ihm) vorsichtig darauf hinzuweisen, dass es angesichts seines fortschreitenden Alters vielleicht das Beste wäre, seine Arbeit einzuschränken; kurz gesagt, er würde nach zwölf Uhr mittags nicht mehr in die Kanzlei zu kommen brauchen, sondern gut daran tun, nach dem Mittagessen nach Hause zu gehen und sich dort bis zum Tee auszuruhen. Doch vergebens; er bestand auf seiner nachmittäglichen Beschäftigung. Aus seinem Gesicht sprach unerträglicher Eifer, während er mir – indem er am anderen Ende des Raumes mit einem langen Lineal herumfuchtelte – mit rhetorischer Wucht versicherte, dass seine Dienste, waren sie vormittags von Nutzen, nachmittags regelrecht unentbehrlich waren.

»Mit Verlaub, Sir«, sagte Turkey bei dieser Gelegenheit, »in meinen Augen bin ich Ihre rechte Hand. Vormittags beschränke ich mich darauf, meine Kolonnen zu formieren und in Position zu bringen; nachmittags jedoch setze ich mich an ihre Spitze und greife den Feind unerschrocken an – so!«; und dabei stieß er heftig mit dem Lineal zu.

»Aber die Kleckse, Turkey«, bemerkte ich.

»Zugegeben; doch mit Verlaub, Sir, betrachten Sie diese Haare! Ich werde alt. Zweifellos, Sir, sollte doch der ein oder andere Klecks an einem warmen Nachmittag nicht mit aller Strenge gegen solch graues Haar vorgebracht werden. Man halte das Alter in Ehren – auch wenn es das Papier bekleckst. Mit Verlaub, Sir, wir werden *beide* alt.«

Diesem Appell an mein Zusammengehörigkeitsgefühl konnte ich mich schwerlich entziehen. Mir war klar, dass er unter keinen Umständen gehen würde. Also entschloss ich mich, ihn bleiben zu lassen, nahm mir aber gleichwohl vor dafür zu sorgen, dass er an den Nachmittagen mit meinen weniger wichtigen Dokumenten beschäftigt war.

Nippers, der zweite in meiner Riege, war ein junger Mann von fünfundzwanzig Jahren, schnurrbärtig, fahlgesichtig und im Großen und Ganzen von ziemlich seeräuberischem Aussehen. Er schien mir stets das Opfer zweier böser Mächte zu sein: seines Ehrgeizes und seiner schlechten Verdauung. Der Ehrgeiz äußerte sich in einer gewissen Unzufriedenheit mit den Aufgaben eines einfachen Kopisten und in der unakzeptablen Einmischung in eindeutig fachliche Angelegenhei-

gestion seemed betokened in an occasional nervous testiness and grinning irritability, causing the teeth to audibly grind together over mistakes committed in copying; unnecessary maledictions, hissed, rather than spoken, in the heat of business; and especially by a continual discontent with the height of the table where he worked. Though of a very ingenious mechanical turn, Nippers could never get this table to suit him. He put chips under it, blocks of various sorts, bits of pasteboard, and at last went so far as to attempt an exquisite adjustment by final pieces of folded blotting-paper. But no invention would answer. If, for the sake of easing his back, he brought the table lid at a sharp angle well up towards his chin, and wrote there like a man using the steep roof of a Dutch house for his desk:–then he declared that it stopped the circulation in his arms. If now he lowered the table to his waistbands, and stooped over it in writing, then there was a sore aching in his back. In short, the truth of the matter was, Nippers knew not what he wanted. Or, if he wanted anything, it was to be rid of a scrivener's table altogether. Among the manifestations of his diseased ambition was a fondness he had for receiving visits from certain ambiguous-looking fellows in seedy coats, whom he called his clients. Indeed I was aware that not only was he, at times, considerable of a ward-politician, but he occasionally did a little business at the Justices' courts, and was not unknown on the steps of the Tombs. I have good reason to believe, however, that one individual who called upon him at my chambers, and who, with a grand air, he insisted was his client, was no other than a dun, and the alleged title-deed, a bill. But with all his failings, and the annoyances he caused me, Nippers, like his compatriot Turkey, was a very useful man to me; wrote a neat, swift hand; and, when he chose, was not deficient in a gentlemanly sort of deportment. Added to this, he always dressed in a gentlemanly sort of way; and so, incidentally, reflected credit upon my chambers. Whereas with respect to Turkey, I had much ado

ten, wie etwa den Entwurf von Schriftsätzen. Die Verdauungsprobleme zeigten sich, wie es schien, in einer zeitweilig auftretenden nervösen Verstimmung und verbissenen Gereiztheit, infolge derer seine Zähne hörbar knirschten, wenn er beim Kopieren einen Fehler gemacht hatte; in unnötigen Flüchen, die er im Eifer seines Tuns eher ausspuckte denn aussprach; vornehmlich aber in der pausenlosen Unzufriedenheit mit der Höhe des Schreibtisches, an dem er arbeitete. Obwohl er in praktischen Dingen sehr erfinderisch war, gelang es Nippers nie, diesen Tisch seinen Wünschen anzupassen. Er klemmte Holzspäne darunter, Klötze aller Art, Schichten von Pappe, und letztlich ging er so weit, mit Schnipseln aus gefaltetem Löschpapier eine abschließende Feinjustierung zu versuchen. Doch keiner seiner Einfälle führte zu einer Lösung. Wenn er, um seinen Rücken zu entlasten, die Tischplatte in spitzem Winkel bis an sein Kinn heranbrachte und dort schrieb wie jemand, der das steile Dach eines holländischen Hauses als Tisch benutzt – dann ließ er verlauten, dass dadurch der Blutfluss in seinen Armen unterbrochen würde. Wenn er aber den Tisch bis auf Höhe seines Hosenbundes absenkte und sich beim Schreiben darüber beugte, plagten ihn heftige Schmerzen im Rücken. Kurz gesagt lag das Problem im Grunde darin, dass Nippers nicht wusste, was er wollte. Oder wenn er denn etwas wollte, dann war es, den Tisch eines Schreibers ganz einfach los zu sein. Sein krankhafter Ehrgeiz äußerte sich unter anderem in der Angewohnheit, Besuche von zwielichtigen Gestalten in schäbigen Röcken zu empfangen, die er seine Kunden nannte. Er war, das wusste ich, nicht nur ein namhafter Lokalpolitiker, sondern hatte auch gelegentlich bei Gericht zu tun, und auch auf den Stufen des Tombs-Gefängnisses* war er kein Unbekannter. Ich habe jedoch guten Grund zu der Annahme, dass eine gewisse Person, die ihn in meiner Kanzlei aufsuchte und von der er großspurig behauptete, sie sei sein Kunde, nichts anderes als ein Geldeintreiber war, und der angebliche Grundbuchtitel eine Rechnung. Aber bei all seinen Schwächen und den Unannehmlichkeiten, die er mir bereitete, war mir Nippers doch, wie sein Landsmann Turkey, ein nützlicher Mann; er schrieb flink und mit ordentlicher Hand, und wenn er wollte, ließ er es nicht an manierlichem Benehmen feh-

to keep him from being a reproach to me. His clothes were apt to look oily and smell of eating-houses. He wore his pantaloons very loose and baggy in summer. His coats were execrable; his hat not to be handled. But while the hat was a thing of indifference to me, inasmuch as his natural civility and deference, as a dependent Englishman, always led him to doff it the moment he entered the room, yet his coat was another matter. Concerning his coats, I reasoned with him; but with no effect. The truth was, I suppose, that a man with so small an income, could not afford to sport such a lustrous face and a lustrous coat at one and the same time. As Nippers once observed, Turkey's money went chiefly for red ink. One winter day I presented Turkey with a highly respectable looking coat of my own, a padded gray coat, of a most comfortable warmth, and which buttoned straight up from the knee to the neck. I thought Turkey would appreciate the favor, and abate his rashness and obstreperousness of afternoons. But no. I verily believe that buttoning himself up in so downy and blanket-like a coat had a pernicious effect upon him; upon the same principle that too much oats are bad for horses. In fact, precisely as a rash, restive horse is said to feel his oats, so Turkey felt his coat. It made him insolent. He was a man whom prosperity harmed.

Though concerning the self-indulgent habits of Turkey I had my own private surmises, yet touching Nippers I was well persuaded that whatever might be his faults in other respects, he was, at least, a temperate young man. But indeed, nature herself seemed to have been his vintner, and at his birth charged him so thoroughly with an irritable, brandy-like disposition, that all subsequent potations were needless. When I consider how, amid the stillness of my chambers, Nippers would some-

len. Dazu kam, dass er stets manierlich gekleidet war und so ganz nebenbei ein gutes Licht auf meine Kanzlei warf. Turkey betreffend hatte ich hingegen reichlich Mühe, dafür zu sorgen, dass er mir keine Schande machte. Seine Kleidung sah oft schmierig aus und roch nach Wirtshaus. Im Sommer trug er die Hosen locker und weit herabhängend. Seine Röcke waren scheußlich; seinen Hut hätte man nicht anfassen wollen. Doch während mich sein Hut nicht weiter störte, da er ihn – überzeugter Engländer, der er war – aus natürlicher Höflichkeit und Anstand abnahm, sobald er den Raum betrat, waren seine Röcke eine andere Sache. Was diese anging, so versuchte ich vernünftig mit ihm zu reden, doch ohne Erfolg. Ich glaube, der wahre Grund war, dass ein Mann mit einem so geringen Einkommen es sich nicht leisten konnte, gleichzeitig ein so glänzendes Gesicht und einen glänzenden Rock zur Schau zu stellen. Wie Nippers einmal bemerkte, verwandelte sich Turkeys Geld größtenteils in rote Tinte*. Einmal schenkte ich Turkey an einem Wintertag einen sehr ansehnlichen Rock aus meinem Besitz, einen gefütterten grauen Rock, der angenehm warm war und den man vom Knie bis zum Hals zuknöpfen konnte. Ich hoffte, Turkey würde diesen Gefallen zu schätzen wissen und seine nachmittägliche Unbesonnenheit und Widerspenstigkeit aufgeben. Weit gefehlt. Ich glaube wirklich, dass es schädlich für ihn war, sich in einen Rock zu packen, der so weich wie eine Bettdecke war, und zwar in etwa so, wie zu viel Hafer schlecht für Pferde ist. Ganz genau so, wie man von einem ungestümen, störrischen Pferd sagt, dass es der Hafer gestochen hat, setzte Turkey der Rock zu. Er machte ihn unverschämt. Turkey war ein Mann, dem Wohlstand abträglich war.

Wenn ich auch hinsichtlich Turkeys ungezügelter Angewohnheiten meine persönlichen Vermutungen hegte, war ich doch, was Nippers anging, der festen Überzeugung, dass er bei allen Fehlern, die er sonst haben mochte, wenigstens ein maßvoller junger Mann war. Es schien jedoch, dass die Natur selbst den Winzer gespielt und ihn bei seiner Geburt recht gründlich mit einem auffahrenden, branntweingetränkten Naturell versehen hatte, sodass er in der Folge keinen Schluck mehr zu sich zu nehmen brauchte. Wenn ich daran denke, wie Nip-

times impatiently rise from his seat, and stooping over his table,. spread his arms wide apart, seize the whole desk, and move it, and jerk it, with a grim, grinding motion on the floor, as if the table were a perverse voluntary agent, intent on thwarting and vexing him; I plainly perceive that for Nippers, brandy and water were altogether superfluous.

It was fortunate for me that, owing to its peculiar cause–indigestion–the irritability and consequent nervousness of Nippers, were mainly observable in the morning, while in the afternoon he was comparatively mild. So that Turkey's paroxysms only coming on about twelve o'clock, I never had to do with their eccentricities at one time. Their fits relieved each other like guards. When Nippers' was on, Turkey's was off; and *vice versa*. This was a good natural arrangement under the circumstances.

Ginger Nut, the third on my list, was a lad some twelve years old. His father was a carman, ambitious of seeing his son on the bench instead of a cart, before he died. So he sent him to my office as student at law, errand boy, and cleaner and sweeper, at the rate of one dollar a week. He had a little desk to himself, but he did not use it much. Upon inspection, the drawer exhibited a great array of the shells of various sorts of nuts. Indeed, to this quick-witted youth the whole noble science of the law was contained in a nut-shell. Not the least among the employments of Ginger Nut, as well as one which he discharged with the most alacrity, was his duty as cake and apple purveyor for Turkey and Nippers. Copying law papers being proverbially a dry, husky sort of business, my two scriveners were fain to moisten their mouths very often with Spitzenbergs to be had at the numerous stalls nigh the Custom House and Post Office. Also, they sent Ginger Nut very frequently for that peculiar cake–small, flat, round, and very spicy–after which he had been named by them. Of a cold

pers manchmal inmitten der Stille meiner Kanzlei voller Ungeduld von seinem Stuhl aufstand, sich über den Tisch beugte, die Arme weit ausstreckte, den Tisch packte und ihn dann mit einer verbissenen, mahlenden Bewegung auf dem Boden verschob und verrückte, als wäre der Tisch ein hartnäckiger Widersacher, der ein Eigenleben hatte und ihm Knüppel zwischen die Beine werfen und ihn quälen wollte, dann erkenne ich klar und deutlich, dass Nippers weder Branntwein noch Wasser brauchte.

Es war ein Glück für mich, dass Nippers' Gereiztheit und seine daraus resultierende Nervosität sich aufgrund ihrer besonderen Ursache – seiner schlechten Verdauung – vor allem morgens zeigten, während er nachmittags vergleichsweise sanft war. Da Turkeys Anfälle nur nach zwölf Uhr mittags auftraten, hatte ich es also niemals gleichzeitig mit ihrer beider Sonderbarkeiten zu tun. Ihre nervösen Zustände lösten einander ab wie Soldaten auf der Wache. Wenn der von Nippers Dienst hatte, hatte Turkeys frei, und *vice versa*. Unter den gegebenen Umständen war dies eine zweckmäßige Einteilung.

Ginger Nut, der dritte in meiner Riege, war ein etwa zwölfjähriger Junge. Sein Vater war ein Fuhrmann, dessen sehnlichster Wunsch es war, seinen Sohn noch vor seinem Tod auf dem Richterstuhl anstatt auf einem Karren zu sehen. Also schickte er ihn in meine Kanzlei als Studenten der Rechte, Laufburschen und Putzhilfe, zum Lohn von einem Dollar die Woche. Er hatte einen eigenen kleinen Schreibtisch, den er aber kaum benutzte. Wenn man die Schublade in Augenschein nahm, so fand man dort eine stattliche Sammlung von Nussschalen der unterschiedlichsten Sorten. Und in der Tat war für diesen aufgeweckten jungen Mann die ganze vornehme Jurisprudenz in einer Nussschale begriffen. Nicht die unbedeutendste von Ginger Nuts Aufgaben – und eine, die er mit höchster Eilfertigkeit erledigte – war es, Turkey und Nippers mit Gebäck und Äpfeln zu versorgen. Da das Kopieren juristischer Dokumente eine sprichwörtlich trockene und spröde Tätigkeit ist, feuchteten meine beiden Schreiber ihre Kehlen sehr oft mit Spitzenberg-Äpfeln an, die an den zahlreichen Ständen nahe des Zollamtes und der Post erhältlich waren. Auch schickten sie Ginger Nut sehr häufig um dieses spezielle Gebäck – klein, flach, rund

morning when business was but dull, Turkey would gobble up scores of these cakes, as if they were mere wafers–indeed they sell them at the rate of six or eight for a penny–the scrape of his pen blending with the crunching of the crisp particles in his mouth. Of all the fiery afternoon blunders and flurried rashnesses of Turkey, was his once moistening a ginger-cake between his lips, and clapping it on to a mortgage for a seal. I came within an ace of dismissing him then. But he mollified me by making an oriental bow, and saying: "With submission, sir, it was generous of me to find you in stationery on my own account."

Now my original business–that of a conveyancer and title hunter, and drawer–up of recondite documents of all sorts–was considerably increased by receiving the master's office. There was now great work for scriveners. Not only must I push the clerks already with me, but I must have additional help. In answer to my advertisement, a motionless young man one morning, stood upon my office threshold, the door being open, for it was summer. I can see that figure now–pallidly neat, pitiably respectable, incurably forlorn! It was Bartleby.

After a few words touching his qualifications, I engaged him, glad to have among my corps of copyists a man of so singularly sedate an aspect, which I thought might operate beneficially upon the flighty temper of Turkey, and the fiery one of Nippers.

I should have stated before that ground glass folding-doors divided my premises into two parts, one of which was occupied by my scriveners, the other by myself. According to my humor I threw open these doors, or closed them. I resolved to assign Bartleby a corner by the folding-doors, but on my side of them, so as to have this quiet man within easy call, in

und stark gewürzt –, nach welchem sie ihn benannt hatten. An einem kalten Morgen, wenn die Arbeit einfach nur öde war, konnte Turkey Unmengen von diesen Keksen verschlingen, als wären es nur Plätzchen – man bekommt ja auch schon sechs oder acht Stück für einen Penny –, während sich das Kratzen seiner Feder mit dem Knirschen der Krümel in seinem Mund vermischte. Nachmittags unterlief Turkey in seiner Erregtheit und seiner nervösen Unbesonnenheit bisweilen ein Schnitzer; einmal etwa feuchtete er einen Ingwerkeks zwischen seinen Lippen an und klatschte ihn als Siegel auf einen Hypothekenbrief. Damals hätte ich ihn um ein Haar hinausgeworfen. Doch er besänftigte mich, indem er sich wie ein Orientale verbeugte und sagte: »Mit Verlaub, Sir, es war doch großzügig von mir, Ihnen auf meine Kosten Büromaterial zu besorgen.«

Mein ursprünglicher Tätigkeitsbereich – der eines Notars für Eigentumsübertragungen, eines Prüfers von Grundbuchtiteln sowie eines Verfassers komplizierter Dokumente aller Art – erweiterte sich in beträchtlichem Maße, als mir das Amt des Masters übertragen wurde. Meine Schreiber hatten jetzt viel Arbeit. Es reichte nicht mehr aus, dass ich meine Angestellten antrieb, sondern ich brauchte noch zusätzliche Hilfe. Auf meine Annonce hin stand eines Morgens ein junger Mann bewegungslos auf der Schwelle zu meinem Büro; die Tür stand offen, denn es war Sommer. Ich sehe seine Gestalt wieder vor mir: bleich und ordentlich, bemitleidenswert und anständig – und hoffnungslos verloren! Es war Bartleby.

Nach einem kurzen Gespräch über seine Qualifikationen stellte ich ihn ein; ich war froh, in der Riege meiner Kopisten einen Mann von so stillem Wesen zu haben, was sich, wie ich hoffte, vielleicht wohltuend auswirken würde auf Turkeys flatterhaftes Gemüt und Nippers' hitzköpfiges Naturell.

Ich hätte bereits erwähnen sollen, dass meine Räumlichkeiten durch Falttüren aus Mattglas in zwei Teile getrennt wurden; auf der einen Seite arbeiteten meine Schreiber, auf der anderen ich selbst. Je nachdem, in welcher Stimmung ich mich befand, öffnete oder schloss ich diese Türen. Ich beschloss, Bartleby eine Ecke neben den Falttüren zuzuweisen, allerdings auf meiner Seite, sodass ich diesen ruhigen

case any trifling thing was to be done. I placed his desk close up to a small sidewindow in that part of the room, a window which originally had afforded a lateral view of certain grimy back-yards and bricks, but which, owing to subsequent erections, commanded at present no view at all, though it gave some light. Within three feet of the panes was a wall, and the light came down from far above, between two lofty buildings, as from a very small opening in a dome. Still further to a satisfactory arrangement, I procured a high green folding screen, which might entirely isolate Bartleby from my sight, though not remove him from my voice. And thus, in a manner, privacy and society were conjoined.

At first Bartleby did an extraordinary quantity of writing. As if long famishing for something to copy, he seemed to gorge himself on my documents. There was no pause for digestion. He ran a day and night line, copying by sun-light and by candle-light. I should have been quite delighted with his application, had he been cheerfully industrious. But he wrote on silently, palely, mechanically.

It is, of course, an indispensable part of a scrivener's business to verify the accuracy of his copy, word by word. Where there are two or more scriveners in an office, they assist each other in this examination, one reading from the copy, the other holding the original. It is a very dull, wearisome, and lethargic affair. I can readily imagine that to some sanguine temperaments it would be altogether intolerable. For example, I cannot credit that the mettlesome poet Byron would have contentedly sat down with Bartleby to examine a law document of, say five hundred pages, closely written in a crimpy hand.

Now and then, in the haste of business, it had been my habit to assist in comparing some brief document myself, calling Turkey or Nippers for this purpose. One object I had in

Mann in greifbarer Nähe hatte, falls einmal eine Kleinigkeit zu erledigen wäre. Ich stellte seinen Schreibtisch in diesem Teil des Raumes vor ein schmales Seitenfenster, von dem aus man früher einmal auf schmutzige Hinterhöfe und Ziegelmauern geblickt hatte, und das mittlerweile, bedingt durch neu errichtete Häuser, überhaupt keine Aussicht mehr bot, aber ein wenig Licht spendete. Keine drei Fuß hinter den Scheiben lag die nächste Wand, und das Licht fiel zwischen den beiden hohen Gebäuden von weit oben herab, wie durch eine sehr schmale Öffnung in einer Kuppel. Um die Anordnung noch zu verbessern, stellte ich einen hohen grünen Wandschirm auf, sodass ich Bartleby zwar nicht mehr in meinem Blickfeld hatte, meine Stimme ihn aber erreichte. So wurden gleichsam Abgeschiedenheit und Gemeinsamkeit miteinander in Einklang gebracht.

Anfangs schrieb Bartleby außerordentlich viel. Als sei er ganz ausgehungert nach Kopierarbeit, verschlang er meine Dokumente geradezu. Er gönnte sich keine Verdauungspause. Tag und Nacht arbeitete er, kopierte bei Sonnenlicht und bei Kerzenschein. Ich hätte mich über seinen Fleiß aufrichtig gefreut, wäre er frohen Sinnes so arbeitsam gewesen. Doch er schrieb schweigend, mit bleichem Gesicht und wie mechanisch.

Zu den unerlässlichen Aufgaben eines Schreibers gehört natürlich, die Genauigkeit seiner Abschrift Wort für Wort zu überprüfen. Gibt es in einem Büro zwei oder mehr Schreiber, unterstützen sie sich gegenseitig bei dieser Überprüfung, indem einer die Abschrift vorliest und ein anderer sie mit dem Original vergleicht. Das ist eine ausgesprochen öde, ermüdende und zähe Angelegenheit. Ich kann mir gut vorstellen, dass sie einem sanguinischen Temperament vollkommen unerträglich wäre. Zum Beispiel halte ich es für ausgeschlossen, dass der heißblütige Dichter Byron sich bereitwillig zu Bartleby gesetzt hätte, um mit ihm ein in enger und schnörkeliger Schrift verfasstes juristisches Dokument von, sagen wir einmal, fünfhundert Seiten durchzusehen.

Ich hatte mir angewöhnt, beim Abgleich kurzer Dokumente bisweilen selbst mitzuhelfen, wenn die Eile des Geschäftes es erforderte; zu diesem Zweck rief ich dann Nippers oder Turkey zu mir. Bartleby

placing Bartleby so handy to me behind the screen, was to avail myself of his services on such trivial occasions. It was on the third day, I think, of his being with me, and before any necessity had arisen for having his own writing examined, that, being much hurried to complete a small affair I had in hand, I abruptly called to Bartleby. In my haste and natural expectancy of instant compliance, I sat with my head bent over the original on my desk, and my right hand sideways, and somewhat nervously extended with the copy, so that immediately upon emerging from his retreat, Bartleby might snatch it and proceed to business without the least delay.

In this very attitude did I sit when I called to him, rapidly stating what it was I wanted him to do—namely, to examine a small paper with me. Imagine my surprise, nay, my consternation, when without moving from his privacy, Bartleby in a singularly mild, firm voice, replied, "I would prefer not to."

I sat awhile in perfect silence, rallying my stunned faculties. Immediately it occurred to me that my ears had deceived me, or Bartleby had entirely misunderstood my meaning. I repeated my request in the clearest tone I could assume. But in quite as clear a one came the previous reply, "I would prefer not to."

"Prefer not to," echoed I, rising in high excitement, and crossing the room with a stride, "What do you mean? Are you moon-struck? I want you to help me compare this sheet here—take it," and I thrust it towards him.

"I would prefer not to," said he.

I looked at him steadfastly. His face was leanly composed; his gray eye dimly calm. Not a wrinkle of agitation rippled him.

hatte ich unter anderem deshalb an diese für mich günstige Stelle hinter dem Wandschirm gesetzt, um bei solch geringfügigen Angelegenheiten rasch auf seine Dienste zurückgreifen zu können. Es war, glaube ich, am dritten Tag seiner Tätigkeit für mich, und noch bevor es erforderlich geworden war, dass er selbst eine seiner Abschriften überprüfen ließ; eine Kleinigkeit, mit der ich gerade beschäftigt war, musste dringend abgeschlossen werden, und so rief ich kurzerhand nach Bartleby. Ich war in Eile und erwartete selbstverständlich, dass er umgehend reagieren würde; während ich mich an meinem Schreibtisch über das Original beugte, streckte ich ihm mit der rechten Hand ungeduldig die Abschrift hin, sodass er sie, nachdem er aus seinem Winkel hervorgekommen sein würde, sofort entgegennehmen und sich ohne die geringste Verzögerung an die Arbeit machen konnte.

In dieser Erwartung saß ich da, rief nach ihm und teilte ihm in kurzen Worten mit, was ich von ihm wollte – nämlich dass er ein kurzes Schriftstück mit mir durchging. Man wird sich vorstellen können, wie überrascht, ja vor den Kopf gestoßen ich war, als Bartleby, ohne aus seiner Abgeschiedenheit hervorzukommen, mit seltsam sanfter und fester Stimme antwortete: »Ich würde vorziehen, das nicht zu tun.«

Für einen Moment hielt ich schweigend inne und versuchte fassungslos, meine fünf Sinne wieder zusammenzunehmen. Sogleich kam mir der Gedanke, mein Gehör habe mich getäuscht, oder Bartleby habe mein Ansinnen völlig falsch verstanden. Ich wiederholte meine Aufforderung so deutlich, wie es mir nur möglich war. Doch ebenso deutlich kam dieselbe Antwort wie zuvor: »Ich würde vorziehen, das nicht zu tun.«

»Vorziehen, das nicht zu tun«, wiederholte ich, indem ich vor lauter Erregung aufstand und den Raum mit großen Schritten durchmaß. »Was soll das heißen? Sind Sie verrückt? Ich möchte, dass Sie mir beim Abgleich dieses Blattes hier helfen – hier, nehmen Sie es«, sagte ich und hielt es ihm hin.

»Ich würde vorziehen, das nicht zu tun«, sagte er.

Ich sah ihn mit festem Blick an. Sein mageres Gesicht wirkte gleichmütig, seine grauen Augen waren verhangen und ruhig. Ihm war nicht

Had there been the least uneasiness, anger, impatience or impertinence in his manner; in other words, had there been any thing ordinarily human about him, doubtless I should have violently dismissed him from the premises. But as it was, I should have as soon thought of turning my pale plaster-of-paris bust of Cicero out of doors. I stood gazing at him awhile, as he went on with his own writing, and then reseated myself at my desk. This is very strange, thought I. What had one best do? But my business hurried me. I concluded to forget the matter for the present, reserving it for my future leisure. So calling Nippers from the other room, the paper was speedily examined.

A few days after this, Bartleby concluded four lengthy documents, being quadruplicates of a week's testimony taken before me in my High Court of Chancery. It became necessary to examine them. It was an important suit, and great accuracy was imperative. Having all things arranged I called Turkey, Nippers and Ginger Nut from the next room, meaning to place the four copies in the hands of my four clerks, while I should read from the original. Accordingly Turkey, Nippers and Ginger Nut had taken their seats in a row, each with his document in hand, when I called to Bartleby to join this interesting group.

"Bartleby! quick, I am waiting."

I heard a slow scrape of his chair legs on the unscraped floor, and soon he appeared standing at the entrance of his hermitage.

"What is wanted?" said he mildly.

"The copies, the copies," said I hurriedly. "We are going to examine them. There"—and I held towards him the fourth quadruplicate.

"I would prefer not to," he said, and gently disappeared behind the screen.

die leiseste Spur innerer Bewegung anzumerken. Hätte in seinem Verhalten auch nur eine Andeutung von Beklommenheit, Wut, Ungeduld oder Respektlosigkeit gelegen; hätte er, mit anderen Worten, eine ganz gewöhnliche menschliche Regung gezeigt, so hätte ich ihn höchstwahrscheinlich mit barschen Worten meiner Räume verwiesen. Doch wie die Dinge lagen, hätte ich mir ebenso gut vornehmen können, meine Cicero-Gipsbüste hinauszuwerfen. Ich sah ihn eine Zeit lang an, während er mit seiner Schreibarbeit fortfuhr, und setzte mich dann wieder an meinen Tisch. Das ist wirklich eigenartig, dachte ich. Was sollte man da tun? Doch meine Arbeit drängte. Ich beschloss, die Sache fürs Erste zu vergessen und später, wenn ich Zeit hätte, darüber nachzudenken. Ich rief Nippers aus dem anderen Raum herbei, und das Dokument war rasch überprüft.

Einige Tage später beendete Bartleby die Arbeit an vier langen Dokumenten, den Abschriften von Zeugenaussagen einer ganzen Woche, die an meinem Sitz am High Court of Chancery gemacht worden waren. Diese Abschriften mussten nun überprüft werden. Das Verfahren war von großer Bedeutung, und so war höchste Sorgfalt geboten. Nachdem ich alles vorbereitet hatte, rief ich aus dem anderen Raum Turkey, Nippers und Ginger Nut zu mir in der Absicht, jedem meiner vier Bediensteten eine der vier Abschriften in die Hand zu geben, während ich das Original vorlesen wollte. Dementsprechend hatten Turkey, Nippers und Ginger Nut ihre Stühle in einer Reihe aufgestellt und jeder hielt sein Dokument in der Hand, als ich Bartleby dazu aufforderte, dieser interessanten Gesellschaft beizutreten.

»Bartleby! Auf, ich warte.«

Ich hörte, wie die Beine seines Stuhles langsam über den polierten Boden kratzten, und kurz darauf erschien er am Eingang seiner Klause.

»Was wird gewünscht?«, sagte er sanft.

»Die Abschriften, die Abschriften«, sagte ich hastig. »Wir werden sie gemeinsam durchsehen. Hier –«, fügte ich hinzu und hielt ihm das letzte der vier Schriftstücke hin.

»Ich würde vorziehen, das nicht zu tun«, erwiderte er und verschwand mit einer sanften Bewegung hinter dem Wandschirm.

For a few moments I was turned into a pillar of salt, standing at the head of my seated column of clerks. Recovering myself, I advanced towards the screen, and demanded the reason for such extraordinary conduct.

"*Why* do you refuse?"

"I would prefer not to."

With any other man I should have flown outright into a dreadful passion, scorned all further words, and thrust him ignominiously from my presence. But there was something about Bartleby that not only strangely disarmed me, but in a wonderful manner touched and disconcerted me. I began to reason with him.

"These are your own copies we are about to examine. It is labor saving to you, because one examination will answer for your four papers. It is common usage. Every copyist is bound to help examine his copy. Is it not so? Will you not speak? Answer!"

"I prefer not to," he replied in a flute-like tone. It seemed to me that while I had been addressing him, he carefully revolved every statement that I made; fully comprehended the meaning; could not gainsay the irresistible conclusion; but, at the same time, some paramount consideration prevailed with him to reply as he did.

"You are decided, then, not to comply with my request—a request made according to common usage and common sense?"

He briefly gave me to understand that on that point my judgment was sound. Yes: his decision was irreversible.

It is not seldom the case that when a man is browbeaten in some unprecedented and violently unreasonable way, he begins to stagger in his own plainest faith. He begins, as it were, vaguely to surmise that, wonderful as it may be, all the justice and all the reason is on the other side. Accordingly, if any disinterested persons are present, he turns to them for some reinforcement for his own faltering mind.

Ein paar Augenblicke stand ich wie zu einer Salzsäule erstarrt an der Spitze der Reihe meiner Bediensteten. Als ich mich wieder gefasst hatte, näherte ich mich dem Wandschirm und fragte nach dem Grund für dieses außergewöhnliche Verhalten.

»*Weshalb* weigern Sie sich?«

»Ich würde vorziehen, das nicht zu tun.«

Bei jedem anderen Menschen hätte mich auf der Stelle eine fürchterliche Erregung gepackt, ich hätte kein einziges Wort mehr verloren und denjenigen unehrenhaft hinausgeworfen. Doch Bartleby hatte etwas an sich, das mich nicht nur auf seltsame Weise entwaffnete, sondern mich auch ungewöhnlich berührte und irritierte. Ich versuchte, vernünftig mit ihm zu reden.

»Es sind Ihre Abschriften, die wir durchsehen wollen. Das erspart Ihnen Arbeit, denn in nur einem Durchgang werden alle vier Dokumente überprüft. Das ist das übliche Vorgehen. Jeder Kopist hat bei der Überprüfung seiner Abschriften mitzuhelfen. Oder etwa nicht? Sprechen Sie nicht mit mir? Antworten Sie!«

»Ich ziehe vor, das nicht zu tun«, antwortete er in singendem Tonfall. Mir schien, dass er jede meine Äußerungen sorgfältig abwog, während ich das Wort an ihn richtete; dass er ihre Bedeutung vollauf begriff; dass er vor den unweigerlichen Folgen die Augen nicht verschloss; dass ihn aber gleichzeitig irgendeine übergeordnete Erwägung dazu veranlasste, so zu antworten, wie er es tat.

»Sie sind also entschlossen, meiner Aufforderung nicht nachzukommen – einer Aufforderung, die den üblichen Gepflogenheiten und dem gesunden Menschenverstand entspricht?«

Er gab mir knapp zu verstehen, dass meine Einschätzung in diesem Punkt zutraf. Ja: Seine Entscheidung war unwiderruflich.

Wenn ein Mann durch ein beispielloses und äußerst abwegiges Geschehen unter Druck gerät, wird er oftmals in seinen tiefsten Überzeugungen erschüttert. Dann regt sich in ihm die leise Ahnung, so befremdend diese auch anmutet, dass allein die Gegenseite vernünftig ist und recht zu urteilen vermag. Falls nun unbeteiligte Dritte zugegen sind, so wendet er sich an diese, um von ihnen, verunsichert wie er ist, Unterstützung zu erfahren.

"Turkey," said I, "what do you think of this? Am I not right?"

"With submission, sir," said Turkey, with his blandest tone, "I think that you are."

"Nippers," said I, "what do *you* think of it?"

"I think I should kick him out of the office."

(The reader of nice perceptions will here perceive that, it being morning, Turkey's answer is couched in polite and tranquil terms, but Nippers replies in ill-tempered ones. Or, to repeat a previous sentence, Nippers's ugly mood was on duty, and Turkey's off.)

"Ginger Nut," said I, willing to enlist the smallest suffrage in my behalf, "what do *you* think of it?"

"I think, sir, he's a little *luny,*" replied Ginger Nut, with a grin.

"You hear what they say," said I, turning towards the screen, "come forth and do your duty."

But he vouchsafed no reply. I pondered a moment in sore perplexity. But once more business hurried me. I determined again to postpone the consideration of this dilemma to my future leisure. With a little trouble we made out to examine the papers without Bartleby, though at every page or two, Turkey deferentially dropped his opinion that this proceeding was quite out of the common; while Nippers, twitching in his chair with a dyspeptic nervousness, ground out between his set teeth occasional hissing maledictions against the stubborn oaf behind the screen. And for his (Nippers's) part, this was the first and the last time he would do another man's business without pay.

Meanwhile Bartleby sat in his hermitage, oblivious to every thing but his own peculiar business there.

Some days passed, the scrivener being employed upon another lengthy work. His late remarkable conduct led me to re-

»Turkey«, sagte ich, »was halten Sie von all dem? Habe ich nicht recht?«

»Mit Verlaub, Sir«, antwortete Turkey mit tonloser Stimme, »ich denke, Sie haben recht.«

»Nippers«, sagte ich, »was halten *Sie* davon?«

»Ich glaube, ich würde ihn hochkant aus dem Büro werfen.«

(Der aufmerksame Leser wird hier bemerken, dass entsprechend der vormittäglichen Stunde Turkey seine Antwort in höfliche und ruhige Worte kleidet, wohingegen Nippers recht misslaunig reagiert. Oder, um eine schon bekannte Formulierung zu wiederholen: Nippers' schlechte Laune hatte Dienst, Turkeys hatte frei.)

»Ginger Nut«, fuhr ich fort, in der Absicht, auch noch die unbedeutendste Stimme auf meine Seite zu ziehen, »was hältst *du* davon?«

»Ich finde, Sir, der ist ein bisschen *bekloppt*«, antwortete Ginger Nut mit einem Grinsen.

»Sie hören, was die anderen sagen«, sprach ich in Richtung des Wandschirms, »nun kommen Sie schon hervor und tun Sie Ihre Pflicht.«

Doch er würdigte mich keiner Antwort. Ich dachte einen Moment lang nach, verärgert und ratlos, aber wieder einmal trieb mich die Arbeit zur Eile. Ich beschloss abermals, die Sache aufzuschieben und mich später, wenn ich einmal Zeit hätte, mit diesem Problem zu beschäftigen. Mit ein wenig Mühe gelang es uns, die Dokumente ohne Bartleby zu überprüfen, auch wenn Turkey alle ein bis zwei Seiten unterwürfig kundtat, dass dieses Vorgehen doch sehr ungewöhnlich sei, während Nippers, der auf seinem Stuhl unter nervösem Zucken mit seiner Verdauung kämpfte, zwischen zusammengebissenen Zähnen gelegentlich scharfe Verwünschungen gegen den sturen Dämlack hinter dem Wandschirm hervorstieß. Und was ihn (Nippers) anging, so war dies das erste und letzte Mal, dass er die Arbeit eines anderen erledigte, ohne dafür bezahlt zu werden.

Unterdessen saß Bartleby in seiner Klause, ohne Sinn für die Welt, außer für sein eigenes besonderes Tun dort drin.

Einige Tage vergingen, während derer der Schreiber mit einer weiteren langwierigen Aufgabe beschäftigt war. Das außergewöhnliche

gard his way narrowly. I observed that he never went to dinner; indeed that he never went any where. As yet I had never of my personal knowledge known him to be outside of my office. He was a perpetual sentry in the corner. At about eleven o'clock though, in the morning, I noticed that Ginger Nut would advance toward the opening in Bartleby's screen, as if silently beckoned thither by a gesture invisible to me where I sat. That boy would then leave the office jingling a few pence, and reappear with a handful of ginger-nuts which he delivered in the hermitage, receiving two of the cakes for his trouble.

He lives, then, on ginger-nuts, thought I; never eats a dinner, properly speaking; he must be a vegetarian then, but no; he never eats even vegetables, he eats nothing but ginger-nuts. My mind then ran on in reveries concerning the probable effects upon the human constitution of living entirely on ginger-nuts. Ginger-nuts are so called because they contain ginger as one of their peculiar constituents, and the final flavoring one. Now what was ginger? A hot, spicy thing. Was Bartleby hot and spicy? Not at all. Ginger, then, had no effect upon Bartleby. Probably he preferred it should have none.

Nothing so aggravates an earnest person as a passive resistance. If the individual so resisted be of a not inhumane temper, and the resisting one perfectly harmless in his passivity; then, in the better moods of the former, he will endeavor charitably to construe to his imagination what proves impossible to be solved by his judgment. Even so, for the most part, I regarded Bartleby and his ways. Poor fellow! thought I, he means no mischief; it is plain he intends no insolence; his aspect sufficiently evinces that his eccentricities are involuntary. He is useful to me. I can get along with him. If I turn him away, the chances are he will fall in with some less indulgent employer, and then he will be rudely treated, and perhaps driven forth miserably to starve. Yes. Here I can cheaply purchase a deli-

Verhalten, das er kurz zuvor gezeigt hatte, veranlasste mich, ihn näher zu beobachten. Ich stellte fest, dass er nie zum Mittagessen ausging; ja, er ging überhaupt nirgendwohin. Bislang hatte ich es noch niemals mitbekommen, dass er sich außerhalb meiner Kanzlei aufhielt. Er war der ewige Wachtposten in der Ecke. Immer gegen elf Uhr vormittags jedoch, so bemerkte ich, fand sich Ginger Nut an der Öffnung neben Bartlebys Wandschirm ein, als hätte ihn eine stumme und von meinem Platz aus unsichtbare Geste dorthin befohlen. Kurz darauf verließ der Junge, mit ein paar Pennys klimpernd, das Büro und kehrte mit einer Handvoll Ingwerkekse zurück, die er in der Klause abgab und von denen er zwei für seine Mühen zurückerhielt.

Er lebt also von Ingwerkeksen, dachte ich; er isst niemals zu Mittag, im eigentlichen Sinne; dann ist er wohl Vegetarier; aber nein, er isst ja nicht einmal Gemüse, er nimmt nichts zu sich außer Ingwerkeksen. In Gedanken sann ich darüber nach, wie es sich wohl auf die Befindlichkeit eines Menschen auswirkte, wenn er sich ausschließlich von Ingwerkeksen ernährte. Ingwerkekse tragen ihren Namen deshalb, weil Ingwer einer ihrer charakteristischen Bestandteile ist und weil sie nun einmal hauptsächlich danach schmecken. Und was ist Ingwer? Eine scharfe, würzige Knolle. War Bartleby scharf und würzig? Überhaupt nicht. Folglich hatte der Ingwer keinerlei Auswirkung auf Bartleby. Vermutlich zog er es vor, dass dem so war.

Nichts kann einen ernsthaften Menschen so aufbringen wie passiver Widerstand. Wenn derjenige, der den Widerstand erfährt, kein Unmensch ist, und derjenige, der den Widerstand leistet, in seiner Passivität vollkommen harmlos, so wird Ersterer an seinen guten Tagen sich wohlwollend darum bemühen, mit seiner Einbildungskraft zu begreifen, was mit dem Verstand zu lösen sich als unmöglich erwiesen hat. Mit dieser Einstellung beobachtete ich Bartleby und sein Verhalten die meiste Zeit. Armer Kerl, dachte ich, er führt nichts Böses im Schilde; er will offensichtlich keinen Unfrieden stiften; an seinem Äußeren lässt sich deutlich ablesen, dass sein merkwürdiges Benehmen keine Absicht ist. Er ist für mich von Nutzen. Ich kann mit ihm auskommen. Wenn ich ihn wegschicke, gerät er womöglich an einen weniger nachsichtigen Arbeitgeber, wird dort grob behandelt, vielleicht

cious self-approval. To befriend Bartleby; to humor him in his strange wilfulness, will cost me little or nothing, while I lay up in my soul what will eventually prove a sweet morsel for my conscience. But this mood was not invariable with me. The passiveness of Bartleby sometimes irritated me. I felt strangely goaded on to encounter him in new opposition, to elicit some angry spark from him answerable to my own. But indeed I might as well have essayed to strike fire with my knuckles against a bit of Windsor soap. But one afternoon the evil impulse in me mastered me, and the following little scene ensued:

"Bartleby," said I, "when those papers are all copied, I will compare them with you."

"I would prefer not to."

"How? Surely you do not mean to persist in that mulish vagary?"

No answer.

I threw open the folding-doors near by, and turning upon Turkey and Nippers, exclaimed in an excited manner–

"He says, a second time, he won't examine his papers. What do you think of it, Turkey?"

It was afternoon, be it remembered. Turkey sat glowing like a brass boiler, his bald head steaming, his hands reeling among his blotted papers.

"Think of it?" roared Turkey; "I think I'll just step behind his screen, and black his eyes for him!"

So saying, Turkey rose to his feet and threw his arms into a pugilistic position. He was hurrying away to make good his promise, when I detained him, alarmed at the effect of incautiously rousing Turkey's combativeness after dinner.

sogar hinausgeworfen, und muss dann elend verhungern. Ja, wahrscheinlich. An diesem Punkt kann ich nun ohne großen Aufwand meine Selbstgerechtigkeit auf erquickliche Weise nähren. Es wird mich nichts oder nur wenig kosten, Bartleby wohlgesonnen zu sein und ihn in seinem seltsamen Starrsinn gewähren zu lassen, aber ich bereichere dadurch mein Inneres um eine Handlung, mit der ich später einmal mein Gewissen beruhigen kann. Doch ich war nicht durchgehend in dieser Stimmung. Manchmal ärgerte mich Bartlebys Teilnahmslosigkeit. Ich fühlte mich auf befremdliche Weise dazu getrieben, ihn erneut herauszufordern, um ihm Anzeichen einer Verärgerung zu entlocken, die der meinen entsprochen hätte. Doch hätte ich ebenso gut versuchen können, mit meinen Knöcheln Feuer aus einem Stück Windsorseife zu schlagen. Eines Nachmittags jedoch gewannen meine bösen Absichten die Oberhand und die folgende kurze Szene spielte sich ab:

»Bartleby«, sagte ich, »sobald diese Dokumente abgeschrieben sind, werde ich sie mit Ihnen vergleichen.«

»Ich würde vorziehen, das nicht zu tun.«

»Was? Sie werden doch wohl nicht an dieser störrischen Launenhaftigkeit festhalten wollen?«

Keine Antwort.

Ich zog die Falttüren neben mir mit einem Ruck auf und rief Turkey und Nippers in aufgebrachtem Ton zu:

»Er sagt nun schon zum zweiten Mal, dass er seine Dokumente nicht überprüfen will. Was halten Sie davon, Turkey?«

Es war Nachmittag, daran sei erinnert. Turkey glühte wie ein Kupferkessel, sein kahler Kopf dampfte und seine Hände wühlten in seinen bekleckststen Dokumenten.

»Was ich davon halte?«, dröhnte Turkey. »Ich halte es für möglich, dass ich gleich hinter seinen Wandschirm gehe und ihm ein Veilchen verpasse!«

Mit diesen Worten stand Turkey auf und riss seine Arme wie ein Faustkämpfer nach oben. Er war drauf und dran, sein Vorhaben in die Tat umzusetzen, doch konnte ich ihn noch zurückhalten, selbst ganz erschrocken davon, dass ich unvorsichtigerweise seine nachmittägliche Rauflust geweckt hatte.

"Sit down, Turkey," said I, "and hear what Nippers has to say. What do you think of it, Nippers? Would I not be justified in immediately dismissing Bartleby?"

"Excuse me, that is for you to decide, sir. I think his conduct quite unusual, and indeed unjust, as regards Turkey and myself. But it may only be a passing whim."

"Ah," exclaimed I, "you have strangely changed your mind then—you speak very gently of him now."

"All beer," cried Turkey; "gentleness is effects of beer—Nippers and I dined together to-day. You see how gentle *I* am, sir. Shall I go and black his eyes?"

"You refer to Bartleby, I suppose. No, not to-day, Turkey," I replied; "pray, put up your fists."

I closed the doors, and again advanced towards Bartleby. I felt additional incentives tempting me to my fate. I burned to be rebelled against again. I remembered that Bartleby never left the office.

"Bartleby," said I, "Ginger Nut is away; just step round to the Post Office, won't you? (it was but a three minutes walk,) and see if there is any thing for me."

"I would prefer not to."

"You *will* not?"

"I *prefer* not."

I staggered to my desk, and sat there in a deep study. My blind inveteracy returned. Was there any other thing in which I could procure myself to be ignominiously repulsed by this lean, penniless wight?—my hired clerk? What added thing is there, perfectly reasonable, that he will be sure to refuse to do?

"Bartleby!"

No answer.

»Setzen Sie sich wieder, Turkey«, sagte ich, »und hören Sie, was Nippers dazu meint. Was halten Sie davon, Nippers? Wäre ich nicht im Recht, wenn ich Bartleby unverzüglich entließe?«

»Verzeihen Sie, doch das ist allein Ihre Entscheidung, Sir. Ich finde sein Verhalten durchaus ungewöhnlich, ja sogar ungerecht Turkey und mir gegenüber. Aber vielleicht ist es ja auch nur eine vorübergehende Grille.«

»Aha«, rief ich aus, »dann haben Sie Ihre Meinung aber auf eigenartige Weise geändert – Sie sprechen jetzt voller Nachsicht über ihn.«

»Das Bier«, rief Turkey, »Nachsicht ist die Folge von Bier – Nippers und ich haben heute gemeinsam zu Mittag gegessen. Sie sehen ja, wie nachsichtig *ich* bin, Sir. Soll ich rübergehen und ihm ein Veilchen verpassen?«

»Ich vermute, Sie sprechen von Bartleby. Nein, heute nicht, Turkey«, gab ich zurück. »Und bitte, nehmen Sie Ihre Fäuste wieder herunter.«

Ich schloss die Tür und wandte mich wieder in Bartlebys Richtung. Ich fühlte mich noch mehr dazu angespornt, mein Schicksal herauszufordern. Ich brannte darauf, abermals Widerstand zu erfahren. Da fiel mir ein, dass Bartleby die Kanzlei niemals verließ.

»Bartleby«, sagte ich, »Ginger Nut ist nicht da; würden Sie bitte eben zur Post gehen« – es waren nur drei Minuten dorthin – »und nachsehen, ob etwas für mich vorliegt?«

»Ich würde vorziehen, das nicht zu tun.«

»Sie *werden* es nicht tun?«

»Ich *ziehe vor*, es nicht zu tun.«

Schwankend ging ich zurück zu meinem Tisch und setzte mich, in Gedanken versunken. Meine blinde Feindseligkeit holte mich wieder ein. Gab es noch irgendeine andere Sache, bei der ich mich so erniedrigend würde zurückweisen lassen müssen von diesem schmächtigen, armen Wicht, einer angeheuerten Kraft? Welche durchaus angemessene Arbeit gab es noch, die zu tun er sich mit Gewissheit weigern würde?

»Bartleby!«

Keine Antwort.

"Bartleby," in a louder tone.

No answer.

"Bartleby," I roared.

Like a very ghost, agreeably to the laws of magical invocation, at the third summons, he appeared at the entrance of his hermitage.

"Go to the next room, and tell Nippers to come to me."

"I prefer not to," he respectfully and slowly said, and mildly disappeared.

"Very good, Bartleby," said I, in a quiet sort of serenely severe self-possessed tone, intimating the unalterable purpose of some terrible retribution very close at hand. At the moment I half intended something of the kind. But upon the whole, as it was drawing towards my dinner-hour, I thought it best to put on my hat and walk home for the day, suffering much from perplexity and distress of mind.

Shall I acknowledge it? The conclusion of this whole business was, that it soon became a fixed fact of my chambers, that a pale young scrivener, by the name of Bartleby, had a desk there; that he copied for me at the usual rate of four cents a folio (one hundred words); but he was permanently exempt from examining the work done by him, that duty being transferred to Turkey and Nippers, one of compliment doubtless to their superior acuteness; moreover, said Bartleby was never on any account to be dispatched on the most trivial errand of any sort; and that even if entreated to take upon him such a matter, it was generally understood that he would prefer not to—in other words, that he would refuse point-blank.

As days passed on, I became considerably reconciled to Bartleby. His steadiness, his freedom from all dissipation, his incessant industry (except when he chose to throw himself into a standing revery behind his screen), his great stillness, his unalterableness of demeanor under all circumstances, made

»Bartleby«, diesmal schon lauter.

Keine Antwort.

»Bartleby«, brüllte ich.

Wie ein Gespenst, das den Regeln der Geisterbeschwörung gehorcht, erschien er bei der dritten Aufforderung am Eingang seiner Klause.

»Gehen Sie nach nebenan und sagen Sie Nippers, er soll zu mir kommen.«

»Ich ziehe vor, das nicht zu tun«, sagte er langsam und voller Respekt und verschwand in seiner sachten Art.

»Nun gut, Bartleby«, entgegnete ich ruhig und in einer Art gelassener, strenger Selbstbeherrschung, als hätte ich den festen Vorsatz, ihm in naher Zukunft eine empfindliche Strafe aufzuerlegen. Zu diesem Zeitpunkt zog ich so etwas auch wirklich in Erwägung. Doch die Stunde meiner Mittagspause rückte näher, und so hielt ich es im Ganzen gesehen für das Beste, meinen Hut zu holen und für den Rest des Tages nach Hause zu gehen, denn mein Befremden und meine Unruhe machten mir sehr zu schaffen.

Soll ich es zugeben? Die Sache endete damit, dass es schon bald ein fester Tatbestand in meiner Kanzlei war, dass ein blasser junger Schreiber namens Bartleby dort einen eigenen Tisch hatte; er erledigte für mich Kopierarbeiten zum üblichen Lohn von vier Cent pro Blatt (hundert Worte), war jedoch auf Dauer von der Aufgabe befreit, seine eigenen Arbeiten zu überprüfen; diese Pflicht lag bei Turkey und Nippers, was zweifellos auch eine Anerkennung ihrer größeren Sorgfalt war; darüber hinaus durfte besagter Bartleby auf gar keinen Fall auch nur mit der geringsten Kleinigkeit beauftragt werden; und selbst wenn man ihn inständig darum bat, eine solche Aufgabe zu übernehmen, galt es als ausgemacht, dass er es vorziehen würde, es nicht zu tun – mit anderen Worten, dass er es rundheraus ablehnte.

Die Tage vergingen und ich fand mich im Großen und Ganzen mit Bartleby ab. Seine Zuverlässigkeit, die Tatsache, dass er niemals Zerstreuung suchte, sein unermüdlicher Fleiß (außer wenn er, hinter seinem Wandschirm stehend, in eine seiner Tagträumereien verfiel), die große Ruhe, die ihn umgab, die Unerschütterlichkeit seines Verhal-

him a valuable acquisition. One prime thing was this,—*he was always there*;—first in the morning, continually through the day, and the last at night. I had a singular confidence in his honesty. I felt my most precious papers perfectly safe in his hands. Sometimes to be sure I could not, for the very soul of me, avoid falling into sudden spasmodic passions with him. For it was exceeding difficult to bear in mind all the time those strange peculiarities, privileges, and unheard of exemptions, forming the tacit stipulations on Bartleby's part under which he remained in my office. Now and then, in the eagerness of dispatching pressing business, I would inadvertently summon Bartleby, in a short, rapid tone, to put his finger, say, on the incipient tie of a bit of red tape with which I was about compressing some papers. Of course, from behind the screen the usual answer, "I prefer not to," was sure to come; and then, how could a human creature with the common infirmities of our nature, refrain from bitterly exclaiming upon such perverseness—such unreasonableness. However, every added repulse of this sort which I received only tended to lessen the probability of my repeating the inadvertence.

Here it must be said, that according to the custom of most legal gentlemen occupying chambers in densely-populated law buildings, there were several keys to my door. One was kept by a woman residing in the attic, which person weekly scrubbed and daily swept and dusted my apartments. Another was kept by Turkey for convenience sake. The third I sometimes carried in my own pocket. The fourth I knew not who had.

Now one Sunday morning I happened to go to Trinity Church; to hear a celebrated preacher, and finding myself rather early on the ground, I thought I would walk round to my chambers for a while. Luckily I had my key with me; but upon applying it to the lock, I found it resisted by something

tens in jeder Lage, all das machte ihn zu einer wertvollen Verstärkung. Eines seiner Hauptmerkmale war seine *ununterbrochene Anwesenheit* – er war morgens der Erste, verließ tagsüber die Kanzlei nicht, und war abends der Letzte. Ich hatte größtes Vertrauen in seine Rechtschaffenheit. In seinen Händen wusste ich meine wichtigsten Dokumente sicher aufgehoben. Manchmal allerdings konnte ich es nicht verhindern, dass mich in meinem Innersten eine plötzliche Wut auf ihn packte. Denn es war äußerst mühselig, sich unausgesetzt all die Besonderheiten vor Augen zu halten, die Vorrechte und die neuartigen Freiheiten, die Bartleby stillschweigend als Bedingung für sein Verbleiben in meiner Kanzlei einforderte. Hin und wieder, wenn eine dringende Sache erledigt werden musste, geschah es, dass ich mich in knappen und raschen Worten vor lauter Eifer versehentlich an Bartleby wandte und ihn etwa aufforderte, seine Finger auf das Ende eines roten Bandes zu halten, mit dem ich gerade einige Dokumente zusammenschnüren wollte. Die übliche Antwort von hinter dem Wandschirm – »Ich ziehe vor, das nicht zu tun« – ließ nicht lange auf sich warten; und wie könnte man da als Mensch, mit all den Schwächen, wie sie uns nun einmal eigen sind, anders, als seinem Ärger über solche Widernatürlichkeit, solche Unvernunft Luft zu machen. Mit jeder dieser Zurückweisungen, die ich erfuhr, sank jedoch die Wahrscheinlichkeit, dass mir eine solches Versehen noch einmal unterlief.

An dieser Stelle muss nun erwähnt werden, dass es mehrere Schlüssel für meine Räume gab, so wie es bei den meisten Rechtsanwälten üblich ist, deren Kanzleien sich in dicht belegten Gebäuden befinden. Einer war im Besitz einer Frau, die auf dem Dachboden wohnte und meine Räume einmal die Woche schrubbte und täglich fegte und staubwischte. Einen anderen hatte der Einfachheit halber Turkey in Verwahrung. Den dritten trug ich manchmal selbst bei mir. Wer den vierten hatte, wusste ich nicht.

Eines Sonntagmorgens nun ging ich zur Trinity Church, um dort einen bekannten Prediger zu hören, und da ich etwas zu früh dran war, beschloss ich, noch kurz meine Kanzlei aufzusuchen. Glücklicherweise hatte ich meinen Schlüssel bei mir; doch als ich ihn ins Schloss steckte, traf ich auf Widerstand, als ob etwas das Schloss von innen her

inserted from the inside. Quite surprised, I called out; when to my consternation a key was turned from within; and thrusting his lean visage at me, and holding the door ajar, the apparition of Bartleby appeared, in his shirt sleeves, and otherwise in a strangely tattered dishabille, saying quietly that he was sorry, but he was deeply engaged just then, and–preferred not admitting me at present. In a brief word or two, he moreover added, that perhaps I had better walk round the block two or three times, and by that time he would probably have concluded his affairs.

Now, the utterly unsurmised appearance of Bartleby, tenanting my law-chambers of a Sunday morning, with his cadaverously gentlemanly *nonchalance*, yet withal firm and self-possessed, had such a strange effect upon me, that incontinently I slunk away from my own door, and did as desired. But not without sundry twinges of impotent rebellion against the mild effrontery of this unaccountable scrivener. Indeed, it was his wonderful mildness chiefly, which not only disarmed me, but unmanned me, as it were. For I consider that one, for the time, is a sort of unmanned when he tranquilly permits his hired clerk to dictate to him, and order him away from his own premises. Furthermore, I was full of uneasiness as to what Bartleby could possibly be doing in my office in his shirt sleeves, and in an otherwise dismantled condition of a Sunday morning. Was any thing amiss going on? Nay, that was out of the question. It was not to be thought of for a moment that Bartleby was an immoral person. But what could he be doing there?–copying? Nay again, whatever might be his eccentricities, Bartleby was an eminently decorous person. He would be the last man to sit down to his desk in any state approaching to nudity. Besides, it was Sunday; and there was something about Bartleby that forbade the supposition that he would by any secular occupation violate the proprieties of the day.

blockierte. Überrascht erhob ich meine Stimme, als zu meiner äußersten Verwunderung ein Schlüssel im Schloss umgedreht wurde und sich die Erscheinung Bartlebys zeigte, der mir durch den Türspalt sein schmales Gesicht entgegenstreckte; er war in Hemdsärmeln und trug darüber hinaus nur wenige, regelrecht zerlumpte Kleidungsstücke; mit ruhiger Stimme sagte er, dass es ihm leid tue, er aber gerade sehr beschäftigt sei – und dass er vorziehe, mich jetzt nicht zu empfangen. In knappen Worten fügte er hinzu, dass ich ja ein paarmal um den Block gehen könne, und wenn ich zurück sei, habe er seine Angelegenheiten wahrscheinlich erledigt.

Dieses völlig unerwartete Auftreten Bartlebys, der an einem Sonntagvormittag in meinen Kanzleiräumen hauste, seine vornehme und kränkliche, dabei aber überzeugte und selbstsichere *Nonchalance* – all das wirkte so befremdend auf mich, dass ich mich unverzüglich von meiner eigenen Kanzlei davonschlich und tat, wie mir geheißen war. Allerdings nicht ohne das deutliche Gefühl, dass meine Auflehnung gegen die sanften Unverschämtheiten dieses rätselhaften Schreibers in Ohnmacht erstarrte. Eben diese eigenartige Sanftheit war es vor allem, die mich nicht nur entwaffnete, sondern gleichsam erniedrigte. Denn man ist doch wohl, so meine ich, zumindest kurzzeitig in gewisser Hinsicht erniedrigt, wenn man es ohne Weiteres geschehen lässt, dass einen der eigene Angestellte herumkommandiert und aus den eigenen Räumen fortschickt. Außerdem trieb mich die Frage um, was Bartleby an einem Sonntagvormittag in Hemdsärmeln und auch sonst in eher zerrütteter Verfassung in meiner Kanzlei zu suchen hatte. Ging hier irgendetwas nicht mit rechten Dingen zu? Nein, das war gänzlich ausgeschlossen. Es war zu keinem Augenblick denkbar, dass Bartleby ein unmoralischer Mensch war. Doch was tat er dann dort nur? Kopierte er? Auch das nicht; so außergewöhnlich sein Verhalten auch sein mochte, war Bartleby doch sehr auf Schicklichkeit bedacht. Er wäre der letzte gewesen, der sich in einem an Nacktheit grenzenden Zustand an seinen Schreibtisch gesetzt hätte. Außerdem war Sonntag, und Bartleby hatte etwas an sich, das es verbot ihm zu unterstellen, er könnte die heilige Ordnung dieses Tages durch weltliche Tätigkeiten verletzen.

Nevertheless, my mind was not pacified; and full of a restless curiosity, at last I returned to the door. Without hindrance I inserted my key, opened it, and entered. Bartleby was not to be seen. I looked round anxiously, peeped behind his screen; but it was very plain that he was gone. Upon more closely examining the place, I surmised that for an indefinite period Bartleby must have ate, dressed, and slept in my office, and that too without plate, mirror, or bed. The cushioned seat of a rickety old sofa in one corner bore the faint impress of a lean, reclining form. Rolled away under his desk, I found a blanket; under the empty grate, a blacking box and brush; on a chair, a tin basin, with soap and a ragged towel; in a newspaper a few crumbs of ginger-nuts and a morsel of cheese. Yes, thought I, it is evident enough that Bartleby has been making his home here, keeping bachelor's hall all by himself. Immediately then the thought came sweeping across me, What miserable friendlessness and loneliness are here revealed! His poverty is great; but his solitude, how horrible! Think of it. Of a Sunday, Wall-street is deserted as Petra; and every night of every day it is an emptiness. This building too, which of week-days hums with industry and life, at nightfall echoes with sheer vacancy, and all through Sunday is forlorn. And here Bartleby makes his home; sole spectator of a solitude which he has seen all populous—a sort of innocent and transformed Marius brooding among the ruins of Carthage!

For the first time in my life a feeling of overpowering stinging melancholy seized me. Before, I had never experienced aught but a not-unpleasing sadness. The bond of a common humanity now drew me irresistibly to gloom. A fraternal melancholy! For both I and Bartleby were sons of Adam. I remembered the bright silks and sparkling faces I had seen that day in gala trim, swan-like sailing down the Mississippi of

Doch die Sache ließ mir keine Ruhe, und so kehrte ich voll ungeduldiger Neugier schließlich zu meiner Kanzlei zurück. Ohne auf Widerstand zu stoßen, steckte ich den Schlüssel ins Schloss, öffnete die Tür und trat ein. Von Bartleby keine Spur. Gespannt sah ich mich um und lugte hinter seinen Wandschirm, doch es war offenkundig, dass er verschwunden war. Während ich die Räume eingehender untersuchte, kam ich zu dem Schluss, dass Bartleby schon eine ganze Weile in meiner Kanzlei gegessen, sich angekleidet und geschlafen haben musste, und das ohne Geschirr, Spiegel oder Bett. Die gepolsterte Sitzfläche eines wackeligen alten Sofas in einer Ecke trug den Abdruck einer schmalen, zusammengekauerten Gestalt. Unter seinem Schreibtisch fand ich eine eingerollte Decke; unter dem leeren Feuerrost Schuhwichse und eine Bürste; auf einem Stuhl eine Blechschüssel mit einem Stück Seife und einem zerrissenen Handtuch; in einem Stück Zeitungspapier einige Krumen Ingwerkekse und einen Bissen Käse. Ja, dachte ich, es ist offenkundig, dass Bartleby sich hier häuslich eingerichtet hat und hier ganz allein seinen Junggesellenhaushalt führt. Und schlagartig durchfuhr mich der Gedanke: Welch traurige Verlassenheit und Einsamkeit tritt hier zutage! Schon seine Armut ist groß; doch diese Vereinsamung, wie furchtbar! Man muss sich das vorstellen: An Sonntagen ist die Wall Street so verlassen wie die Stadt Petra; und am Abend eines jeden Tages liegt sie ausgestorben da. Auch dieses Gebäude, das an Wochentagen vor Geschäftigkeit und Leben nur so wimmelt, hallt bei Einbruch der Dunkelheit von bloßer Leere wider und ist an Sonntagen entvölkert. Und hier richtet Bartleby sich häuslich ein; der einzige Zeuge einer Einsamkeit, die er auch voller Leben gesehen hat – wie ein unschuldiger und verwandelter Marius*, der grübelnd durch die Ruinen Karthagos wandert!

Zum ersten Mal in meinem Leben ergriff mich ein Gefühl von überwältigender, zehrender Schwermut. Bis dahin hatte ich niemals etwas anderes gekannt als eine nicht unwillkommene Traurigkeit. Nun aber ließ mich das Band der Mitmenschlichkeit unweigerlich in Trübsinn versinken. Brüderlicher Weltschmerz! Denn beide waren wir doch Söhne Adams, ich und Bartleby. Ich dachte zurück an die glänzenden Seidenkleider und die lebhaften Gesichter, die ich an diesem

Broadway; and I contrasted them with the pallid copyist, and thought to myself, Ah, happiness courts the light, so we deem the world is gay; but misery hides aloof, so we deem that misery there is none. These sad fancyings-chimeras, doubtless, of a sick and silly brain-led on to other and more special thoughts, concerning the eccentricities of Bartleby. Presentiments of strange discoveries hovered round me. The scrivener's pale form appeared to me laid out, among uncaring strangers, in its shivering winding sheet.

Suddenly I was attracted by Bartleby's closed desk, the key in open sight left in the lock.

I mean no mischief, seek the gratification of no heartless curiosity, thought I; besides, the desk is mine, and its contents too, so I will make bold to look within. Every thing was methodically arranged, the papers smoothly placed. The pigeon holes were deep, and removing the files of documents, I groped into their recesses. Presently I felt something there, and dragged it out. It was an old bandanna handkerchief, heavy and knotted. I opened it, and saw it was a savings' bank.

I now recalled all the quiet mysteries which I had noted in the man. I remembered that he never spoke but to answer; that though at intervals he had considerable time to himself, yet I had never seen him reading–no, not even a newspaper; that for long periods he would stand looking out, at his pale window behind the screen, upon the dead brick wall; I was quite sure he never visited any refectory or eating house; while his pale face clearly indicated that he never drank beer like Turkey, or tea and coffee even, like other men; that he never went any where in particular that I could learn; never went out for a walk, unless indeed that was the case at present; that he had declined telling who he was, or whence he came, or whether he had any relatives in the world; that though so thin and pale, he never complained of ill health. And more than all,

Tag gesehen hatte, wie sie im Festtagsgewand schwanengleich den Broadway-Mississippi hinuntergesegelt waren; ich verglich sie in Gedanken mit dem bleichen Kopisten und dachte bei mir: Ach, alles Glück strebt zum Licht, und so dünkt uns die Welt voll Freude; doch das Elend hält sich versteckt, und so dünkt uns, dass es kein Elend gibt. Diese traurigen Reflexionen – zweifelsohne Ausgeburten eines kranken, beschränkten Geistes – wichen schließlich anderen, konkreteren Überlegungen zu Bartlebys ungewöhnlichem Gebaren. Vorahnungen von befremdlichen Entdeckungen beschlichen mich. Mir erschien die blasse Gestalt des Schreibers, niedergestreckt inmitten gleichgültiger Fremder, in ein flatterndes Leichentuch geschlagen.

Plötzlich zog Bartlebys geschlossener Schreibtisch meine Aufmerksamkeit auf sich; der Schlüssel steckte, weithin sichtbar.

Ich habe keine bösen Absichten, dachte ich, noch suche ich den Kitzel berechnender Neugier; außerdem gehört der Schreibtisch mir und sein Inhalt ebenso, also kann ich es mir erlauben hineinzusehen. Alle Dinge lagen in akkurater Ordnung, die Dokumente gleichmäßig verteilt. Die Fächer waren tief; ich nahm die Aktenmappen heraus und griff weit hinein. Schon bald stieß ich auf etwas. Ich zog es hervor: Es war ein altes Halstuch, das zusammengeknotet war und schwer wog. Ich öffnete es und entdeckte, dass es einige Ersparnisse enthielt.

Nun kam mir all das Stille und Rätselhafte wieder in den Sinn, das ich an dem Mann beobachtet hatte. Ich erinnerte mich, dass er nur sprach, um zu antworten; obwohl er immer wieder viel Zeit zu seiner freien Verfügung hatte, hatte ich ihn doch niemals etwas lesen sehen, ja nicht einmal eine Zeitung; oft stand er lange an dem trüben Fenster hinter dem Wandschirm und sah hinaus auf die kahle Ziegelmauer; ich war sicher, dass er niemals eine Garküche oder ein Wirtshaus besuchte, und sein blasses Gesicht sprach eindeutig dafür, dass er niemals Bier trank wie Turkey, nicht einmal Tee oder Kaffee wie andere Leute; er ging niemals mit einem bestimmten Ziel aus, soweit mir bekannt war; niemals machte er einen Spaziergang, außer freilich er tat dies gerade in diesem Moment; er hatte es abgelehnt zu sagen, wer er war, woher er kam oder ob er irgendwo in der Welt Familie hatte; obgleich er so hager und bleich war, klagte er nie über gesundheitliche

I remembered a certain unconscious air of pallid-how shall I call it?—of pallid haughtiness, say, or rather an austere reserve about him, which had positively awed me into my tame compliance with his eccentricities, when I had feared to ask him to do the slightest incidental thing for me, even though I might know, from his long-continued motionlessness, that behind his screen he must be standing in one of those dead-wall reveries of his.

Revolving all these things, and coupling them with the recently discovered fact that he made my office his constant abiding place and home, and not forgetful of his morbid moodiness; revolving all these things, a prudential feeling began to steal over me. My first emotions had been those of pure melancholy and sincerest pity; but just in proportion as the forlornness of Bartleby grew and grew to my imagination, did that same melancholy merge into fear, that pity into repulsion. So true it is, and so terrible too, that up to a certain point the thought or sight of misery enlists our best affections; but, in certain special cases, beyond that point it does not. They err who would assert that invariably this is owing to the inherent selfishness of the human heart. It rather proceeds from a certain hopelessness of remedying excessive and organic ill. To a sensitive being, pity is not seldom pain. And when at last it is perceived that such pity cannot lead to effectual succor, common sense bids the soul be rid of it. What I saw that morning persuaded me that the scrivener was the victim of innate and incurable disorder. I might give alms to his body; but his body did not pain him; it was his soul that suffered, and his soul I could not reach.

I did not accomplish the purpose of going to Trinity Church that morning. Somehow, the things I had seen disqualified me

Beschwerden. Am deutlichsten erinnerte ich mich aber an eine Art unbewusster, fahler – ja, wie nenne ich es? – fahler Überheblichkeit oder vielmehr spröder Zurückhaltung, die ihn umgab und die mich zweifelsohne dazu veranlasst hatte, angesichts seines ungewöhnlichen Verhaltens ehrfürchtig und schüchtern nachzugeben, wenn ich etwa davor zurückscheute, ihn auch nur darum zu bitten, eine unbedeutende Kleinigkeit für mich zu erledigen, obwohl er schon eine ganze Weile keine Regung mehr gezeigt hatte und ich also sicher sein konnte, dass er hinter seinem Wandschirm stand und, auf die kahle Mauer hinausblickend, in eine seiner Tagträumereien versunken war.

Über all dies dachte ich nach, verband es in Gedanken mit der gerade gemachten Entdeckung, dass Bartleby sich in meiner Kanzlei dauerhaft häuslich eingerichtet hatte, und ließ auch seine kränkliche Launenhaftigkeit nicht außer Acht; über all dies dachte ich nach, als sich langsam die Vernunft in mir durchzusetzen begann. Anfangs hatte ich echte Traurigkeit und aufrichtiges Mitleid verspürt; doch in dem Maße, wie Bartlebys Lage in meiner Vorstellung immer trostloser wurde, wandelte sich die Traurigkeit zu Beklemmung, das Mitleid zu Abscheu. So wahr es ist – und entsetzlich zugleich –, dass der Anblick von Elend oder der Gedanke daran bis zu einem gewissen Maß unsere hehrsten Empfindungen hervorruft, so verspüren wir doch in einigen besonderen Fällen jenseits davon nichts mehr. Es irrt, wer behauptet, dies sei einzig und allein der in der menschlichen Seele wohnenden Selbstsucht geschuldet; der Grund ist vielmehr, dass wir angesichts schweren und elementaren Leides meist wenig Hoffnung auf Linderung haben. Für ein empfindsames Gemüt ist Mitleid oftmals schmerzvoll. Und wenn man schließlich erkennen muss, dass solches Mitleid keine wirksame Abhilfe schafft, gebietet der gesunde Menschenverstand, dass sich die Seele davon befreie. Was ich an diesem Vormittag sah, ließ mich zu der Überzeugung gelangen, dass der Schreiber Opfer eines angeborenen und unheilbaren Gebrechens war. Seinem Leib konnte ich Almosen geben; doch es war nicht sein Leib, der Schmerzen erdulden musste; es war seine Seele, die litt, und seine Seele war unerreichbar für mich.

Mein Vorhaben, an diesem Morgen in die Trinity Church zu gehen, verfolgte ich nicht weiter. Die Entdeckungen, die ich gemacht

for the time from church-going. I walked homeward, thinking what I would do with Bartleby. Finally, I resolved upon this; I would put certain calm questions to him the next morning, touching his history, &c., and if he declined to answer them openly and unreservedly (and I supposed he would prefer not), then to give him a twenty dollar bill over and above whatever I might owe him, and tell him his services were no longer required; but that if in any other way I could assist him, I would be happy to do so, especially if he desired to return to his native place, wherever that might be, I would willingly help to defray the expenses. Moreover, if after reaching home, he found himself at any time in want of aid, a letter from him would be sure of a reply.

The next morning came.

"Bartleby," said I, gently calling to him behind his screen. No reply.

"Bartleby," said I, in a still gentler tone, "come here; I am not going to ask you to do any thing you would prefer not to do I simply wish to speak to you."

Upon this he noiselessly slid into view.

"Will you tell me, Bartleby, where you were born?"

"I would prefer not to."

"Will you tell me *any thing* about yourself?"

"I would prefer not to."

"But what reasonable objection can you have to speak to me? I feel friendly towards you."

He did not look at me while I spoke, but kept his glance fixed upon my bust of Cicero, which as I then sat, was directly behind me, some six inches above my head.

"What is your answer, Bartleby?" said I, after waiting a considerable time for a reply, during which his countenance remained immovable, only there was the faintest conceivable tremor of the white attenuated mouth.

hatte, ließen es einfach nicht zu, dass ich gerade jetzt die Kirche besuchte. Ich ging nach Hause und überlegte, wie ich mit Bartleby weiter verfahren wollte. Schließlich kam ich zu folgendem Entschluss: Ich würde ihm am nächsten Morgen einige dezente Fragen stellen, was seine Geschichte usf. anging, und sollte er sich weigern, freimütig und vorbehaltlos zu antworten (und ich vermutete, er würde vorziehen, das nicht zu tun), so würde ich ihn auszahlen und ihm noch zwanzig Dollar obendrauf geben und ihm mitteilen, dass seine Dienste nicht länger gebraucht würden; dass ich aber, falls ich ihn noch anderweitig unterstützen könnte, dies gerne tun würde; vor allem falls es sein Wunsch wäre, an seinen Heimatort zurückzukehren, wo auch immer das sein mochte, würde ich ihm gerne helfen und die Kosten hierfür übernehmen. Des Weiteren könnte, falls er nach seiner Rückkehr nach Hause einmal Hilfe bräuchte, ein Brief von seiner Seite jederzeit auf Antwort hoffen.

Der nächste Morgen kam.

»Bartleby«, sagte ich sanft in Richtung seines Wandschirms. Keine Antwort.

»Bartleby«, wiederholte ich, in noch sanfterem Ton, »kommen Sie her; ich werde Sie nicht darum bitten, etwas zu tun, das Sie vorziehen würden, nicht zu tun. Ich möchte nur mit Ihnen reden.«

Daraufhin erschien er geräuschlos in meinem Blickfeld.

»Möchten Sie mir sagen, wo Sie geboren wurden, Bartleby?«

»Ich würde vorziehen, das nicht zu tun.«

»Möchten Sie mir *irgendetwas* über sich erzählen?«

»Ich würde vorziehen, das nicht zu tun.«

»Aber welchen vernünftigen Grund kann es denn geben, dass Sie nicht mit mir reden wollen? Ich bin Ihnen doch wohlgesinnt.«

Er sah mich nicht an, während ich sprach, sondern hielt seinen Blick fest auf die Cicero-Büste gerichtet, die sich, so wie ich im Moment saß, direkt hinter mir befand, etwa sechs Zoll über meinem Kopf.

»Wie lautet Ihre Antwort, Bartleby?«, sagte ich, nachdem ich eine ganze Weile auf eine Reaktion gewartet hatte; währenddessen hatte sein Gesichtsausdruck keine Regung gezeigt, bis auf ein kaum wahrnehmbares Zittern um seine schmalen weißen Lippen.

"At present I prefer to give no answer," he said, and retired into his hermitage.

It was rather weak in me I confess, but his manner on this occasion nettled me. Not only did there seem to lurk in it a certain disdain, but his perverseness seemed ungrateful, considering the undeniable good usage and indulgence he had received from me.

Again I sat ruminating what I should do. Mortified as I was at his behavior, and resolved as I had been to dismiss him when I entered my office, nevertheless I strangely felt something superstitious knocking at my heart, and forbidding me to carry out my purpose, and denouncing me for a villain if I dared to breathe one bitter word against this forlornest of mankind. At last, familiarly drawing my chair behind his screen, I sat down and said: "Bartleby, never mind then about revealing your history; but let me entreat you, as a friend, to comply as far as may be with the usages of this office. Say now you will help to examine papers tomorrow or next day: in short, say now that in a day or two you will begin to be a little reasonable:—say so, Bartleby."

"At present I would prefer not to be a little reasonable," was his mildly cadaverous reply.

Just then the folding-doors opened, and Nippers approached. He seemed suffering from an unusually bad night's rest, induced by severer indigestion than common. He overheard those final words of Bartleby.

"*Prefer not*, eh?" gritted Nippers—"I'd *prefer* him, if I were you, sir," addressing me—"I'd *prefer* him; I'd give him preferences, the stubborn mule! What is it, sir, pray, that he *prefers* not to do now?"

»Gegenwärtig ziehe ich vor, keine Antwort zu geben«, sagte er und zog sich in seine Klause zurück.

Ich gebe zu, dass ich hier Schwäche zeigte, doch sein Verhalten in dieser Situation ärgerte mich. Nicht nur schien sich dahinter eine gewisse Herablassung zu verbergen, sondern Bartlebys Widernatürlichkeit ließ ihn auch undankbar erscheinen, wenn man in Betracht zog, welch wohlwollende und nachsichtige Behandlung ich ihm ganz ohne Frage hatte zuteilwerden lassen.

Wieder saß ich da und grübelte, was ich tun sollte. Obwohl mich sein Verhalten beschämte und ich beim Betreten meines Büros fest entschlossen gewesen war, ihn zu entlassen, spürte ich dennoch eine Art Aberglauben sich in meinem Herzen ausbreiten, der es mir untersagte, mein Vorhaben auszuführen, und der mich der Niedertracht bezichtigt hätte, wenn ich es gewagt hätte, auch nur ein böses Wort an diesen verlassensten aller Menschen zu richten. Schließlich zog ich mit einer vertraulichen Geste meinen Stuhl hinter seinen Wandschirm, setzte mich und sagte: »Bartleby, ich will nicht darauf bestehen, dass Sie mir Ihre Geschichte erzählen; doch möchte ich Sie als Ihr Freund inständig darum bitten, sich so weit wie möglich den Gepflogenheiten dieser Kanzlei anzupassen. Versprechen Sie mir, dass Sie morgen oder übermorgen beim Überprüfen der Abschriften mithelfen werden; kurzum, versprechen Sie mir, dass Sie in den nächsten Tagen anfangen, sich endlich vernünftig zu verhalten. – Versprechen Sie mir das, Bartleby?«

»Gegenwärtig würde ich vorziehen, mich nicht endlich vernünftig zu verhalten«, antwortete er in leicht gespenstischer Weise.

In diesem Moment öffneten sich die Falttüren und Nippers kam auf uns zu. Er schien an den Folgen einer außergewöhnlich schlechten Nacht zu leiden, verursacht durch Verdauungsstörungen, die noch schwerer gewesen sein mussten als sonst. Er hatte mit angehört, was Bartleby zuletzt gesagt hatte.

»*Es vorziehen*, was?«, presste Nippers zwischen den Zähnen hervor. »Den würde ich schon *vorziehen*, wenn ich Sie wäre, Sir«, setzte er an mich gewandt hinzu, »den würde ich *vorziehen*; ich würde ihn schon bevorzugen, diesen störrischen Esel! Was bitteschön ist es denn, Sir, das er diesmal *vorzieht*, nicht zu tun?«

Bartleby moved not a limb.

"Mr. Nippers," said I, "I'd prefer that you would withdraw for the present."

Somehow, of late I had got into the way of involuntary using this word "prefer" upon all sorts of not exactly suitable occasions. And I trembled to think that my contact with the scrivener had already and seriously affected me in a mental way. And what further and deeper aberration might it not yet produce? This apprehension had not been without efficacy in determining me to summary means.

As Nippers, looking very sour and sulky, was departing, Turkey blandly and deferentially approached.

"With submission, sir," said he, "yesterday I was thinking about Bartleby here, and I think that if he would but prefer to take a quart of good ale every day, it would do much towards mending him, and enabling him to assist in examining his papers."

"So you have got the word too," said I, slightly excited. "With submission, what word, sir," asked Turkey, respectfully crowding himself into the contracted space behind the screen, and by so doing, making me jostle the scrivener. "What word, sir?"

"I would prefer to be left alone here," said Bartleby, as if offended at being mobbed in his privacy.

"*That's* the word, Turkey," said I—"*that's* it."

"Oh, *prefer*? oh yes—queer word. I never use it myself. But, sir, as I was saying, if he would but prefer—"

"Turkey," interrupted I, "you will please withdraw."

"Oh certainly, sir, if you prefer that I should."

As he opened the folding-door to retire, Nippers at his desk caught a glimpse of me, and asked whether I would prefer to have a certain paper copied on blue paper or white. He did not in the least roguishly accent the word prefer. It was plain

Bartleby zeigte keine Regung.

»Mr Nippers«, sagte ich, »ich würde es vorziehen, wenn Sie uns für einen Augenblick allein ließen.«

Seit kurzem unterlief es mir, dass ich bei den verschiedensten unpassenden Gelegenheiten unwillkürlich das Wort ›vorziehen‹ verwandte. Mich schauderte bei dem Gedanken, dass der Umgang mit dem Schreiber bereits ernsthaft meinen Geisteszustand angegriffen hatte. Und welche weitreichenderen und tiefergehenden Verirrungen würde er noch zur Folge haben? Nicht zuletzt diese Besorgnis hatte mich zu dem Entschluss geführt, umgehend Maßnahmen zu ergreifen.

Während Nippers sich mit verdrießlicher und beleidigter Miene zurückzog, näherte sich Turkey, ehrerbietig und blass.

»Mit Verlaub, Sir«, sagte er, »gestern habe ich über unseren Bartleby nachgedacht, und ich bin der Meinung, wenn er denn nur vorziehen würde, jeden Tag ein Viertel gutes Ale zu trinken, so würde das schon viel zu seiner Genesung beitragen und es ihm ermöglichen, bei der Überprüfung seiner Abschriften mitzuhelfen.«

»Sie hat das Wort also auch erwischt«, sagte ich, nicht ohne eine gewisse Erregung. »Mit Verlaub, welches Wort, Sir«, fragte Turkey und schob sich respektvoll in den engen Verschlag hinter dem Wandschirm, wodurch er mich gegen den Schreiber drängte, »welches Wort, Sir?«

»Ich würde vorziehen, hier allein zu sein«, sagte Bartleby, als wäre er empört darüber, dass man ihn in seinem privaten Reich belästigte.

»*Das* ist das Wort, Turkey«, sagte ich, »*das* ist es.«

»Ach so, *vorziehen*? In der Tat – seltsames Wort. Ich selbst verwende es nie. Jedoch, Sir, wie ich bereits sagte, wenn er denn nur vorziehen würde –«

»Turkey«, unterbrach ich ihn, »würden Sie uns bitte allein lassen.«

»Gewiss, Sir, wenn Sie das vorziehen.«

Als Turkey die Falttür öffnete, um zu gehen, warf Nippers mir von seinem Schreibtisch aus einen Blick zu und fragte mich, ob ich vorziehen würde, dass er ein bestimmtes Dokument auf blaues oder auf weißes Papier kopierte. Dabei sprach er das Wort ›vorziehen‹ keineswegs

that it involuntarily rolled from his tongue. I thought to myself, surely I must get rid of a demented man, who already has in some degree turned the tongues, if not the heads of myself and clerks. But I thought it prudent not to break the dismission at once.

The next day I noticed that Bartleby did nothing but stand at his window in his dead-wall revery. Upon asking him why he did not write, he said that he had decided upon doing no more writing.

"Why, how now? what next?" exclaimed I, "do no more writing?"

"No more."

"And what is the reason?"

"Do you not see the reason for yourself," he indifferently replied.

I looked steadfastly at him, and perceived that his eyes looked dull and glazed. Instantly it occurred to me, that his unexampled diligence in copying by his dim window for the first few weeks of his stay with me might have temporarily impaired his vision.

I was touched. I said something in condolence with him. I hinted that of course he did wisely in abstaining from writing for a while; and urged him to embrace that opportunity of taking wholesome exercise in the open air. This, however, he did not do. A few days after this, my other clerks being absent, and being in a great hurry to dispatch certain letters by the mail, I thought that, having nothing else earthly to do, Bartleby would surely be less inflexible than usual, and carry these letters to the post-office. But he blankly declined. So, much to my inconvenience, I went myself.

Still added days went by. Whether Bartleby's eyes improved or not, I could not say. To all appearance, I thought they did. But when I asked him if they did, he vouchsafed no answer.

ungewöhnlich oder schelmisch aus; es war ihm offenkundig ohne Absicht entwischt. Auf jeden Fall, so dachte ich bei mir, muss ich diesen gemütskranken Menschen loswerden, der mir und meinen Angestellten schon einigermaßen die Zungen, wenn nicht sogar die Köpfe verdreht hat. Ich hielt es aber für klüger, die Entlassung vorerst noch nicht zu verkünden.

Am nächsten Tag fiel mir auf, dass Bartleby nichts anderes tat als am Fenster zu stehen und starr auf die kahle Mauer hinauszublicken. Als ich ihn fragte, warum er nicht schrieb, gab er zur Antwort, dass er beschlossen hätte, keinerlei Schreibarbeit mehr zu verrichten.

»Was, wie das denn? Und als Nächstes?«, rief ich aus. »Keinerlei Schreibarbeit mehr?«

»Keinerlei.«

»Und aus welchem Grund?«

»Erkennen Sie den Grund nicht selbst?«, gab er unbeteiligt zurück.

Ich sah ihn unverwandt an und stellte fest, dass seine Augen stumpf und glasig waren. Plötzlich kam mir der Gedanke, dass die beispiellose Sorgfalt, mit der er während der ersten Wochen seiner Tätigkeit bei mir im schwachen Licht seines Fensters Abschriften erstellt hatte, seine Sehkraft vorübergehend beeinträchtigt haben mochte.

Das ging mir nahe. Ich sagte etwas zu ihm, um mein Mitgefühl auszudrücken. Ich gab ihm zu verstehen, dass er sicher gut daran tat, eine Zeit lang vom Schreiben Abstand zu nehmen; ich bedrängte ihn, die Gelegenheit zu nutzen und sich an der frischen Luft etwas kräftigende Bewegung zu verschaffen. Er tat es jedoch nicht. Einige Tage später, als meine anderen Angestellten nicht zugegen waren und ich selbst mich in großer Eile befand, weil einige Briefe versandt werden mussten, da kam mir die Idee, dass Bartleby, der ja nicht das Geringste zu tun hatte, gewiss weniger verstockt war als sonst und besagte Briefe zur Post bringen könnte. Doch er lehnte es rundweg ab. Also nahm ich diese Unannehmlichkeit auf mich und ging selbst.

Weitere Tage vergingen. Ob Bartlebys Augen wieder besser wurden, hätte ich nicht zu sagen vermocht. Es wirkte freilich so auf mich; aber wenn ich ihn fragte, ob es denn auch so sei, würdigte er mich kei-

At all events, he would do no copying. At last, in reply to my urgings, he informed me that he had permanently given up copying.

"What!" exclaimed I; "suppose your eyes should get entirely well—better than ever before—would you not copy then?"

"I have given up copying," he answered, and slid aside.

He remained as ever, a fixture in my chamber. Nay—if that were possible—he became still more of a fixture than before. What was to be done? He would do nothing in the office: why should he stay there? In plain fact, he had now become a millstone to me, not only useless as a necklace, but afflictive to bear. Yet I was sorry for him. I speak less than truth when I say that, on his own account, he occasioned me uneasiness. If he would but have named a single relative or friend, I would instantly have written, and urged their taking the poor fellow away to some convenient retreat. But he seemed alone, absolutely alone in the universe. A bit of wreck in the mid Atlantic. At length, necessities connected with my business tyrannized over all other considerations. Decently as I could, I told Bartleby that in six days' time he must unconditionally leave the office. I warned him to take measures, in the interval, for procuring some other abode. I offered to assist him in this endeavor, if he himself would but take the first step towards a removal. "And when you finally quit me, Bartleby," added I, "I shall see that you go not away entirely unprovided. Six days from this hour, remember."

At the expiration of that period, I peeped behind the screen, and lo! Bartleby was there.

I buttoned up my coat, balanced myself; advanced slowly towards him, touched his shoulder, and said, "The time has

ner Antwort. Unter keinen Umständen war er bereit, seine Kopierarbeit wieder aufzunehmen. Nachdem ich immer wieder in ihn gedrungen war, ließ er mich schließlich wissen, dass er das Kopieren endgültig aufgegeben hätte.

»Wie das?«, rief ich. »Wenn Ihre Augen wieder ganz geheilt sind, vielleicht sogar besser geworden sind als sie es je waren – werden Sie auch dann nicht wieder kopieren?«

»Ich habe das Kopieren aufgegeben«, antwortete er und zog sich zurück.

Er blieb an seinem angestammten Platz, gleich einem Inventarstück meiner Kanzlei. Ja, er wurde – falls das möglich war – sogar noch mehr zu einem Inventarstück als zuvor. Was sollte ich tun? Er verrichtete keine Arbeit im Büro; weshalb sollte er also noch bleiben? Er war mir nur noch ein Mühlstein um den Hals, eine nicht allein nutzlose, sondern auch mühsam zu tragende Bürde. Gleichwohl tat er mir leid. Ich sage nicht ganz die Wahrheit, wenn ich behaupte, dass sein Verhalten mir nur Unbehagen bereitete. Hätte er nur einen einzigen Freund oder Verwandten erwähnt, so hätte ich umgehend dorthin geschrieben und dringend darum gebeten, diesen armen Kerl an einen geeigneten Ort zu bringen. Doch er schien allein zu sein, vollkommen allein im ganzen Universum. Ein Wrackteil inmitten des Atlantiks. Schlussendlich triumphierten die Sachzwänge, die mein Geschäft mit sich brachte, über alle anderen Erwägungen. So korrekt wie möglich teilte ich Bartleby mit, dass er mein Büro ohne Wenn und Aber innerhalb von sechs Tagen zu verlassen hatte. Ich legte ihm nahe, sich in der Zwischenzeit eine andere Bleibe zu suchen. Ich bot ihm an, ihn in seinen Bemühungen zu unterstützen, wenn er nur selbst den ersten Schritt zu einem Umzug machen würde. »Und wenn es dann so weit ist, dass Sie mich verlassen, Bartleby«, fügte ich hinzu, »werde ich dafür sorgen, dass Sie nicht gänzlich mittellos gehen. Auf die Stunde genau sechs Tage, denken Sie daran.«

Nachdem die Frist abgelaufen war, lugte ich hinter den Wandschirm und – fand dort Bartleby.

Ich knöpfte meinen Rock zu und stellte mich aufrecht hin; dann ging ich langsam auf ihn zu, legte meine Hand auf seine Schulter und

come; you must quit this place; I am sorry for you; here is money; but you must go."

"I would prefer not," he replied, with his back still towards me.

"You *must.*"

He remained silent.

Now I had an unbounded confidence in this man's common honesty. He had frequently restored to me six pences and shillings carelessly dropped upon the floor, for I am apt to be very reckless in such shirt-button affairs. The proceeding then which followed will not be deemed extraordinary.

"Bartleby," said I, "I owe you twelve dollars on account; here are thirty-two; the odd twenty are yours.—Will you take it?" and I handed the bills towards him.

But he made no motion.

"I will leave them here then," putting them under a weight on the table. Then taking my hat and cane and going to the door I tranquilly turned and added—"After you have removed your things from these offices, Bartleby, you will of course lock the door—since every one is now gone for the day but you—and if you please, slip your key underneath the mat, so that I may have it in the morning. I shall not see you again; so good-bye to you. If hereafter in your new place of abode I can be of any service to you, do not fail to advise me by letter. Good-bye, Bartleby, and fare you well."

But he answered not a word; like the last column of some ruined temple, he remained standing mute and solitary in the middle of the otherwise deserted room.

As I walked home in a pensive mood, my vanity got the better of my pity. I could not but highly plume myself on my masterly management in getting rid of Bartleby. Masterly I call it, and such it must appear to any dispassionate thinker. The beauty of my procedure seemed to consist in its perfect quiet-

sagte: »Es ist so weit; Sie müssen diesen Ort verlassen; es tut mir leid für Sie; hier haben Sie Geld; aber Sie müssen gehen.«

»Ich würde vorziehen, das nicht zu tun«, gab er zurück, ohne sich zu mir umzudrehen.

»Sie *müssen*.«

Er verharrte in Schweigen.

Es war nun so, dass ich unerschütterliches Vertrauen in die schlichte Ehrlichkeit dieses Mannes besaß. Oft hatte er mir Sixpence- oder Shillingmünzen zurückgegeben, die ich aus Unachtsamkeit auf den Boden hatte fallen lassen; ich neige nämlich dazu, arg sorglos zu sein, was derlei Hemdknöpfe angeht. Mein weiteres Vorgehen wird also nicht überraschen.

»Bartleby«, sagte ich, »ich schulde Ihnen vereinbarungsgemäß zwölf Dollar Lohn; hier haben Sie zweiunddreißig, die übrigen zwanzig gehören Ihnen. – Nehmen Sie sie?«, fügte ich hinzu und hielt ihm die Scheine hin.

Doch er zeigte keine Regung.

»Dann lasse ich sie hier«, sagte ich und legte die Scheine unter einen Beschwerer auf den Tisch. Ich nahm Hut und Stock, ging zur Tür, wandte mich in aller Ruhe um und fügte hinzu: »Wenn Sie Ihre Habe aus dieser Kanzlei entfernt haben, Bartleby, dann sperren Sie die Tür ab, es sind ja für heute alle schon weg außer Ihnen; und bitte legen Sie Ihren Schlüssel unter die Fußmatte, sodass ich ihn morgen habe. Ich werde Sie nicht wiedersehen; also leben Sie wohl. Wenn ich Ihnen an Ihrem neuen Aufenthaltsort einmal in irgendeiner Weise behilflich sein kann, versäumen Sie nicht, mich brieflich zu benachrichtigen. Auf Wiedersehen, Bartleby, und leben Sie wohl.«

Doch er gab nicht die leiseste Antwort; wie die letzte Säule eines verfallenen Tempels stand er weiterhin stumm und einsam inmitten des ansonsten leeren Raumes.

Während ich in grüblerischer Stimmung nach Hause ging, gewann meine Eitelkeit die Oberhand über mein Mitleid. Ich hatte allen Grund, außerordentlich stolz zu sein auf die meisterhafte Art und Weise, in der ich Bartleby losgeworden war. Ich nenne sie meisterhaft, und so muss sie wohl auch jedem unbeteiligten Beobachter erscheinen.

ness. There was no vulgar bullying; no bravado of any sort, no choleric hectoring, and striding to and fro across the apartment, jerking out vehement commands for Bartleby to bundle himself off with his beggarly traps. Nothing of the kind. Without loudly bidding Bartleby depart—as an inferior genius might have done—I assumed the ground that depart he must; and upon the assumption built all I had to say. The more I thought over my procedure, the more I was charmed with it. Nevertheless, next morning, upon awakening, I had my doubts,—I had somehow slept off the fumes of vanity. One of the coolest and wisest hours a man has, is just after he awakes in the morning. My procedure seemed as sagacious as ever,—but only in theory. How it would prove in practice—there was the rub. It was truly a beautiful thought to have assumed Bartleby's departure; but, after all, that assumption was simply my own, and none of Bartleby's. The great point was, not whether I had assumed that he would quit me, but whether he would prefer so to do. He was more a man of preferences than assumptions.

After breakfast, I walked down town, arguing the probabilities *pro* and *con*. One moment I thought it would prove a miserable failure, and Bartleby would be found all alive at my office as usual; the next moment it seemed certain that I should see his chair empty. And so I kept veering about. At the corner of Broadway and Canal-street, I saw quite an excited group of people standing in earnest conversation.

"I'll take odds he doesn't," said a voice as I passed.

"Doesn't go?—done!" said I, "put up your money."

Die Eleganz meines Vorgehens lag, wie mir schien, in meiner vollkommenen Gemütsruhe. Ich hatte ihn nicht auf grobe Weise tyrannisiert, war niemals forsch aufgetreten, hatte ihn nie cholerisch drangsaliert, war nicht weit ausholend hin und her durch die Räume geschritten und hatte Bartleby auch nie heftige Befehle entgegengeschleudert, er solle sich packen mit seinen schäbigen Siebensachen. Nichts dergleichen. Ohne Bartleby lautstark zum Gehen aufzufordern – wie es ein kleinerer Geist vielleicht getan hätte –, hatte ich es einfach als gegeben angenommen, dass er gehen musste; und auf diese Annahme hatte ich alles gegründet, was ich ihm zu sagen hatte. Je länger ich über mein Vorgehen nachdachte, desto mehr Gefallen fand ich daran. Nichtsdestoweniger überkamen mich am nächsten Morgen, als ich aufwachte, erste Zweifel – ich hatte gleichsam meinen Eitelkeitsrausch ausgeschlafen. Nur selten ist ein Mann so von Ruhe und Besonnenheit erfüllt wie in der Stunde nach dem morgendlichen Erwachen. Mein Vorgehen erschien mir so klug wie zuvor, allerdings nur in der Theorie. Ob es sich in der Praxis bewähren würde – das war der springende Punkt. Es war wirklich eine hervorragende Idee gewesen, Bartlebys bevorstehenden Weggang als gegeben anzunehmen, doch letzten Endes war nur ich es, der sich auf diese Annahme stützte, und nicht Bartleby. Die entscheidende Frage war nicht, ob ich annahm, dass er mich verlassen würde, sondern ob er vorziehen würde, es zu tun. Er war eher ein Mann von Vorlieben als von Annahmen.

Nach dem Frühstück ging ich in die Stadt und wog dabei die Möglichkeiten des *Für* und *Wider* gegeneinander ab. Im einen Moment glaubte ich, es würde sich alles als furchtbarer Misserfolg erweisen und ich würde Bartleby wie gewöhnlich wohlauf in meiner Kanzlei antreffen; im nächsten Moment war ich mir sicher, dass ich seinen Stuhl leer finden würde. So war ich beständig hin- und hergerissen. An der Kreuzung Broadway und Canal Street sah ich eine Gruppe aufgeregter Passanten, die in ernsthafter Unterhaltung beisammenstanden.

»Ich wette darauf, dass er es nicht tut«, sagte eine Stimme, als ich vorüberging.

»Dass er nicht weggeht? – Angenommen!«, rief ich. »Machen Sie Ihren Einsatz.«

I was instinctively putting my hand in my pocket to produce my own, when I remembered that this was an election day. The words I had overheard bore no reference to Bartleby, but to the success or non–success of some candidate for the mayoralty. In my intent frame of mind, I had, as it were, imagined that all Broadway shared in my excitement, and were debating the same question with me. I passed on, very thankful that the uproar of the street screened my momentary absent-mindedness.

As I had intended, I was earlier than usual at my office door. I stood listening for a moment. All was still. He must be gone. I tried the knob. The door was locked. Yes, my procedure had worked to a charm; he indeed must be vanished. Yet a certain melancholy mixed with this: I was almost sorry for my brilliant success. I was fumbling under the door mat for the key, which Bartleby was to have left there for me, when accidentally my knee knocked against a panel, producing a summoning sound, and in response a voice came to me from within– "Not yet; I am occupied."

It was Bartleby.

I was thunderstruck. For an instant I stood like the man who, pipe in mouth, was killed one cloudless afternoon long ago in Virginia, by summer lightning; at his own warm open window he was killed, and remained leaning out there upon the dreamy afternoon, till some one touched him, when he fell.

"Not gone!" I murmured at last. But again obeying that wondrous ascendancy which the inscrutable scrivener had over me, and from which ascendancy, for all my chafing, I could not completely escape, I slowly went down stairs and out into the street, and while walking round the block, considered what I should next do in this unheard–of perplexity. Turn the man out by an actual thrusting I could not; to drive him away by

Instinktiv griff ich in meine Tasche, um selbst Geld hervorzuholen, als mir einfiel, dass an diesem Tag Wahlen stattfanden. Die Worte, die ich aufgeschnappt hatte, bezogen sich nicht auf Bartleby, sondern auf den Erfolg oder das Scheitern eines Kandidaten für das Bürgermeisteramt. In dem Zustand höchster Anspannung, in dem ich mich befand, hatte ich geglaubt, dass der ganze Broadway meine Aufregung teilte und dieselbe Frage wie ich erörterte. Ich ging weiter und war sehr erleichtert darüber, dass meine kurzzeitige Zerstreutheit im Trubel der Straße unentdeckt blieb.

Wie ich es beabsichtigt hatte, fand ich mich früher als gewöhnlich vor der Tür meiner Kanzlei ein. Ich blieb einen Augenblick stehen und horchte. Nichts regte sich. Er musste verschwunden sein. Ich drehte den Türknauf. Es war abgeschlossen. Mit meiner Vorgehensweise hatte ich also mein Ziel erreicht; er war offensichtlich nicht mehr da. Dennoch verspürte ich einen Anflug von Traurigkeit; fast bedauerte ich meinen glänzenden Erfolg. Ich tastete unter der Fußmatte nach dem Schlüssel, den Bartleby dort für mich hatte zurücklassen sollen, als ich versehentlich mit dem Knie gegen das Türblatt stieß und dadurch ein Geräusch wie ein Anklopfen verursachte, worauf eine Stimme von hinter der Tür zu mir sagte: »Noch nicht; ich bin beschäftigt.«

Es war Bartleby.

Ich war wie vom Donner gerührt. Eine Sekunde lang stand ich da wie der Mann, der vor langer Zeit an einem wolkenlosen Nachmittag in Virginia mit der Pfeife im Mund vom Blitz erschlagen wurde; an einem warmen Sommertag hatte es ihn am Fenster seines Hauses getroffen; er stand noch eine Weile da, hinausgebeugt in den verträumten Nachmittag, bis ihn jemand berührte und er zu Boden fiel.

»Nicht fort!«, murmelte ich schließlich. Doch wiederum beugte ich mich der seltsamen Macht, die dieser unergründliche Schreiber über mich hatte und der ich mich, sosehr sie mir auch gegen den Strich ging, nicht gänzlich entziehen konnte; langsam stieg ich die Treppe hinunter und trat hinaus auf die Straße, und während ich einmal um den Block ging, überlegte ich, was ich als Nächstes tun sollte, so vollkommen ratlos, wie ich war. Den Mann hinauszuwerfen, indem ich

calling him hard names would not do; calling in the police was an unpleasant idea; and yet, permit him to enjoy his cadaverous triumph over me,–this too I could not think of. What was to be done? or, if nothing could be done, was there any thing further that I could assume in the matter? Yes, as before I had prospectively assumed that Bartleby would depart, so now I might retrospectively assume that departed he was. In the legitimate carrying out of this assumption, I might enter my office in a great hurry, and pretending not to see Bartleby at all, walk straight against him as if he were air. Such a proceeding would in a singular degree have the appearance of a home-thrust. It was hardly possible that Bartleby could withstand such an application of the doctrine of assumptions. But upon second thoughts the success of the plan seemed rather dubious. I resolved to argue the matter over with him again.

"Bartleby," said I, entering the office, with a quietly severe expression, "I am seriously displeased. I am pained, Bartleby. I had thought better of you. I had imagined you of such a gentlemanly organization, that in any delicate dilemma a slight hint would suffice–in short, an assumption. But it appears I am deceived. Why," I added, unaffectedly starting, "you have not even touched that money yet," pointing to it, just where I had left it the evening previous.

He answered nothing.

"Will you, or will you not, quit me?" I now demanded in a sudden passion, advancing close to him.

"I would prefer *not* to quit you," he replied, gently emphasizing the *not*.

"What earthly right have you to stay here? Do you pay any rent? Do you pay my taxes? Or is this property yours?"

handgreiflich wurde, war mir nicht möglich; ihn mit schroffen Worten davonzujagen, würde nichts nutzen; die Polizei zu rufen, war keine sehr angenehme Vorstellung; aber zuzulassen, dass er weiterhin seinen leichenblassen Triumph über mich auskostete – auch das war für mich gänzlich unvorstellbar. Was sollte ich also tun? Und wenn ich wirklich nichts tun konnte, gab es dann vielleicht noch etwas anderes, das ich in dieser Sache als gegeben voraussetzen konnte? Ja; denn so wie ich anfangs vorausschauend angenommen hatte, dass Bartleby gehen würde, konnte ich jetzt rückblickend annehmen, er sei tatsächlich gegangen. Wenn ich mich auf diese Annahme stützte, so könnte ich folgerichtig meine Kanzlei mit raschen Schritten betreten, so tun, als sähe ich Bartleby nicht, und geradewegs in ihn hineinlaufen, als wäre er Luft. Ein derartiges Verhalten würde ganz offenkundig wie ein Hinauswurf erscheinen. Es war kaum vorstellbar, dass Bartleby sich einer solchen praktischen Anwendung der Lehre von den Annahmen widersetzen würde. Doch nach längerem Nachdenken erschien mir der Erfolg dieses Vorhabens doch sehr zweifelhaft. Ich beschloss, die Angelegenheit noch einmal mit ihm zu besprechen.

»Bartleby«, sagte ich in ruhigem und strengem Ton, nachdem ich die Kanzlei betreten hatte, »ich bin ernsthaft verstimmt. Ich leide, Bartleby. Das hätte ich von Ihnen nicht erwartet. Ich hatte geglaubt, Sie sind Gentleman genug, dass Ihnen in jeder diffizilen Lage schon ein leiser Wink genügen würde – kurz gesagt, eine Annahme. Doch offensichtlich enttäuschen Sie mich. Aber was sehe ich hier«, fügte ich hinzu und machte eine unwillkürliche Bewegung, »Sie haben das Geld ja noch nicht einmal angerührt.« Ich zeigte auf die Scheine, die noch immer dort lagen, wo ich sie am Vorabend zurückgelassen hatte.

Er gab keine Antwort.

»Werden Sie mich nun verlassen oder nicht?«, fragte ich ihn plötzlich in einem Anfall von Leidenschaft und trat dicht an ihn heran.

»Ich würde vorziehen, Sie *nicht* zu verlassen«, gab er zurück, indem er das *nicht* sanft betonte.

»Was um alles in der Welt gibt Ihnen das Recht hierzubleiben? Zahlen Sie vielleicht Miete? Zahlen Sie meine Steuern? Oder gehören diese Räume etwa Ihnen?«

He answered nothing.

"Are you ready to go on and write now? Are your eyes recovered? Could you copy a small paper for me this morning? or help examine a few lines? or step round to the post-office? In a word, will you do any thing at all, to give a coloring to your refusal to depart the premises?"

He silently retired into his hermitage.

I was now in such a state of nervous resentment that I thought it but prudent to check myself at present from further demonstrations. Bartleby and I were alone. I remembered the tragedy of the unfortunate Adams and the still more unfortunate Colt in the solitary office of the latter; and how poor Colt, being dreadfully incensed by Adams, and imprudently permitting himself to get wildly excited, was at unawares hurried into his fatal act–an act which certainly no man could possibly deplore more than the actor himself. Often it had occurred to me in my ponderings upon the subject, that had that altercation taken place in the public street, or at a private residence, it would not have terminated as it did. It was the circumstance of being alone in a solitary office, up stairs, of a building entirely unhallowed by humanizing domestic associations–an uncarpeted office, doubtless, of a dusty, haggard sort of appearance;–this it must have been, which greatly helped to enhance the irritable desperation of the hapless Colt.

But when this old Adam of resentment rose in me and tempted me concerning Bartleby, I grappled him and threw him. How? Why, simply by recalling the divine injunction: "A new commandment give I unto you, that ye love one another." Yes, this it was that saved me. Aside from higher considerations, charity often operates as a vastly wise and prudent principle–a great safeguard to its possessor. Men have committed murder for jealousy's sake, and anger's sake, and ha-

Er antwortete nicht.

»Können Sie jetzt wieder schreiben? Sind Ihre Augen genesen? Könnten Sie heute Vormittag ein kurzes Schriftstück für mich kopieren? Oder mithelfen, ein paar Zeilen zu überprüfen? Oder zur Post gehen? Mit einem Wort, sind Sie bereit, irgendetwas zu tun, um die Tatsache zu rechtfertigen, dass Sie sich weigern, diese Räume zu verlassen?«

Er zog sich schweigend in seine Klause zurück.

Ich war nun so sehr erregt und verärgert, dass ich es für klug hielt, mich zu beherrschen und von weiteren Vorhaltungen abzusehen. Bartleby und ich waren allein in der Kanzlei. Ich erinnerte mich an die Tragödie des beklagenswerten Adams und des noch beklagenswerteren Colt*, die sich im verlassenen Büro des Letzteren abgespielt hatte; der arme Colt war von Adams ganz fürchterlich aufgestachelt worden und hatte sich unvorsichtigerweise in höchste Erregung bringen und sich so unbewusst zu seiner fatalen Tat hinreißen lassen – eine Tat, die gewiss niemand mehr bedauerte als der Täter selbst. Bei meinen Überlegungen zu dem Vorfall war ich immer wieder zu der Einschätzung gelangt, dass diese Auseinandersetzung, hätte sie auf offener Straße oder in privaten Räumlichkeiten stattgefunden, niemals ein solches Ende genommen hätte. Der Umstand, dass die beiden sich allein in einem verlassenen Büro befanden, im ersten Stock eines Gebäudes, das der segensreichen Belebung durch menschliche und häusliche Angelegenheiten gänzlich ermangelte, wahrscheinlich in verstaubten, schäbigen Büroräumen ohne Teppiche – das musste der Grund gewesen sein, weshalb die nervöse Verzweiflung des unglückseligen Colt sich so sehr ausgewachsen hatte.

Als nun der grollende Adam in mir erwachte und mich mit Blick auf Bartleby versuchen wollte, rang ich mit ihm und warf ihn zu Boden. Wie das? Nun, einfach indem ich mir die göttliche Verfügung in Erinnerung rief: »Ein neues Gebot gebe ich euch, dass ihr euch untereinander liebt.«* Ja, diese Worte haben mich gerettet. Denn abgesehen von höheren Überlegungen kann die Nächstenliebe oft auch als eine Maxime von großer Klugheit und Vorsicht dienen – und wer sie pflegt, dem ist sie ein sicherer Schutz. Die Menschen haben aus

tred's sake, and selfishness' sake, and spiritual pride's sake; but no man that ever I heard of, ever committed a diabolical murder for sweet charity's sake. Mere self-interest, then, if no better motive can be enlisted, should, especially with high-tempered men, prompt all beings to charity and philanthropy. At any rate, upon the occasion in question, I strove to drown my exasperated feelings towards the scrivener by benevolently construing his conduct. Poor fellow, poor fellow! thought I, he don't mean any thing; and besides, he has seen hard times, and ought to be indulged.

I endeavored also immediately to occupy myself, and at the same time to comfort my despondency. I tried to fancy that in the course of the morning, at such time as might prove agreeable to him, Bartleby, of his own free accord, would emerge from his hermitage, and take up some decided line of march in the direction of the door. But no. Half-past twelve o'clock came; Turkey began to glow in the face, overturn his inkstand, and become generally obstreperous; Nippers abated down into quietude and courtesy; Ginger Nut munched his noon apple; and Bartleby remained standing at his window in one of his profoundest deadwall reveries. Will it be credited? Ought I to acknowledge it? That afternoon I left the office without saying one further word to him.

Some days now passed, during which, at leisure intervals I looked a little into "Edwards in the Will," and "Priestley on Necessity." Under the circumstances, those books induced a salutary feeling. Gradually I slid into the persuasion that these troubles of mine touching the scrivener, had been all predestinated from eternity, and Bartleby was billeted upon me for some mysterious purpose of an allwise Providence, which it was not for a mere mortal like me to fathom. Yes, Bartleby, stay there behind your screen, thought I; I shall persecute you no more; you are harmless and noiseless as any of these

Eifersucht gemordet, aus Zorn, aus Hass, aus Selbstsucht und aus geistigem Hochmut; doch ich habe niemals von einem Menschen gehört, der einen heimtückischen Mord aus reiner Nächstenliebe begangen hätte. Daher sollten sich alle Menschen, und vornehmlich die hitzköpfigen, wenn sich denn kein besserer Grund finden lässt, schon aus bloßem Eigeninteresse der Nächstenliebe und der Menschenfreundlichkeit verschreiben. In der fraglichen Angelegenheit jedenfalls bemühte ich mich, meine wütende Verzweiflung gegenüber dem Schreiber zu unterdrücken, indem ich sein Verhalten mit Wohlwollen betrachtete. Der arme Kerl, der arme Kerl, so dachte ich, er hat ja keine bösen Absichten; außerdem hat er einiges durchgemacht und man sollte nachsichtig mit ihm sein.

Ich sah mich jetzt unverzüglich nach einer Beschäftigung um und bemühte mich gleichzeitig, mir in meiner Niedergeschlagenheit Trost zuzusprechen. Ich malte mir aus, wie Bartleby im Lauf des Vormittags, zu einem Zeitpunkt, der ihm gelegen war, aus freien Stücken seine Klause verlassen und mit entschlossenen Schritten zur Tür gehen würde. Doch nichts geschah. Es wurde halb eins; Turkeys Gesicht begann zu glühen, er warf sein Tintenfass um und wurde auch sonst recht aufsässig; Nippers versank in Stille und Höflichkeit; Ginger Nut mümmelte seinen Mittagsapfel; und Bartleby stand weiterhin an seinem Fenster und starrte, so apathisch, wie ich ihn noch selten gesehen hatte, auf die kahle Mauer. Wird man es für möglich halten? Soll ich es zugeben? An diesem Nachmittag verließ ich das Büro, ohne noch einmal das Wort an ihn zu richten.

Einige Tage vergingen; in dieser Zeit las ich in meinen Mußestunden ein wenig in Edwards' »Will« und Priestleys »Necessity«.* Unter den gegebenen Umständen hatten diese Bücher eine heilsame Wirkung auf mich. Allmählich gelangte ich zu der Einsicht, dass mir die Mühen, die ich mit dem Schreiber hatte, seit Ewigkeiten vorausbestimmt waren, und dass eine allwissende Vorsehung mir Bartleby gesandt hatte mit einer unerfindlichen Absicht, die zu erkennen einem bloßen Sterblichen wie mir versagt blieb. Wohlan, Bartleby, verharre dort hinter deinem Wandschirm, dachte ich; ich werde dich nicht weiter verfolgen; du bist so harmlos und ruhig wie einer von diesen alten

old chairs; in short, I never feel so private as when I know you are here. At least I see it, I feet it; I penetrate to the predestinated purpose of my life. I am content. Others may have loftier parts to enact; but my mission in this world, Bartleby, is to furnish you with office-room for such period as you may see fit to remain.

I believe that this wise and blessed frame of mind would have continued with me, had it not been for the unsolicited and uncharitable remarks obtruded upon me by my professional friends who visited the rooms. But thus it often is, that the constant friction of illiberal minds wears out at last the best resolves of the more generous. Though to be sure, when I reflected upon it, it was not strange that people entering my office should be struck by the peculiar aspect of the unaccountable Bartleby, and so be tempted to throw out some sinister observations concerning him. Sometimes an attorney having business with me, and calling at my office, and finding no one but the scrivener there, would undertake to obtain some sort of precise information from him touching my whereabouts; but without heeding his idle talk, Bartleby would remain standing immovable in the middle of the room. So after contemplating him in that position for a time, the attorney would depart, no wiser than he came.

Also, when a Reference was going on, and the room full of lawyers and witnesses and business was driving fast; some deeply occupied legal gentleman present, seeing Bartleby wholly unemployed, would request him to run round to his (the legal gentleman's) office and fetch some papers for him. Thereupon, Bartleby would tranquilly decline, and remain idle as before. Then the lawyer would give a great stare, and turn to me. And what could I say? At last I was made aware that all through the circle of my professional acquaintance, a whisper of wonder was running round, having reference to the strange creature I kept at my office. This worried me very much. And as the idea came upon me of his possibly turning out a long-

Stühlen hier; kurz gesagt, nie fühle ich mich so ungestört wie wenn ich weiß, dass du hier bist. Endlich erkenne ich es, fühle ich es: Ich stoße vor zum vorausbestimmten Zweck meines Daseins. Ich bin zufrieden. Andere mögen bedeutendere Rollen zu erfüllen haben, doch meine Aufgabe ist es, dir, Bartleby, so lange Raum in meinem Büro zur Verfügung zu stellen, wie du zu bleiben beliebst.

Ich glaube, dass dieser weise und selige Gemütszustand noch länger angedauert hätte, wären da nicht die ungebetenen und ruppigen Äußerungen gewesen, die ich mir von Geschäftsfreunden anhören musste, welche mich in meiner Kanzlei aufsuchten. Doch oftmals geht es eben so, dass ein wohlwollender Mensch durch das beständige Zusetzen bornierter Geister schließlich auch die besten Vorhaben fallen lässt. Als ich darüber nachdachte, erschien es mir freilich nicht ungewöhnlich, dass der seltsame Anblick des rätselhaften Bartleby den Besuchern meiner Kanzlei ins Auge stach und sie zu gehässigen Bemerkungen über ihn veranlasste. Manchmal geschah es, dass etwa ein Anwalt, dem ich geschäftlich verbunden war, in meiner Kanzlei vorsprach, dort nur den Schreiber antraf und versuchte, von ihm nähere Auskunft über meinen Verbleib zu erhalten; doch ohne die vergeblichen Worte des anderen zu beachten, blieb Bartleby dann einfach reglos in der Mitte des Raumes stehen. Nachdem er ihn eine Weile in dieser Haltung betrachtet hatte, machte sich der Anwalt wieder auf den Weg und war nicht klüger als zuvor.

Ähnlich war es, wenn sich während einer Anhörung Anwälte und Zeugen in unseren Räumen drängten und überall höchste Geschäftigkeit herrschte. Dann konnte es geschehen, dass einer der Anwälte, tief in seine Arbeit versunken, sah, wie Bartleby gänzlich ohne Beschäftigung dastand, und ihm auftrug, in seine (des Anwalts) Kanzlei zu gehen und von dort einige Dokumente zu holen. Bartleby lehnte dies in aller Ruhe ab und verharrte so tatenlos wie zuvor. Daraufhin starrte ihn der Anwalt mit großen Augen an und wandte sich an mich. Was sollte ich da sagen? Schließlich wurde ich darauf hingewiesen, dass man in den Kreisen derer, mit denen ich beruflich verkehrte, schon die Köpfe zusammensteckte und verwundert über das exotische Geschöpf tuschelte, das ich in meiner Kanzlei hielt. Dies beunruhigte mich sehr.

lived man, and keep occupying my chambers, and denying my authority; and perplexing my visitors; and scandalizing my professional reputation; and casting a general gloom over the premises; keeping soul and body together to the last upon his savings (for doubtless he spent but half a dime a day), and in the end perhaps outlive me, and claim possession of my office by right of his perpetual occupancy: as all these dark anticipations crowded upon me more and more, and my friends continually intruded their relentless remarks upon the apparition in my room; a great change was wrought in me. I resolved to gather all my faculties together, and for ever rid me of this intolerable incubus.

Ere revolving any complicated project, however, adapted to this end, I first simply suggested to Bartleby the propriety of his permanent departure. In a calm and serious tone, I commended the idea to his careful and mature consideration. But having taken three days to meditate upon it, he apprised me that his original determination remained the same; in short, that he still preferred to abide with me.

What shall I do? I now said to myself, buttoning up my coat to the last button. What shall I do? what ought I to do? what does conscience say I *should* do with this man, or rather ghost. Rid myself of him, I must; go, he shall. But how? You will not thrust him, the poor, pale, passive mortal,–you will not thrust such a helpless creature out of your door? you will not dishonor yourself by such cruelty? No, I will not, I cannot do that. Rather would I let him live and die here, and then mason up his remains in the wall. What then will you do? For all your coaxing, he will not budge. Bribes he leaves under your own paperweight on your table; in short, it is quite plain that he prefers to cling to you.

Als ich mir dann vorstellte, dass er vielleicht ein hohes Alter erreichen, weiterhin meine Räume in Beschlag nehmen und sich meiner Autorität verweigern würde; meine Besucher vor den Kopf stoßen und meine berufliche Reputation beschädigen und ganz allgemein einen Schatten auf meine Kanzlei werfen würde; dass er mit seinen Ersparnissen Leib und Seele bis zum Ende zusammenhalten würde (denn er gab sicher nicht mehr als einen halben Dime am Tag aus); mich schließlich vielleicht überleben und dann aufgrund seines gewohnheitsmäßigen Verbleibens Besitzansprüche auf mein Büro geltend machen würde – als all diese düsteren Vorahnungen sich immer mehr meiner bemächtigten und auch meine Freunde weiterhin ihre mitleidlosen Bemerkungen über diese Erscheinung in meinen Räumen fallen ließen, hatte dies eine große Veränderung in meinem Inneren zur Folge. Ich beschloss, all meine Kräfte zusammenzunehmen und mich ein für alle Mal von diesem Albtraum zu befreien.

Bevor ich jedoch zu diesem Zweck ein ausgeklügeltes Verfahren ersann, setzte ich Bartleby zunächst einfach auseinander, dass es nur schicklich wäre, wenn er mich endgültig verließe. Mit ruhigen und ernsten Worten legte ich ihm nahe, sich die Sache sorgsam und reiflich zu überlegen. Doch nachdem er sich drei Tage Zeit genommen hatte, um darüber nachzudenken, setzte er mich davon in Kenntnis, dass er bei seinem ursprünglichen Entschluss blieb; kurz, dass er weiterhin vorzog, bei mir zu bleiben.

Was soll ich jetzt tun, fragte ich mich, während ich meinen Rock bis oben hin zuknöpfte. Was kann ich tun; und was müsste ich tun? Was *sollte* ich meinem Gewissen zufolge tun mit diesem Mann oder besser gesagt Gespenst? Ich musste mich von ihm befreien, das stand fest; er würde gehen müssen. Doch wie das anfangen? Du wirst ihn ja wohl nicht hinauswerfen, dieses arme, blasse, duldende Menschenkind – du wirst doch so ein hilfloses Geschöpf nicht vor die Tür setzen? Du wirst doch nicht durch eine solch hartherzige Tat Schande über dich bringen? Nein, das werde ich nicht tun, das kann ich nicht tun. Lieber lasse ich ihn hier leben und sterben und mauere dann seine Überreste in der Wand ein. Aber was wirst du dann tun? So sehr du auch auf ihn einredest, er bewegt sich nicht. Auch das Handgeld un-

Then something severe, something unusual must be done. What! surely you will not have him collared by a constable, and commit his innocent pallor to the common jail? And upon what ground could you procure such a thing to be done?–a vagrant, is he? What! he a vagrant, a wanderer, who refuses to budge? It is because he will not be a vagrant, then, that you seek to count him as a vagrant. That is too absurd. No visible means of support: there I have him. Wrong again: for indubitably he *does* support himself, and that is the only unanswerable proof that any man can show of his possessing the means so to do. No more then. Since he will not quit me, I must quit him. I will change my offices; I will move elsewhere; and give him fair notice, that if I find him on my new premises I will then proceed against him as a common trespasser.

Acting accordingly, next day I thus addressed him: "I find these chambers too far from the City Hall; the air is unwholesome. In a word, I propose to remove my offices next week, and shall no longer require your services. I tell you this now, in order that you may seek another place."

He made no reply, and nothing more was said.

On the appointed day I engaged carts and men, proceeded to my chambers, and having but little furniture, every thing was removed in a few hours. Throughout, the scrivener remained standing behind the screen, which I directed to be removed the last thing. It was withdrawn; and being folded up like a huge folio, left him the motionless occupant of a naked room. I stood in the entry watching him a moment, while something from within me upbraided me.

ter dem Briefbeschwerer auf deinem Tisch rührt er nicht an; kurz gesagt, es ist mehr als offensichtlich, dass er vorzieht, sich weiter an dich zu klammern.

Dann ist also ein drakonischeres, ungewöhnlicheres Vorgehen vonnöten. Aber nein – du wirst ihn doch wohl nicht von einem Wachtmeister festnehmen und ihn in seiner bleichen Unschuld ins Gefängnis werfen lassen? Und mit welcher Begründung könntest du dies auch erwirken? Ist er etwa ein Landstreicher? Was – er ein Landstreicher und Herumtreiber, er, der sich um keinen Preis bewegen will? Weil er also gerade *kein* Herumtreiber ist, soll er als ein solcher gelten? Das ist doch zu abwegig. Verfügt nicht über die Mittel, für sich selbst zu sorgen: Damit kriege ich ihn. Abermals nein; denn ganz ohne Zweifel versorgt er sich *sehr wohl* selbst, und das ist der einzige unanfechtbare Beweis, den ein Mensch eben dafür erbringen kann, dass er die entsprechenden Mittel hat. Genug davon. Da er mich nicht verlassen will, muss ich ihn verlassen. Ich werde meine Kanzleiräume verlegen; ich werde umziehen und ihm deutlich zu verstehen geben, dass ich, sollte ich ihn in meinen neuen Räumen antreffen, gegen ihn vorgehen werde wie gegen einen ganz gewöhnlichen Eindringling.

Gemäß meinem Vorhaben wandte ich mich am nächsten Tag mit folgenden Worten an ihn: »Ich finde, diese Räume hier sind zu weit vom Rathaus entfernt; die Luft ist ungesund. Mit einem Wort, ich beabsichtige, meine Kanzlei nächste Woche zu verlegen, und werde dann Ihrer Dienste nicht mehr bedürfen. Ich unterrichte Sie bereits jetzt davon, sodass Sie die Möglichkeit haben, eine neue Bleibe zu suchen.«

Er gab keine Antwort, und wir wechselten kein weiteres Wort.

Am festgesetzten Tag heuerte ich einige Männer mit Karren an und begab mich in meine Kanzlei, und da ich nur wenig Ausstattung besaß, war der Umzug in ein paar Stunden erledigt. Während der ganzen Zeit blieb der Schreiber hinter dem Wandschirm stehen, welcher gemäß meinen Anweisungen als Letztes weggeschafft wurde. Man entfernte den Schirm, und als man ihn wie einen riesigen Folioband eingeklappt hatte, blieb der Schreiber zurück, als regloser Bewohner eines leeren Raumes. Ich stand im Vorzimmer und beobachtete ihn eine Weile, als ich mir auf einmal selbst Vorwürfe zu machen begann.

I re-entered, with my hand in my pocket–and–and my heart in my mouth.

"Good-bye, Bartleby; I am going–good-bye, and God some way bless you; and take that," slipping something in his hand. But it dropped upon the floor, and then,–strange to say–I tore myself from him whom I had so longed to be rid of.

Established in my new quarters, for a day or two I kept the door locked, and started at every footfall in the passages. When I returned to my rooms after any little absence, I would pause at the threshold for an instant, and attentively listen, ere applying my key. But these fears were needless. Bartleby never came nigh me.

I thought all was going well, when a perturbed looking stranger visited me, inquiring whether I was the person who had recently occupied rooms at No.–Wall-street.

Full of forebodings, I replied that I was.

"Then sir," said the stranger, who proved a lawyer, "you are responsible for the man you left there. He refuses to do any copying; he refuses to do any thing; he says he prefers not to; and he refuses to quit the premises."

"I am very sorry, sir," said I, with assumed tranquillity, but an inward tremor, "but, really, the man you allude to is nothing to me–he is no relation or apprentice of mine, that you should hold me responsible for him."

"In mercy's name, who is he?"

"I certainly cannot inform you. I know nothing about him. Formerly I employed him as a copyist; but he has done nothing for me now for some time past."

"I shall settle him then,–good morning, sir."

Several days passed, and I heard nothing more; and though I often felt a charitable prompting to call at the place and see

Ich ging wieder zurück, mit den Händen in den Taschen und – und einem Herz, das mir bis zum Hals schlug.

»Auf Wiedersehen, Bartleby; ich gehe jetzt – auf Wiedersehen, und Gott segne Sie irgendwie. Nehmen Sie das«, sagte ich noch und steckte ihm etwas zu. Doch es fiel zu Boden, und dann – so seltsam das auch klingen mag – riss ich mich los von ihm, dessen ledig zu sein ich mich so sehr gesehnt hatte.

Als ich in meinem neuen Büro eingerichtet war, ließ ich während der ersten Tage die Tür verschlossen, und immer wenn ich Schritte auf dem Korridor hörte, schreckte ich auf. Jedes Mal, wenn ich in meine Kanzlei zurückkehrte, und war ich auch noch so kurz weg gewesen, hielt ich vor der Eingangstür kurz inne und spitzte die Ohren, bevor ich den Schlüssel ins Schloss steckte. Doch meine Befürchtungen waren unbegründet; Bartleby zeigte sich niemals in meiner Nähe.

Ich glaubte, nun sei alles in Ordnung, als ein verstört dreinblickender Fremder bei mir vorsprach und fragte, ob ich derjenige sei, der bis vor Kurzem Räume in der Wall Street Nr. … belegt hatte.

Voller Vorahnung bestätigte ich dies.

»Dann, Sir«, sagte der Fremde, der sich als Anwalt erwies, »tragen Sie die Verantwortung für den Mann, den Sie dort zurückgelassen haben. Er weigert sich, Kopierarbeit zu leisten; ja, er weigert sich, überhaupt etwas zu tun; er sagt, er ziehe es vor, nichts zu tun; und er weigert sich, die Räume zu verlassen.«

»Es tut mir sehr leid, Sir«, sagte ich, äußerlich ruhig, doch innerlich zitternd, »aber mit dem Mann, vom dem Sie sprechen, verbindet mich ehrlich gesagt nicht das Geringste; ich bin nicht mit ihm verwandt, und er ist mir auch nicht zur Ausbildung anvertraut, sodass Sie mich für ihn verantwortlich machen könnten.«

»Wer um Himmels willen ist er dann?«

»Darüber kann ich Ihnen keinerlei Auskunft geben. Ich weiß nichts über ihn. Vor einiger Zeit war er bei mir als Schreiber angestellt, doch er hat schon eine Weile nicht mehr für mich gearbeitet.«

»Dann werde ich ihn mir selbst vorknöpfen. – Guten Tag, Sir.«

Einige Tage vergingen, und ich hörte nichts mehr von ihm; und obgleich mein Mitgefühl mich oftmals drängte, meine alten Räumlich-

poor Bartleby, yet a certain squeamishness of I know not what withheld me.

All is over with him, by this time, thought I at last, when through another week no further intelligence reached me.

But coming to my room the day after, I found several persons waiting at my door in a high state of nervous excitement.

"That's the man—here he comes," cried the foremost one, whom I recognized as the lawyer who had previously called upon me alone.

"You must take him away, sir, at once," cried a portly person among them, advancing upon me, and whom I knew to be the landlord of No.—Wall-street. "These gentlemen, my tenants, cannot stand it any longer; Mr. B—" pointing to the lawyer, "has turned him out of his room, and he now persists in haunting the building generally, sitting upon the banisters of the stairs by day, and sleeping in the entry by night. Every body is concerned; clients are leaving the offices; some fears are entertained of a mob; something you must do, and that without delay."

Aghast at this torrent, I fell back before it, and would fain have locked myself in my new quarters. In vain I persisted that Bartleby was nothing to me—no more than to any one else. In vain:—I was the last person known to have any thing to do with him, and they held me to the terrible account. Fearful then of being exposed in the papers (as one person present obscurely threatened) I considered the matter, and at length said, that if the lawyer would give me a confidential interview with the scrivener, in his (the lawyer's) own room, I would that afternoon strive my best to rid them of the nuisance they complained of.

Going up stairs to my old haunt, there was Bartleby silently sitting upon the banister at the landing.

keiten aufzusuchen und nach Bartleby zu sehen, hielt mich eine unerklärliche Befangenheit davon ab.

Nun ist es also vorbei mit ihm, dachte ich schließlich, nachdem mich eine weitere Woche lang keine Nachricht mehr von ihm erreicht hatte.

Doch als ich am nächsten Tag in mein Büro kam, warteten dort mehrere Leute vor meiner Tür, alle in einem Zustand höchster Erregung.

»Das ist er, dort kommt er«, rief einer, der ihr Anführer zu sein schien und in dem ich den Anwalt wiedererkannte, der mich einige Zeit zuvor allein aufgesucht hatte.

»Sie müssen ihn wegschaffen, Sir, und das sofort«, rief einer von ihnen, ein korpulenter Herr, und kam auf mich zu. Es war der Eigentümer des Hauses Wall Street Nr. ... »Diese Herrschaften hier, meine Mieter, können das nicht länger dulden. Mr B.« – dabei wies er auf den Anwalt – »hat ihn aus seinem Zimmer hinausgeworfen, und jetzt spukt er im ganzen Gebäude herum, sitzt tagsüber auf dem Treppengeländer und schläft in der Nacht in der Eingangshalle. Alle sind beunruhigt; die Mandanten laufen davon; auch fürchtet man, hier sei eine ganze Bande am Werk; Sie müssen etwas unternehmen, und zwar unverzüglich.«

Konsterniert angesichts dieses Ansturms wich ich zurück und hätte mich am liebsten in meinen neuen Räumen verbarrikadiert. Vergeblich beteuerte ich, dass ich mit Bartleby in keinerlei Verbindung stand, nicht mehr als irgendjemand sonst. Ohne Erfolg: Ich hatte, soweit man wusste, als Letzter mit ihm zu schaffen gehabt, und so machte man mich für ausnahmslos alles verantwortlich. Weil ich fürchtete, in den Zeitungen bloßgestellt zu werden (so etwas hatte einer der Anwesenden vage angedroht), dachte ich noch einmal über die Sache nach und kündigte dann an, dass ich, falls der Anwalt mir ein vertrauliches Gespräch mit dem Schreiber in seinen (des Anwalts) Räumen ermöglichen würde, noch am selben Nachmittag alles daran setzen würde, sie von den Unannehmlichkeiten zu befreien, über die sie so klagten.

Als ich die Treppe zu meiner alten Wirkungsstätte hinaufstieg, fand ich Bartleby, wie er schweigend auf dem Geländer im Treppenhaus saß.

"What are you doing here, Bartleby?" said I.

"Sitting upon the banister," he mildly replied.

I motioned him into the lawyer's room, who then left us.

"Bartleby," said I, "are you aware that you are the cause of great tribulation to me, by persisting in occupying the entry after being dismissed from the office?"

No answer.

"Now one of two things must take place. Either you must do something or something must be done to you. Now what sort of business would you like to engage in? Would you like to re-engage in copying for some one?"

"No; I would prefer not to make any change."

"Would you like a clerkship in a dry-goods store?"

"There is too much confinement about that. No, I would not like a clerkship; but I am not particular."

"Too much confinement," I cried, "why you keep yourself confined all the time!"

"I would prefer not to take a clerkship," he rejoined, as if to settle that little item at once.

"How would a bar-tender's business suit you? There is no trying of the eyesight in that."

"I would not like it at all; though, as I said before, I am not particular."

His unwonted wordiness inspirited me. I returned to the charge.

"Well then, would you like to travel through the country collecting bills for the merchants? That would improve your health."

"No, I would prefer to be doing something else."

"How then would going as a companion to Europe, to entertain some young gentleman with your conversation,—how would that suit you?"

"Not at all. It does not strike me that there is any thing definite about that. I like to be stationary. But I am not particular."

»Was machen Sie hier, Bartleby?«, fragte ich ihn.

»Ich sitze auf dem Geländer«, antwortete er sanft.

Ich führte ihn in das Zimmer des Anwalts, der uns daraufhin allein ließ.

»Bartleby«, sagte ich, »sind Sie sich bewusst, dass Sie mir großen Kummer bereiten, wenn Sie weiterhin die Eingangshalle belegen, obwohl Sie aus dem Dienst entlassen sind?«

Keine Antwort.

»Es muss nun etwas geschehen, und es gibt nur zwei Möglichkeiten. Entweder Sie unternehmen etwas, oder man wird etwas mit Ihnen unternehmen. Also, welche Art von Tätigkeit möchten Sie aufnehmen? Möchten Sie wieder für jemanden Kopierarbeiten erledigen?«

»Nein; ich würde vorziehen, nichts zu verändern.«

»Wären Sie gerne Buchhalter in einem Kurzwarenladen?«

»Das käme einem Gefangenhalten gleich. Nein, ich wäre nicht gerne Buchhalter; doch ich bin nicht wählerisch.«

»Einem Gefangenhalten«, rief ich aus, »aber hier halten Sie sich doch auch gefangen!«

»Ich würde vorziehen, keine Stelle als Buchhalter anzutreten«, fügte er knapp hinzu, als wollte er diese Frage endgültig klären.

»Wie wäre es denn als Barmann? Das belastet Ihre Augen nicht.«

»Das würde ich nun gar nicht wollen; jedoch bin ich, wie gesagt, nicht wählerisch.«

Seine überraschende Redseligkeit machte mir Mut. Ich versuchte es noch einmal.

»Würden Sie vielleicht lieber herumreisen und im Auftrag von Kaufleuten Rechnungen eintreiben? Das würde Ihrer Gesundheit gut tun.«

»Nein, ich würde vorziehen, etwas anderes zu tun.«

»Und als Reisebegleiter nach Europa zu gehen, mit einem jungen Gentleman, um mit ihm Konversation zu treiben – wie würde Ihnen das gefallen?«

»Ganz und gar nicht. Ich habe nicht den Eindruck, dass das etwas Gesichertes wäre. Ich bleibe lieber an einem Ort. Jedoch bin ich nicht wählerisch.«

"Stationary you shall be then," I cried, now losing all patience, and for the first time in all my exasperating connection with him fairly flying into a passion. "If you do not go away from these premises before night, I shall feel bound–indeed I *am* bound–to-to-to quit the premises myself!" I rather absurdly concluded, knowing not with what possible threat to try to frighten his immobility into compliance. Despairing of all further efforts, I was precipitately leaving him, when a final thought occurred to me–one which had not been wholly unindulged before.

"Bartleby," said I, in the kindest tone I could assume under such exciting circumstances, "will you go home with me now–not to my office, but my dwelling–and remain there till we can conclude upon some convenient arrangement for you at our leisure? Come, let us start now, right away."

"No: at present I would prefer not to make any change at all."

I answered nothing; but effectually dodging every one by the suddenness and rapidity of my flight, rushed from the building, ran up Wall-street towards Broadway, and jumping into the first omnibus was soon removed from pursuit. As soon as tranquillity returned I distinctly perceived that I had now done all that I possibly could, both in respect to the demands of the landlord and his tenants, and with regard to my own desire and sense of duty, to benefit Bartleby, and shield him from rude persecution. I now strove to be entirely carefree and quiescent; and my conscience justified me in the attempt; though indeed it was not so successful as I could have wished. So fearful was I of being again hunted out by the incensed landlord and his exasperated tenants, that, surrendering my business to Nippers, for a few days I drove about the

»Dann bleiben Sie eben an einem Ort!«, rief ich aus. Ich hatte nun endgültig die Geduld verloren, und zum ersten Mal während dieser nervenaufreibenden Geschichte mit Bartleby packte mich ein regelrechter Wutanfall. »Wenn Sie diese Räume bis heute Abend nicht verlassen haben, dann sehe ich mich gezwungen – nein, dann *bin* ich gezwungen, dann muss ich – muss ich – dann muss ich diese Räume selbst verlassen!« Mit dieser absurden Warnung schloss ich, da ich nicht wusste, mit welchen Drohungen ich ihn noch weiter hätte einschüchtern können, sodass er seinen Starrsinn aufgegeben und sich endlich gefügt hätte. Ich ließ jegliche Hoffnung fahren und wollte schon Hals über Kopf davonlaufen, als mir plötzlich noch eine letzte Möglichkeit in den Sinn kam – eine Möglichkeit, die ich schon zuvor nicht ganz außer Acht gelassen hatte.

»Bartleby«, sagte ich so wohlwollend, wie es mir unter solch bewegten Umständen nur möglich war, »wollen Sie mit zu mir nach Hause kommen – nicht in meine Kanzlei, sondern in meine Wohnung – und dort bleiben, bis wir, ganz nach unserem Belieben, eine zufriedenstellende Lösung für Sie gefunden haben? Kommen Sie, gehen wir jetzt, jetzt sofort.«

»Nein; gegenwärtig würde ich vorziehen, keinerlei Veränderung vorzunehmen.«

Ich entgegnete nichts mehr, sondern stürzte plötzlich und hastig aus dem Gebäude, wich dabei allen Entgegenkommenden geschickt aus, lief die Wall Street hinauf zum Broadway, sprang in den erstbesten Omnibus und war bald außer Reichweite. Nachdem ich wieder zur Ruhe gefunden hatte, kam ich zu der Gewissheit, dass ich nun alles in meiner Macht Stehende getan hatte, sowohl im Hinblick auf die Forderungen des Hauseigentümers und seiner Mieter als auch auf mein eigenes Bestreben und mein Pflichtgefühl gegenüber Bartleby, dem ich hatte helfen wollen, indem ich ihn vor harscher Verfolgung bewahrte. Jetzt war mein oberstes Ziel, sorglos und ausgeglichen zu bleiben, und mein Gewissen hieß dieses Vorhaben gut. Allerdings war ich dabei nicht so erfolgreich, wie ich es mir gewünscht hätte. Meine Furcht, dem wütenden Hauseigentümer und seinen aufgebrachten Mietern wieder in die Hände zu fallen, war so groß, dass ich meine

upper part of the town and through the suburbs, in my rockaway; crossed over to Jersey City and Hoboken, and paid fugitive visits to Manhattanville and Astoria. In fact I almost lived in my rockaway for the time.

When again I entered my office, lo, a note from the landlord lay upon the desk. I opened it with trembling hands. It informed me that the writer had sent to the police, and had Bartleby removed to the Tombs as a vagrant. Moreover, since I knew more about him than any one else, he wished me to appear at that place, and make a suitable statement of the facts. These tidings had a conflicting effect upon me. At first I was indignant; but at last almost approved. The landlord's energetic, summary disposition, had led him to adopt a procedure which I do not think I would have decided upon myself; and yet as a last resort, under such peculiar circumstances, it seemed the only plan.

As I afterwards learned, the poor scrivener, when told that he must be conducted to the Tombs, offered not the slightest obstacle, but in his pale unmoving way, silently acquiesced.

Some of the compassionate and curious bystanders joined the party; and headed by one of the constables arm in arm with Bartleby, the silent procession filed its way through all the noise, and heat, and joy of the roaring thoroughfares at noon.

The same day I received the note I went to the Tombs, or to speak more properly, the Halls of Justice. Seeking the right officer, I stated the purpose of my call, and was informed that the individual I described was indeed within. I then assured the functionary that Bartleby was a perfectly honest man, and greatly to be compassionated, however unaccountably eccentric. I narrated all I knew, and closed by suggesting the idea of letting him remain in as indulgent confinement as possible till

laufenden Geschäfte an Nippers übergab und einige Tage lang in meinem Rockaway* durch den Norden der Stadt und durch die Vororte kreuzte; ich fuhr nach Jersey City und Hoboken hinüber und stattete auch Manhattanville und Astoria einen flüchtigen Besuch ab. Während dieser Zeit lebte ich gleichsam in meinem Rockaway.

Als ich in meine Kanzlei zurückkehrte, fand ich auf meinem Schreibtisch einen Brief des Hauseigentümers vor. Mit zitternden Händen öffnete ich ihn. Ich erfuhr, dass der Verfasser die Polizei gerufen und Bartleby wegen Landstreicherei ins Tombs-Gefängnis hatte bringen lassen. Des Weiteren forderte er mich, da ich mehr über Bartleby wüsste als irgendjemand sonst, dazu auf, im Gefängnis vorzusprechen und eine entsprechende Erklärung zu dem Vorgefallenen abzugeben. Diese Nachrichten stürzten mich in einen Zwiespalt. Zuerst war ich empört, doch nach einer Weile konnte ich das Geschehene beinahe gutheißen. Der Hauseigentümer hatte in seiner zupackenden und kompromisslosen Art etwas getan, zu dem ich mich vermutlich nicht hätte entschließen können; und doch schien dieses Vorgehen, unter den gegebenen besonderen Umständen, als letzter Ausweg die einzige Möglichkeit zu sein.

Wie ich später erfuhr, leistete der arme Schreiber keinerlei Widerstand, als man ihm sagte, dass man ihn in die Tombs bringen würde, sondern fügte sich, blass, reglos und schweigend.

Einige der Umstehenden schlossen sich, aus Mitgefühl oder Neugierde, der Gruppe an, und angeführt von einem der Wachtmeister, der Bartleby am Arm hielt, zog die stumme Prozession ihre Bahn durch den Lärm, die Hitze und den Trubel der brausenden mittäglichen Straßen.

Noch am selben Tag, an dem ich die Nachricht erhalten hatte, ging ich in die Tombs, oder, um es korrekt zu sagen, in die Halls of Justice. Ich suchte den zuständigen Beamten, gab den Grund meines Besuches an und erfuhr, dass die Person, die ich ihm beschrieb, tatsächlich dort inhaftiert war. Ich versicherte daraufhin dem Bediensteten, dass Bartleby ein durch und durch ehrenwerter Mann war und in hohem Maße des Mitleids würdig, aber eben auch rätselhaft und absonderlich. Ich berichtete alles, was ich wusste, und schloss mit dem

something less harsh might be done–though indeed I hardly knew what. At all events, if nothing else could be decided upon, the alms–house must receive him. I then begged to have an interview.

Being under no disgraceful charge, and quite serene and harmless in all his ways, they had permitted him freely to wander about the prison, and especially in the inclosed grass-platted yards thereof. And so I found him there, standing all alone in the quietest of the yards, his face towards a high wall, while all around, from the narrow slits of the jail windows, I thought I saw peering out upon him the eyes of murderers and thieves.

"Bartleby!"

"I know you," he said, without looking round,–"and I want nothing to say to you."

"It was not I that brought you here, Bartleby," said I, keenly pained at his implied suspicion. "And to you, this should not be so vile a place. Nothing reproachful attaches to you by being here. And see, it is not so sad a place as one might think. Look, there is the sky, and here is the grass."

"I know where I am," he replied, but would say nothing more, and so I left him.

As I entered the corridor again, a broad meat-like man, in an apron, accosted me, and jerking his thumb over his shoulder said–"Is that your friend?"

"Yes."

"Does he want to starve? If he does, let him live on the prison fare, that's all."

"Who are you?" asked I, not knowing what to make of such an unofficially speaking person in such a place.

"I am the grub-man. Such gentlemen as have friends here, hire me to provide them with something good to eat."

"Is this so?" said I, turning to the turnkey.

Vorschlag, ihn zunächst unter möglichst schonenden Bedingungen gefangen zu halten, bis man eine mildere Lösung gefunden hätte – obwohl ich selbst keine Vorstellung davon hatte, wie diese aussehen könnte. Wenn schließlich kein anderer Ausweg blieb, würde das Armenhaus ihn aufnehmen müssen. Dann bat ich um eine Unterredung.

Weil ihm nichts Schwerwiegendes zur Last gelegt wurde und aufgrund seines stillen und harmlosen Wesens hatte man ihm gestattet, sich nach Belieben im Gefängnisgebäude sowie in dessen grasbewachsenen Innenhöfen zu bewegen. Dort fand ich ihn denn auch: Er stand ganz allein in dem abgeschiedensten der Höfe, mit dem Gesicht zu einer hohen Wand, und mir war, als starrten aus den schmalen Schlitzen der Zellenfenster die Augen der Mörder und Diebe auf ihn hinab.

»Bartleby!«

»Ich kenne Sie«, sagte er, ohne sich umzudrehen, »und ich möchte nicht mit Ihnen sprechen.«

»Ich war es nicht, der Sie hierherbringen ließ, Bartleby«, sagte ich, tief verletzt von dem unausgesprochenen Verdacht. »Und für Sie müsste es hier doch eigentlich ganz angenehm sein. Dass Sie hier sind, macht Ihnen doch keine Schande. Und so ein trostloser Ort, wie man glauben könnte, ist das gar nicht. Sehen Sie doch: Dort oben ist der Himmel, hier das Gras.«

»Ich weiß, wo ich bin«, gab er zurück; weil er aber daraufhin nichts mehr sagte, verließ ich ihn.

Als ich das Gebäude wieder betrat, kam ein feister, fleischiger Mann in einer Schürze auf mich zu, wies mit der Hand über seine Schulter und fragte: »Ist das Ihr Freund?«

»Ja.«

»Will der vielleicht verhungern? Wenn ja, dann soll er sich doch was vom Gefängnisessen holen; ich meine ja bloß.«

»Wer sind Sie?«, fragte ich ihn, unsicher, was ich mit jemandem anfangen sollte, der an einem solchen Ort so ungehörig sprach.

»Ich bin der Futterbursche. Die Herren, die Freunde hier einsitzen haben, heuern mich an, damit ich ihnen was Gutes zu essen verschaffe.«

»Stimmt das?«, wandte ich mich an den Gefängniswärter.

He said it was.

"Well then," said I, slipping some silver into the grubman's hands (for so they called him). "I want you to give particular attention to my friend there; let him have the best dinner you can get. And you must be as polite to him as possible."

"Introduce me, will you?" said the grub-man, looking at me with an expression which seemed to say he was all impatience for an opportunity to give a specimen of his breeding.

Thinking it would prove of benefit to the scrivener, I acquiesced; and asking the grub-man his name, went up with him to Bartleby.

"Bartleby, this is a friend; you will find him very useful to you."

"Your sarvant, sir, your sarvant," said the grub-man, making a low salutation behind his apron. "Hope you find it pleasant here, sir; spacious grounds-cool apartments, sir–hope you'll stay with us some time–try to make it agreeable. What will you have for dinner today?"

"I prefer not to dine to-day," said Bartleby, turning away. "It would disagree with me; I am unused to dinners." So saying he slowly moved to the other side of the inclosure, and took up a position fronting the dead-wall.

"How's this?" said the grub-man, addressing me with a stare of astonishment. "He's odd, aint he?"

"I think he is a little deranged," said I, sadly.

"Deranged? deranged is it? Well now, upon my word, I thought that friend of yourn was a gentleman forger; they are always pale and genteel-like, them forgers. I can't help pity 'em–can't help it, sir. Did you know Monroe Edwards?" he added touchingly, and paused. Then, laying his hand pityingly on my shoulder, sighed, "he died of consumption at Sing-Sing. So you weren't acquainted with Monroe?"

Er bestätigte es.

»Nun gut«, sagte ich und ließ ein paar Silbermünzen in die Hände des Futterburschen (man nannte ihn wirklich so) gleiten. »Ich möchte, dass Sie meinem Freund dort besondere Aufmerksamkeit schenken; versorgen Sie ihn mit dem besten Mittagessen, das Sie bekommen können. Und Sie müssen so höflich zu ihm sein, wie es nur irgendwie geht.«

»Stellen Sie mich ihm vor?«, fragte der Futterbursche und sah mich an; sein Gesichtsausdruck ließ ahnen, dass er darauf brannte, eine Kostprobe seiner guten Manieren zu geben.

Weil ich glaubte, ich würde dem Schreiber damit einen Dienst erweisen, stimmte ich zu; ich fragte den Futterburschen nach seinem Namen und ging mit ihm zu Bartleby zurück.

»Bartleby, ich stelle Ihnen hier einen Freund vor; er wird Ihnen eine große Hilfe sein.«

»Ihr Diener, Sir, Ihr Diener«, sagte der Futterbursche und machte in seiner Schürze eine tiefe Verbeugung. »Hoffe, Sie befinden sich hier wohl, Sir – weitläufige Anlagen – angenehm kühle Räume, Sir – hoffe, Sie werden uns lange beehren – werde ganz für Ihr Wohlergehen sorgen. Was wünschen Sie heute zu Mittag zu essen?«

»Ich ziehe vor, heute nicht zu Mittag zu essen«, sagte Bartleby und wandte sich ab. »Es würde mir nicht bekommen; ich bin es nicht gewohnt, zu Mittag zu essen.« Mit diesen Worten ging er langsam auf die andere Seite des Innenhofes und blieb dort stehen, mit dem Gesicht zu der kahlen Wand.

»Was soll das denn?«, fragte der Futterbursche und sah mich entgeistert an. »Der ist schon seltsam, oder?«

»Ich glaube, er ist ein wenig verwirrt«, sagte ich traurig.

»Verwirrt? Verwirrt ist er also? Na, ich hätte geschworen, dass dieser Freund von Ihnen einer von den Herren Fälschern ist; die sind immer so bleich und vornehm, diese Fälscher. Die tun mir einfach nur leid, Sir, einfach nur leid. Haben Sie Monroe Edwards* gekannt?«, setzte er gerührt hinzu und hielt inne. Dann legte er mir voller Mitgefühl die Hand auf die Schulter und seufzte: »Er ist in Sing-Sing an der Schwindsucht gestorben. Sie waren also nicht mit Monroe bekannt?«

"No, I was never socially acquainted with any forgers. But I cannot stop longer. Look to my friend yonder. You will not lose by it. I will see you again."

Some few days after this, I again obtained admission to the Tombs, and went through the corridors in quest of Bartleby; but without finding him.

"I saw him coming from his cell not long ago," said a turnkey, "may be he's gone to loiter in the yards."

So I went in that direction.

"Are you looking for the silent man?" said another turnkey passing me. "Yonder he lies—sleeping in the yard there. 'Tis not twenty minutes since I saw him lie down."

The yard was entirely quiet. It was not accessible to the common prisoners. The surrounding walls, of amazing thickness, kept off all sound behind them. The Egyptian character of the masonry weighed upon me with its gloom. But a soft imprisoned turf grew under foot. The heart of the eternal pyramids, it seemed, wherein, by some strange magic, through the clefts, grass-seed, dropped by birds, had sprung.

Strangely huddled at the base of the wall, his knees drawn up, and lying on his side, his head touching the cold stones, I saw the wasted Bartleby. But nothing stirred. I paused; then went close up to him; stooped over, and saw that his dim eyes were open; otherwise he seemed profoundly sleeping. Something prompted me to touch him. I felt his hand, when a tingling shiver ran up my arm and down my spine to my feet.

The round face of the grub-man peered upon me now. "His dinner is ready. Won't he dine to-day, either? Or does he live without dining?"

"Lives without dining," said I, and closed the eyes.

»Nein, ich habe nie mit Betrügern verkehrt. Doch ich kann nun nicht länger bleiben. Sorgen Sie für meinen Freund dort. Es soll Ihr Schaden nicht sein. Ich werde wiederkommen.«

Einige Tage später ging ich wieder zu den Tombs und wurde wiederum eingelassen; ich ging die Korridore entlang und hielt nach Bartleby Ausschau, entdeckte ihn jedoch nirgends.

»Vor Kurzem hab ich ihn aus seiner Zelle kommen sehen«, sagte ein Wärter, »vielleicht lungert er wieder im Hof rum.«

Also machte ich mich dorthin auf.

»Suchen Sie den schweigsamen Mann?«, fragte ein anderer Wärter, der an mir vorüberging. »Der liegt da drüben – schläft dort im Hof. Sind keine zwanzig Minuten her, dass ich gesehen hab, wie er sich hingelegt hat.«

Im Hof war es vollkommen still. Gewöhnliche Gefangene hatten hier keinen Zutritt. Durch die umstehenden Mauern, die beeindruckend dick waren, drang nicht das leiseste Geräusch. Das düstere ägyptische Gepräge des Mauerwerks lag auf mir wie eine Last. Doch am Boden wuchs, gleichfalls eingekerkert, zartes Gras. Man hätte sich im Innersten der unvergänglichen Pyramiden glauben können, in das, auf wundersame Weise, von Vögeln durch die Scharten Grassamen eingetragen worden war, der nun aufging.

Am Fuße der Mauer in einer bizarren Gestalt zusammengekauert, mit angezogenen Knien, auf der Seite liegend und mit dem Kopf auf dem kalten Stein, fand ich den ausgezehrten Bartleby. Doch nichts regte sich. Ich hielt inne, trat dann dicht an ihn heran, beugte mich über ihn und sah, dass seine fahlen Augen offenstanden; ansonsten schien er in tiefen Schlaf versunken. Etwas veranlasste mich, ihn zu berühren. Ich nahm seine Hand, und ein schauriges Kribbeln schoss mir den Arm hinauf, das Mark hinunter und in die Füße.

Das runde Gesicht des Futterburschen blickte jetzt auf mich herab. »Sein Mittagessen ist fertig. Will er heute wieder nicht zu Mittag essen? Oder lebt der, ohne zu essen?«

»Er lebt, ohne zu essen«, antwortete ich und schloss ihm die Augen.

"Eh!—He's asleep, aint he?"
"With kings and counsellors," murmured I.

* * * * * * * *

There would seem little need for proceeding further in this history. Imagination will readily supply the meagre recital of poor Bartleby's interment. But ere parting with the reader, let me say, that if this little narrative has sufficiently interested him, to awaken curiosity as to who Bartleby was, and what manner of life he led prior to the present narrator's making his acquaintance, I can only reply, that in such curiosity I fully share, but am wholly unable to gratify it. Yet here I hardly know whether I should divulge one little item of rumor, which came to my ear a few months after the scrivener's decease. Upon what basis it rested, I could never ascertain; and hence how true it is I cannot now tell. But inasmuch as this vague report has not been without a certain strange suggestive interest to me, however sad, it may prove the same with some others; and so I will briefly mention it. The report was this: that Bartleby had been a subordinate clerk in the Dead Letter Office at Washington, from which he had been suddenly removed by a change in the administration. When I think over this rumor, I cannot adequately express the emotions which seize me. Dead letters! does it not sound like dead men? Conceive a man by nature and misfortune prone to a pallid hopelessness, can any business seem more fitted to heighten it than that of continually handling these dead letters and assorting them for the flames? For by the cartload they are annually burned. Sometimes from out the folded paper the pale clerk takes a ring:—the finger it was meant for, perhaps, moulders in the grave; a bank-note sent in swiftest charity:—he whom it would relieve, nor eats nor hungers any more; pardon for those who died despairing; hope for those who died unhoping; good tidings for those who died stifled

»Ja dann! – Er schläft, oder?«
»Mit allen Königen und Ratsherren«, murmelte ich.*

* * * * * * * *

Es mag nun scheinen, als gäbe es keinen Grund, mit dieser Geschichte fortzufahren. Die Vorstellungskraft wird ohne Weiteres den dürftigen Bericht vom Begräbnis des armen Bartleby liefern. Doch bevor ich mich von meinem Leser verabschiede, sei noch Folgendes gesagt: Wenn diese kleine Erzählung sein Interesse so stark geweckt hat, dass er nun auch neugierig geworden ist und wissen will, wer Bartleby war und was für ein Leben er geführt hat, bevor dieser Erzähler seine Bekanntschaft gemacht hat, so kann ich hierzu nur festhalten, dass ich diese Neugierde zwar voll und ganz teile, sie jedoch nicht im Geringsten befriedigen kann. Jedoch zögere ich an dieser Stelle, ein Gerücht – eine Kleinigkeit nur – weiterzuverbreiten, das mir einige Monate nach dem Tod des Schreibers zu Ohren gekommen ist. Worauf es sich gründet, konnte ich nie feststellen, und daher kann ich jetzt nicht sagen, inwieweit es wahr ist. Weil mich aber dieser vage Hinweis, so trostlos er auch sein mag, auf seltsame Weise nicht unberührt gelassen hat, mag es anderen damit ebenso gehen, und so will ich ihn kurz erwähnen. Die Nachricht war folgende: Bartleby war ein kleiner Angestellter im Amt für unzustellbare Briefe in Washington gewesen und aufgrund einer Umstellung in der Verwaltung von heute auf morgen entlassen worden. Wenn ich über dieses Gerücht nachdenke, so kann ich die Empfindungen, die mich dabei überkommen, gar nicht treffend beschreiben. Unzustellbare Briefe! Klingt das nicht wie ›Unrettbare Menschen‹? Kann es für einen Mann, der durch Veranlagung und unglückliche Umstände der blanken Hoffnungslosigkeit anheimgefallen ist, wohl irgendeine Tätigkeit geben, welche diese noch mehr befördern würde, als fortwährend unzustellbare Briefe in Händen zu haben und sie für das Feuer vorzubereiten? Denn jedes Jahr werden ganze Wagenladungen davon verbrannt. Manchmal entnimmt der blasse Angestellte dem gefalteten Bogen einen Ring – die Hand, für die er bestimmt war, vermodert vielleicht schon unter der Erde; einen

by unrelieved calamities. On errands of life, these letters speed to death.

Ah Bartleby! Ah humanity!

Geldschein, in eiliger Hilfsbereitschaft versandt – doch den er hätte retten sollen, verspürt nicht mehr Hunger noch Durst; Vergebung für die, die in Verzweiflung starben; Hoffnung für die, die ohne Hoffnung starben; frohe Kunde für die, die starben, ohne dass die Last des Unheils von ihnen genommen worden wäre. Laufburschen des Lebens, treiben diese Briefe hin zum Tode.

Ach Bartleby, ach Menschheit!

MARK TWAIN

The £ 1,000,000 Bank-Note

When I was twenty-seven years old, I was a mining-broker's clerk in San Francisco, and an expert in all the details of stock traffic. I was alone in the world, and had nothing to depend upon but my wits and a clean reputation; but these were setting my feet in the road to eventual fortune, and I was content with the prospect.

My time was my own after the afternoon board, Saturdays, and I was accustomed to put it in on a little sail-boat on the bay. One day I ventured too far, and was carried out to sea. Just at nightfall, when hope was about gone, I was picked up by a small brig which was bound for London. It was a long and stormy voyage, and they made me work my passage without pay, as a common sailor. When I stepped ashore in London my clothes were ragged and shabby, and I had only a dollar in my pocket. This money fed and sheltered me twenty-four hours. During the next twenty-four I went without food and shelter.

About ten o'clock on the following morning, seedy and hungry, I was dragging myself along Portland Place, when a child that was passing, towed by a nurse-maid, tossed a luscious big pear–minus one bite–into the gutter. I stopped, of course, and fastened my desiring eye on that muddy treasure. My mouth watered for it, my stomach craved it, my whole being begged for it. But every time I made a move to get it some passing eye detected my purpose, and of course I straightened up then, and looked indifferent, and pretended that I hadn't been thinking about the pear at all. This same thing kept hap-

Mark Twain

Die Eine-Million-Pfundnote

Mit siebenundzwanzig Jahren bekleidete ich in San Francisco eine Stelle auf dem Kontor eines Minenmaklers und hatte mir dabei eine gründliche Kenntnis dieses Geschäftszweiges nach allen Richtungen erworben. Ich stand allein auf der Welt und nannte nichts mein eigen als meinen gesunden Verstand und einen fleckenlosen Ruf; doch hatten sich diese beiden Güter mir bisher als kräftige Stützen auf meinem Weg zum Glück erwiesen, und so schaute ich frohen Mutes in die Zukunft.

An den Sonnabenden hatte ich den Nachmittag für mich und brachte diese freie Zeit meist auf dem Wasser zu, indem ich mich in einem kleinen Segelboot in der Bucht herumtummelte. Dabei wagte ich mich eines Tages zu weit hinaus, sodass ich in die offene See getrieben wurde. Schon brach die Nacht herein, und meine letzte Hoffnung begann zu schwinden, als mich eine kleine Brigg, die auf ihrem Weg nach London vorübersegelte, an Bord nahm. Sie hatte eine lange, stürmische Fahrt, und ich musste das Reisegeld als gemeiner Matrose abverdienen. In zerlumpten, abgeschabten Kleidern stieg ich in London ans Land, einen einzigen Dollar in der Tasche. Diese Summe verschaffte mir Nahrung und Obdach für vierundzwanzig Stunden. Die folgenden vierundzwanzig dagegen verbrachte ich ohne Essen und ein Dach über dem Kopf.

Müde und hungrig schleppte ich mich am folgenden Morgen – es mochte etwa zehn Uhr sein – an Portland Place vorüber, als ein Kind, das an der Hand seines Kindermädchens des Weges kam, eine köstliche große Birne, die es eben erst angebissen hatte, in den Rinnstein fallen ließ. Ich machte natürlich sofort Halt und heftete meinen begehrlichen Blick auf diesen schmutztriefenden Schatz. Der Mund wässerte mir, mein Magen bäumte sich, jede Faser an mir lechzte danach. Aber so oft ich Anstalten machte, nach der Birne zu greifen, jedes Mal bemerkte das Auge eines Vorübergehenden mein Vorhaben; natürlich richtete ich mich dann stets wieder kerzengerade auf und

pening and happening, and I couldn't get the pear. I was just getting desperate enough to brave all the shame, and to seize it, when a window behind me was raised, and a gentleman spoke out of it, saying:

"Step in here, please."

I was admitted by a gorgeous flunkey, and shown into a sumptuous room where a couple of elderly gentlemen were sitting. They sent away the servant, and made me sit down. They had just finished their breakfast, and the sight of the remains of it almost overpowered me. I could hardly keep my wits together in the presence of that food, but as I was not asked to sample it, I had to bear my trouble as best I could.

Now, something had been happening there a little before, which I did not know anything about until a good many days afterward, but I will tell you about it now. Those two old brothers had been having a pretty hot argument a couple of days before, and had ended by agreeing to decide it by a bet, which is the English way of settling everything.

You will remember that the Bank of England once issued two notes of a million pounds each, to be used for a special purpose connected with some public transaction with a foreign country. For some reason or other only one of these had been used and canceled; the other still lay in the vaults of the Bank. Well, the brothers, chatting along, happened to get to wondering what might be the fate of a perfectly honest and intelligent stranger who should be turned adrift in London without a friend, and with no money but that million pound bank-note, and no way to account for his being in possession of it. Brother A said he would starve to death; Brother B said he wouldn't. Brother A said he couldn't offer

machte ein gleichgültiges Gesicht, als hätte ich überhaupt niemals im Entferntesten an diese Birne gedacht. So ging es immer und immer wieder, und ich konnte derselben nicht habhaft werden. Bereits hatte meine Verzweiflung einen solchen Grad erreicht, dass ich allem Schamgefühl zum Trotz im Begriff stand, die Birne ganz offen aufzuheben, als hinter mir ein Fenster aufging und ein Herr die Worte an mich richtete:

»Bitte, kommen Sie hier herein.«

Ein reich galonierter Lakai ließ mich ein und führte mich in ein kostbar eingerichtetes Zimmer, in welchem zwei ältliche Herren saßen. Nachdem sie den Diener weggeschickt hatten, forderten sie mich auf, Platz zu nehmen. Sie waren eben erst mit ihrem Frühstück fertig geworden, und der Anblick der Überreste desselben ging fast über meine Kräfte. Ich vermochte kaum meine fünf Sinne zusammenzuhalten, während ich diese Herrlichkeiten da vor mir stehen sah; da man mich jedoch nicht aufforderte, davon zu kosten, musste ich mich eben in meine üble Lage fügen, so gut es ging.

Der Vorgang, der sich hier kurz zuvor abgespielt hatte, blieb mir selbst zwar noch geraume Zeit völlig unbekannt, Ihnen dagegen will ich denselben gleich jetzt mitteilen. Die beiden Brüder hatten einige Tage zuvor einen ziemlich heftigen Disput gehabt, den sie, wie es in England üblich ist, schließlich in Form einer Wette beilegten.

Man erinnert sich vielleicht, dass die Bank von England seinerzeit einmal bei Gelegenheit eines Geschäftes, das die Regierung mit einer auswärtigen Macht abschloss, eigens nur zu diesem Zweck zwei Noten von je einer Million Pfund ausgab. Aus irgendeinem Grund war nur die eine der beiden Noten hierbei gebraucht und dann entwertet worden, während die andere noch in den Gewölben der Bank lag. Nun waren die beiden Brüder im Laufe des Gesprächs ganz zufällig auf die Erörterung der Frage verfallen, wie es wohl einem durchaus ehrlichen und gescheiten Fremden ergehen würde, der in London auftauchte, ohne daselbst einen Menschen zu kennen, zugleich ohne allen weiteren Geldbesitz außer dieser Millionenbanknote und endlich ohne die Möglichkeit, sich über deren Erwerb auszuweisen. Bruder A behaup-

it at a bank or anywhere else, because he would be arrested on the spot. So they went on disputing till Brother B said he would bet twenty thousand pounds that the man would live thirty days, *anyway,* on that million, and keep out of jail, too. Brother A took him up. Brother B went down to the Bank and bought that note. Just like an Englishman, you see; pluck to the backbone. Then he dictated a letter, which one of his clerks wrote out in a beautiful round hand, and then the two brothers sat at the window a whole day watching for the right man to give it to.

They saw many honest faces go by that were not intelligent enough; many that were intelligent, but not honest enough; many that were both, but the possessors were not poor enough, or, if poor enough, were not strangers. There was always a defect, until I came along; but they agreed that I filled the bill all around; so they elected me unanimously, and there I was now waiting to know why I was called in. They began to ask me questions about myself, and pretty soon they had my story. Finally they told me I would answer their purpose. I said I was sincerely glad, and asked what it was. Then one of them handed me an envelope, and said I would find the explanation inside. I was going to open it, but he said no; take it to my lodgings, and look it over carefully, and not be hasty or rash. I was puzzled, and wanted to discuss the matter a little further, but they didn't; so I took my leave, feeling hurt and insulted to be made the butt of what was apparently some kind of a practical joke, and yet obliged to put up with it, not being in circumstances to resent affronts from rich and strong folk.

tete, der Betreffende müsse einfach Hungers sterben, während Bruder B meinte, das müsse er keineswegs. Bruder A machte geltend, er könne ja die Note weder bei der Bank noch sonst wo anbringen, ohne auf der Stelle festgenommen zu werden. In dieser Weise stritten sie so lange hin und her, bis Bruder B sich schließlich bereit erklärte, zwanzigtausend Pfund darauf zu wetten, dass der Fremde dreißig Tage lang *auf jeden Fall* von der Millionennote leben könne, und zwar ohne ins Gefängnis zu kommen. Bruder A nahm die Wette an. Bruder B begab sich ohne Verzug nach der Bank und kaufte die Note. Echt englisch, wie man sieht: geradeswegs forsch aufs Ziel los! Sodann diktierte er einem Angestellten einen Brief, der ihn in schöner Rundschrift ausfertigte, und nun warteten die beiden Brüder am Fenster einen ganzen Tag lang auf einen geeigneten Kandidaten, dem sie das Schriftstück aushändigen könnten.

Es kamen viele ehrliche Gesichter vorüber, die aber nicht gescheit genug aussahen; ebenso viele, bei denen das Umgekehrte der Fall war, viele wiederum, bei denen beides zutraf, aber diese waren dann entweder nicht arm genug oder, sofern auch das stimmte, doch keine Fremden. Stets hatte die Sache irgendeinen Haken, bis ich auftauchte. Bei mir hatten beide sofort den Eindruck, dass sämtliche Erfordernisse in vollem Umfang erfüllt seien; die Wahl war demnach einstimmig auf mich gefallen, und da saß ich nun und harrte der Eröffnung, wozu man mich eigentlich hereingerufen hatte. Zuerst fragten sie mich über meine Person aus, und schon bald waren sie über meine ganze Geschichte im Bilde; schließlich teilten sie mir mit, ich sei ganz der richtige Mann für ihr Vorhaben. Ich erwiderte, das sei höchst erfreulich, und fragte, worin dieses bestehe. Hierauf übergab mir der eine der beiden einen Briefumschlag mit der Bemerkung, darin sei die Erklärung enthalten. Ich wollte den Umschlag ohne Weiteres öffnen, aber dies ließ er nicht zu; ich solle ihn nur mit nach Hause nehmen, den Inhalt aufmerksam ansehen und dann mit vollem Bedacht und ruhiger Überlegung handeln. Einigermaßen verdutzt meinte ich, es wäre mir doch lieber, wenn die Sache etwas genauer erörtert werden könnte, sie ließen sich jedoch nicht darauf ein; so verabschiedete ich mich denn, tief gekränkt über den schlechten Scherz, den man sich offenbar mit mir

I would have picked up the pear now and eaten it before all the world, but it was gone; so I had lost that by this unlucky business, and the thought of it did not soften my feeling toward those men. As soon as I was out of sight of that house I opened my envelope, and saw that it contained money! My opinion of those people changed, I can tell you I lost not a moment, but shoved note and money into my vest pocket, and broke for the nearest cheap eating-house. Well, how I did eat! When at last I couldn't hold any more, I took out my money and unfolded it, took one glimpse and nearly fainted. Five millions of dollars! Why, it made my head swim.

I must have sat there stunned and blinking at the note as much as a minute before I came rightly to myself again. The first thing I noticed, then, was the landlord. His eye was on the note, and he was petrified. He was worshiping, with all his body and soul, but he looked as if he couldn't stir hand or foot. I took my cue in a moment, and did the only rational thing there was to do. I reached the note toward him, and said, carelessly:

"Give me the change, please."

Then he was restored to his normal condition, and made a thousand apologies for not being able to break the bill, and I couldn't get him to touch it. He wanted to look at it, and keep on looking at it; he couldn't seem to get enough of it to quench the thirst of his eye, but he shrank from touching it as if it had been something too sacred for poor common clay to handle. I said:

"I am sorry if it is an inconvenience, but I must insist. Please change it; I haven't anything else."

erlaubt hatte, und voll Grimm über meine derzeitige Lage, in der ich mir diesen Affront von so reichen und mächtigen Leuten ganz ruhig musste gefallen lassen.

Die Birne hätte ich jetzt einfach aufgehoben und vor aller Welt verzehrt, aber nun war sie nicht mehr da, auch darum hatte mich die unselige Geschichte also gebracht. Diese Vorstellung war nicht eben dazu angetan, mich sanfter gegenüber den beiden Herren zu stimmen. Sobald ich aus der Sichtweite des Hauses war, öffnete ich den Umschlag – und erblickte eine Banknote! Nun erschienen mir die Herren natürlich auf einmal in ganz anderem Licht, kann ich Ihnen sagen! Ohne mich einen Augenblick zu besinnen, schob ich den Brief samt dem Geld in die Westentasche und lief schnurstracks zur nächsten billigen Speisewirtschaft. Nun, wie ich zulangte! Als schließlich nichts mehr in mich hineinging, nahm ich die Note aus der Tasche und faltete sie auseinander. Beim ersten Blick darauf wäre ich beinahe in Ohnmacht gefallen. Fünf Millionen Dollar! Mir wirbelte der Kopf bei der bloßen Vorstellung.

Eine volle Minute dauerte es gewiss, bis ich aus der Betäubung, in welche mich der Anblick der Note versetzt hatte, heraus und wieder ordentlich zu mir kam. Das erste, was mir nun ins Auge fiel, war der Wirt. Wie versteinert stand er da, starr den Blick auf die Banknote gerichtet. Es sah aus, als sei er vor lauter Verzückung nicht mehr imstande ein Glied zu rühren. Augenblicklich hatte ich den Entschluss gefasst, der bei dieser Sachlage der einzig vernünftige war. Ich streckte ihm die Note hin und sagte dabei in ganz unbefangenem Ton:

»Bitte, wollen Sie mir herausgeben.«

Diese Anrede gab ihm sein geistiges Gleichgewicht wieder. Er erschöpfte sich in Entschuldigungen, dass er nicht imstande sei die Note zu wechseln und wollte sie um keinen Preis annehmen. Nur anschauen wollte er sie, immer wieder anschauen; es war, als könnte er sich nicht daran sattsehen, vor ihrer Berührung dagegen scheute er zurück, als wäre es ein geweihter Gegenstand, viel zu heilig für die Hände eines Sterblichen.

»Es tut mir leid, wenn ich Ihnen Mühe mache«, begann ich wieder, »aber ich muss darauf beharren, dass Sie mir auf die Note herausgeben, ich habe kein Geld sonst.«

But he said that wasn't any matter; he was quite willing to let the trifle stand over till another time. I said I might not be in his neighborhood again for a good while; but he said it was of no consequence, he could wait, and, moreover, I could have anything I wanted, any time I chose, and let the account run as long as I pleased. He said he hoped he wasn't afraid to trust as rich a gentleman as I was, merely because I was of a merry disposition, and chose to play larks on the public in the matter of dress. By this time another customer was entering, and the landlord hinted to me to put the monster out of sight; then he bowed me all the way to the door, and I started straight for that house and those brothers, to correct the mistake which had been made before the police should hunt me up, and help me do it. I was pretty nervous; in fact, pretty badly frightened, though, of course, I was no way in fault; but I knew men well enough to know that when they find they've given a tramp a million-pound bill when they thought it was a one-pounder, they are in a frantic rage against *him* instead of quarreling with their own near-sightedness, as they ought. As I approached the house my excitement began to abate, for all was quiet there, which made me feel pretty sure the blunder was not discovered yet. I rang. The same servant appeared. I asked for those gentlemen.

"They are gone." This in the lofty, cold way of that fellow's tribe.

"Gone? Gone where?"

"On a journey."

"But whereabouts?"

"To the Continent, I think."

"The Continent?"

"Yes, sir."

"Which way—by what route?"

Das mache ganz und gar nichts, versetzte er, er lasse diese unbedeutende Zeche ganz gern bis zum nächsten Mal stehen. Ich erwiderte, es könne lange dauern, bis ich wieder bei ihm vorbei komme; aber er versicherte abermals, das sei kein Problem, er könne wohl warten, ich könne vielmehr zu jeder Zeit bei ihm haben, was ich wolle, und den Betrag dafür stehen lassen, so lange es mir beliebe. Ich werde doch nicht von ihm glauben, dass er einem so reichen Herrn wie mir bloß deshalb kein Vertrauen schenke, weil dieser ein lustiger Kauz sei, der zum Ulk gerne in geringer Kleidung unter die Leute gehe. Unterdessen hatte sich ein weiterer Gast eingefunden und er gab mir durch Zeichen zu verstehen, ich solle das Ungetüm doch nur wieder einstecken; und als ich dann fort ging, machte er einen Bückling um den anderen hinter mir drein bis zur Tür. Ich begab mich geradewegs wieder zu der Wohnung der beiden Brüder, um diese von der vorgekommenen Verwechslung in Kenntnis zu setzen, ehe ich durch polizeiliche Nachforschungen hierzu veranlasst werden würde. Es war mir gar nicht wohl bei der Sache, ja, ich hatte eigentlich ganz gehörig Angst, obwohl mich natürlich durchaus keine Schuld traf. Aber ich kannte die Welt und wusste nur zu gut, dass, wenn jemand aus Versehen einem Bettler statt einer Einpfundnote eine Millionenbanknote gibt, er unweigerlich in eine grässliche Wut auf *diesen* gerät, anstatt sich für seine Kurzsichtigkeit nach Gebühr an die eigene Nase zu fassen. Als ich in die Nähe des Hauses kam, begann sich meine Aufregung etwas zu legen, denn da war alles still und ruhig – offenbar war der Streich noch nicht entdeckt worden. Ich klingelte. Derselbe Bediente erschien wieder. Ich fragte nach den beiden Herren.

»Sie sind fort«, erwiderte er in dem hochmütigen, kalten Ton, den seinesgleichen meist an sich haben.

»Fort? Wohin?«

»Verreist.«

»In welche Richtung denn?«

»Wahrscheinlich nach dem Kontinent.«

»Dem Kontinent?«

»Jawohl, Sir.«

»Welchen Weg haben sie denn eingeschlagen?«

"I can't say, sir."

"When will they be back?"

"In a month, they said."

"A month! Oh, this is awful! Give me *some* sort of idea of how to get a word to them. It's of the last importance."

"I can't, indeed. I've no idea where they've gone, sir."

"Then I must see some member of the family."

"Family's away, too; been abroad months–in Egypt and India, I think."

"Man, there's been an immense mistake made. They'll be back before night. Will you tell them I've been here, and that I will keep coming till it's all made right, and they needn't be afraid?"

"I'll tell them, if they come back, but I am not expecting them. They said you would be here in an hour to make inquiries, but I must tell you it's all right, they'll be here on time and expect you."

So I had to give it up and go away. What a riddle it all was! I was like to lose my mind. They would, be here "on time." What could that mean? Oh the letter would explain, maybe. I had forgotten the letter; I got it out and read it. This is what it said:

You are an intelligent and honest man, as one may see by your face. We conceive you to be poor and a stranger. Enclosed you will find a sum of money. It is lent to you for thirty days, without interest. Report at this house at the end of that time. I have a bet on you. If I win it you shall have any situation that is in my gift–any, that is, that you shall be able to prove yourself familiar with and competent to fill.

»Kann ich nicht sagen, Sir.«

»Wenn kommen sie denn zurück?«

»In einem Monat, sagten sie.«

»In einem Monat! Ach, das ist ja schrecklich! Geben Sie mir doch nur *irgendeinen* noch so entfernten Anhaltspunkt, wie ich ihnen ein Wort zukommen lassen kann. Es ist von der allerhöchsten Wichtigkeit.«

»Kann ich wirklich nicht. Ich habe keine Ahnung, wohin sie gereist sind, Sir.«

»Dann muss ich irgendeinen Angehörigen der Familie sprechen.«

»Die Familie ist ebenfalls fort, auf Reisen schon seit Monaten – in Ägypten, Indien, glaube ich.«

»Mann, es ist ein ungeheures Versehen vorgekommen. Noch vor Einbruch der Nacht kommen die Herren gewiss zurück. Wollen Sie ihnen dann sagen, ich sei dagewesen und werde so lange immer wieder kommen, bis die Sache in Ordnung sei. Sie dürften also ganz unbesorgt sein.«

»Ich will es ihnen sagen, falls sie zurückkommen, aber ich erwarte sie nicht zurück. Sie sagten, dass Sie schon in einer Stunde wieder erscheinen würden, um nachzufragen. Ich solle Ihnen aber nur sagen, es sei alles in Ordnung, sie werden schon zur rechten Zeit zurück sein und Sie erwarten.«

Nun musste ich also mein Vorhaben aufgeben und wieder fortgehen. Dieses unergründliche Rätsel! Mir war, als müsste ich den Verstand darüber verlieren. Sie würden »zu rechter Zeit zurück sein«. Was konnte das zu bedeuten haben? Oh, in dem Brief würde ich vielleicht Aufklärung darüber finden. Den hatte ich ganz vergessen. Ich zog ihn aus der Tasche und las ihn durch. Er lautete:

»Gescheit und ehrlich sind Sie, das sieht man Ihnen am Gesicht an. Wie wir weiter annehmen dürfen, sind Sie außerdem mittellos und fremd. Inliegend finden Sie einen Geldbetrag, der zu einem unverzinslichen Darlehen für Sie auf die Dauer von dreißig Tagen bestimmt ist. Nach Ablauf dieser Zeit sprechen Sie wieder hier vor. Ich habe eine Wette auf Sie gemacht. Gewinne ich diese, so sollen Sie jede beliebige Stellung erhalten, die ich zu vergeben habe, d. h. vorausgesetzt natürlich, dass solche Ihrer bisherigen Tätigkeit entspricht und dass Sie die Fähigkeit besitzen, diese auszufüllen.«

No signature, no address, no date.

Well, here was a coil to be in! You are posted on what had preceded all this, but I was not. It was just a deep, dark puzzle to me. I hadn't the least idea what the game was, nor whether harm was meant me or a kindness. I went into a park, and sat down to try to think it out, and to consider what I had best do.

At the end of an hour my reasonings had crystallized into this verdict.

Maybe those men mean me well, maybe they mean me ill; no way to decide that–let it go. They've got a game, or a scheme, or an experiment, of some kind on hand; no way to determine what it is–let it go. There's a bet on me; no way to find out what it is–let it go. That disposes of the indeterminable quantities; the remainder of the matter is tangible, solid, and may be classed and labeled with certainty. If I ask the Bank of England to place this bill to the credit of the man it belongs to, they'll do it, for they know him, although I don't; but they will ask me how I came in possession of it, and if I tell the truth they'll put me in the asylum, naturally, and a lie will land me in jail. The same result would follow if I tried to bank the bill anywhere or to borrow money on it. I have got to carry this immense burden around until those men come back, whether I want to or not. It is useless to me, as useless as a handful of ashes, and yet I must take care of it, and watch over it, while I beg my living. I couldn't *give* it away, if I should try, for neither honest citizen nor highwayman would accept it or meddle with it for anything. Those brothers are safe. Even if I lose their bill, or burn it, they are still safe, because they can stop payment, and the bank will make them whole; but meantime I've got to do a month's suffering without wages or profit–unless I help win that bet, whatever it may be, and get that situation that I am prom-

Keine Unterschrift, keine Adresse, kein Datum.

Nun, da steckte ich einmal in einer netten Klemme! Sie kennen ja die Vorgeschichte des Falles, ich selbst dagegen hatte keine Ahnung davon. Für mich war das Ganze lediglich ein unergründliches, dunkles Rätsel. Ich hatte nicht die entfernteste Vorstellung, um was es sich bei der Sache handelte und ob es dabei gut oder schlecht mit mir gemeint war. In einem öffentlichen Park ließ ich mich auf einer Bank nieder, um hier die Sache gründlich zu überdenken und mir über mein weiteres Vorgehen klar zu werden.

Nachdem ich eine Stunde lang nachgedacht hatte, kam ich zu folgendem Schluss:

Ob es die beiden Herren gut mit mir meinen oder schlecht, lässt sich nicht feststellen – also einfach abwarten. Es handelt sich dabei um einen Scherz, eine Idee oder ein Experiment irgendwelcher Art, worüber ich ebenso wenig ins Klare kommen kann – also wiederum einfach abwarten. Man hat auf mich eine Wette abgeschlossen, deren Gegenstand ich unmöglich erraten kann – also abermals einfach abwarten. Damit wären die unfassbaren Größen abgetan; die übrigen in Betracht kommenden Faktoren sind dagegen sämtlich greifbarer, realer Art und lassen sich ganz genau im Voraus bestimmen und berechnen. Wenn ich bei der Bank von England darum bitte, die Note dem Eigentümer auf Rechnung zu stellen, so wird man allerdings meinem Antrag nachkommen, denn dort kennt man ja seinen Namen, wenn auch ich ihn nicht weiß; aber dann wird man mich weiter fragen, wie ich in Besitz der Note komme, und sage ich darauf die Wahrheit, so sperrt man mich selbstredend in ein Irrenhaus, lüge ich dagegen, wandere ich ins Kittchen. Genauso würde es mir ergehen, falls ich versuchen wollte, die Note irgendwo sonst einzulösen oder Geld darauf aufzunehmen. Ich muss diese unerträgliche Last mit mir herumschleppen, bis jene Herren zurückkommen, ob ich will oder nicht. Sie ist ohne allen Wert für mich, so wertlos wie eine Hand voll Asche, und doch muss ich sie aufs Sorgfältigste behüten und bewahren, während ich dabei auf fremde Mildtätigkeit angewiesen bin, um mein Leben zu fristen. Nicht einmal *verschenken* könnte ich sie, wenn ich wollte, denn kein ehrlicher Bürger, ja selbst nicht der gemeinste Straßenräuber

ised. I *should* like to get that; men of their sort have situations in their gift that are worth having.

I got to thinking a good deal about that situation. My hopes began to rise high. Without doubt the salary would be large. It would begin in a month; after that I should be all right. Pretty soon I was feeling first rate. By this time I was tramping the streets again. The sight of a tailorshop gave me a sharp longing to shed my rags, and to clothe myself decently once more. Could I afford it? No; I had nothing in the world but a million pounds. So I forced myself to go on by. But soon I was drifting back again. The temptation persecuted me cruelly. I must have passed that shop back and forth six times during that manful struggle. At last I gave in; I had to. I asked if they had a misfit suit that had been thrown on their hands. The fellow I spoke to nodded his head toward another fellow, and gave me no answer. I went to the indicated fellow, and he indicated another fellow with *his* head, and no words. I went to him, and he said:

"'Tend to you presently."

I waited till he was done with what he was at, then he took me into a back room, and overhauled a pile of rejected suits, and selected the rattiest one for me. I put it on. It didn't fit, and wasn't in any way attractive, but it was new, and I was anx-

würde sie annehmen oder um alles in der Welt das Geringste damit zu tun haben wollen. Diese Brüder sind in jedem Fall vollkommen gedeckt. Selbst wenn ich die Note verliere oder verbrenne sind sie es, denn im ersten Fall brauchen sie nur Zahlungssperre zu veranlassen, im zweiten dagegen ersetzt ihnen die Bank den vollen Wert. Ich dagegen muss inzwischen einen ganzen Monat voll unerhörter Qualen durchmachen, ohne im geringsten Entgelt oder Lohn dafür zu erhalten – sofern ich nicht jene Wette gewinnen helfe, sie mag sich nun beziehen, worauf sie wolle, und dafür die mir zugesagte Stellung erhalte. Ja, wenn ich *die* bekäme! So große Herren haben oft Pöstchen zu vergeben, die sehr gesucht sind.

Vom Gedanken an diesen Posten konnte ich mich nun nicht mehr losreißen. Ich begann mich mit hochfliegenden Hoffnungen zu tragen. Zweifelsohne war ein glänzendes Gehalt damit verbunden, das mit dem nächsten Monat beginnen musste, und damit war ich ja dann wieder völlig flott. Diese frohen Aussichten versetzten mich rasch in eine sehr gehobene Stimmung. Vorläufig aber irrte ich noch immer ziellos in den Straßen umher. Als ich an einem Kleiderladen vorbeikam, erfasste mich das sehnlichste Verlangen, meine Lumpen abzuwerfen und mich wieder einmal anständig zu kleiden. Konnte ich mir das leisten? Nein, denn ich besaß wohl eine Millionenpfundnote, aber sonst nichts auf der Welt. So zwang ich mich denn, an dem Laden vorüberzugehen. Aber bald stand ich wieder davor. Die Versuchung war zu grausam; gewiss sechsmal ging ich vor dem Laden auf und ab, während ich heldenmütig dagegen ankämpfte. Aber schließlich gab ich auf – ich konnte nicht anders. Ich fragte nach einem verschnittenen Anzug, der ihnen vielleicht liegen geblieben sei. Der Bursche, an den ich mich gewendet hatte, nickte nur stumm einem andern zu. Als ich auf diesen zuging, wies er mich in gleicher Weise an einen dritten, der mir nun zurief:

»Werde Sie sogleich bedienen!«

Ich wartete, bis er mit seinem augenblicklichen Geschäft fertig war, dann führte er mich in ein Hinterzimmer, wo er aus einem ganzen Haufen verschnittener Anzüge den schlechtesten für mich heraussuchte. Ich zog ihn an. Er passte nicht, war auch durchaus nicht

ious to have it; so I didn't find any fault, but said, with some diffidence:

"It would be an accommodation to me if you could wait some days for the money. I haven't any small change about me."

The fellow worked up a most sarcastic expression of countenance, and said:

"Oh, you haven't? Well, of course, I didn't expect it. I'd only expect gentlemen like you to carry large change."

I was nettled, and said:

"My friend, you shouldn't judge a stranger always by the clothes he wears. I am quite able to pay for this suit; I simply didn't wish to put you to the trouble of changing a large note."

He modified his style a little at that, and said, though still with something of an air:

"I didn't mean any particular harm, but as long as rebukes are going, I might say it wasn't quite your affair to jump to the conclusion that we couldn't change any note that you might happen to be carrying around. On the contrary, we *can*."

I handed the note to him, and said:

"Oh, very well; I apologize."

He received it with a smile, one of those large smiles which go all around over, and have folds in them, and wrinkles, and spirals, and look like the place where you have thrown a brick in a pond; and then in the act of his taking a glimpse of the bill this smile froze solid, and turned yellow, and looked like those wavy, wormy spreads of lava which you find hardened on little levels on the side of Vesuvius. I never before saw a smile caught like that, and perpetuated. The man stood there holding the bill, and looking like that, and the proprietor hustled up to see what was the matter, and said, briskly:

hübsch, aber er war völlig neu und somit für mich höchst begehrenswert. Ich hatte also nichts daran auszusetzen und bemerkte dann in etwas unsicherem Ton:

»Es käme mir sehr entgegen, wenn Sie einige Tage auf den Betrag warten könnten. Ich habe kein kleines Geld bei mir.«

Der Kerl nahm eine unverschämt spöttische Miene an und erwiderte:

»Ach, wirklich! Nun, damit habe ich auch nicht gerechnet. Herren wie Sie haben gewöhnlich nur große Scheine in der Tasche.«

Ärgerlich über diese Unverschämtheit versetzte ich:

»Lieber Freund, Sie müssen jemand, den Sie nicht kennen, nicht immer nach den Kleidern beurteilen, die er trägt. Ich bin sehr wohl imstande, den Anzug zu bezahlen. Ich wollte Ihnen nur die Mühe ersparen, eine große Note zu wechseln.«

Darauf milderte er seinen Ton ein wenig und erwiderte, immer noch ziemlich von oben herab:

»Ich wollte Ihnen ja nicht zu nahe treten, aber wenn wir uns schon einmal gegenseitig die Meinung sagen, so finde ich es nicht gerade angebracht, dass Sie daran zweifeln, ob wir auf eine Banknote, die Sie bei sich tragen, auch herausgeben können. Im Gegenteil, wir geben auf *jede* heraus.«

Indem ich ihm die Note hinüberreichte, erwiderte ich:

»Oh, das ist etwas anderes, dann bitte ich um Vergebung.«

Mit einem Lächeln nahm er sie entgegen, mit jener Art von Lächeln, die das ganze Gesicht mit einem System von Falten, Runzeln und Schlangenlinien überzieht, wie die Ringe auf einer Wasserfläche, wenn man einen Stein hineingeworfen hat. Als er aber nun den Blick auf die Note gleiten ließ, wurde dieses Lächeln plötzlich zu Stein und nahm eine graugelbe Farbe an, sodass es aussah wie die Lavastücke, die man zu wellenförmig gewundenen Gebilden erstarrt an den Abhängen des Vesuv findet. Das war das erste Mal in meinem Leben, dass vor meinen Augen ein Lächeln so vollkommen versteinert stehen blieb. Immer noch stand der Mensch, die Note in der Hand, mit demselben Ausdruck da, bis endlich der Prinzipal herbeigeeilt kam, um zu sehen, was denn sei.

"Well, what's up? what's the trouble? what's wanting?"

I said: "There isn't any trouble. I'm waiting for my change."

"Come, come; get him his change, Tod; get him his change."

Tod retorted: "Get him his change! It's easy to say, sir; but look at the bill yourself."

The proprietor took a look, gave a low, eloquent whistle, then made a dive for the pile of rejected clothing, and began to snatch it this way and that, talking all the time excitedly, and as if to himself:

"Sell an eccentric millionaire such an unspeakable suit as that! Tod's a fool—a born fool. Always doing something like this. Drives every millionaire away from this place, because he can't tell a millionaire from a tramp, and never could. Ah, here's the thing I am after. Please get those things off, sir, and throw them in the fire. Do me the favor to put on this shirt and this suit; it's just the thing, the very thing—plain, rich, modest, and just ducally nobby; made to order for a foreign prince—you may know him, sir, his Serene Highness the Hospodar of Halifax; had to leave it with us and take a mourning-suit because his mother was going to die—which she didn't. But that's all right; we can't always have things the way we—that is, the way they—there! trousers all right, they fit you to a charm, sir; now the waistcoat; aha, right again! now the coat—lord! look at that, now! Perfect—the whole thing! I never saw such a triumph in all my experience."

I expressed my satisfaction.

"Quite right, sir, quite right; it'll do for a makeshift, I'm bound to say. But wait till you see what we'll get up for you

»Nun, was gibt's?«, fragte er munter, »was ist los? Wo fehlt's?«

»Es gibt gar nichts«, versetzte ich, »ich warte nur auf mein Wechselgeld.«

»Los, los, so geben Sie ihm doch heraus, Tod, geben Sie ihm heraus!«

»Herausgeben!«, rief Tod, der nun auch wieder zum Leben erwachte, »das ist leicht gesagt, Sir; sehen Sie nur erst die Note einmal an!«

Der Prinzipal warf einen Blick darauf, dann pfiff er in vielsagender Weise halblaut durch die Zähne und machte sich über den Haufen verschnittener Anzüge her, indem er diese fortwährend von einer Seite zur anderen warf. Dabei machte er seiner Aufregung durch folgendes Selbstgespräch Luft:

»Einem exzentrischen Millionär einen solch unsagbar scheußlichen Anzug zu verkaufen! Tod ist ein Narr, ein geborener Narr. Immer wieder bringt er es fertig. So oft ein Millionär in den Laden kommt, treibt er ihn mir wieder hinaus, weil er nicht imstande ist, einen Millionär von einem Bettler zu unterscheiden, das war er noch nie. So, da hab' ich, was ich suchte. Bitte, Sir, legen Sie doch das Zeug da wieder ab und werfen Sie es ins Feuer. Tun Sie mir den Gefallen, und ziehen Sie dafür dieses Hemd an und diesen Anzug hier. Das ist das einzig Richtige, das einzig Wahre – einfach und doch reich, bescheiden aber wahrhaft fürstlich. Wurde für einen ausländischen Fürsten eigens angefertigt – Sie kennen ihn vielleicht, Sir, seine allerdurchlauchtigste Hoheit den Fürsten von Halifax, er musste ihn dann aber hierlassen und stattdessen einen Traueranzug nehmen, weil man meinte, seine Mutter liege im Sterben – was sie nicht tat. Aber das ist Nebensache, es geht eben nicht immer wie wir – das heißt, wie man – da! Die Hosen sind ganz recht, stehen Ihnen wunderbar, Sir. Jetzt die Weste; aha, ebenfalls vorzüglich! Jetzt den Rock – guter Gott, schauen Sie sich das an! Großartig, von Kopf bis Fuß! Das Vollkommenste, was je aus meinem Geschäft hervorgegangen ist.«

Ich konnte nicht umhin, meiner Befriedigung Ausdruck zu geben.

»O gewiss, gewiss. Für einen fertigen Anzug passt er ja ganz gut, das muss ich selber sagen. Aber warten Sie nur, was wir Ihnen erst nach

on your own measure. Come, Tod, book and pen; get at it. Length of leg, 32""—and so on. Before I could get in a word he had measured me, and was giving orders for dress-suits, morning suits, shirts, and all sorts of things. When I got a chance I said:

"But, my dear sir, I *can't* give these orders, unless you can wait indefinitely, or change the bill."

"Indefinitely! It's a weak word, sir, a weak word. Eternally—*that's* the word, sir. Tod, rush these things through, and send them to the gentleman's address without any waste of time. Let the minor customers wait. Set down the gentleman's address and—"

"I'm changing my quarters. I will drop in and leave the new address."

"Quite right, sir, quite right. One moment—let me show you out, sir. There—good day, sir, good day."

Well, don't you see what was bound to happen? I drifted naturally into buying whatever I wanted, and asking for change. Within a week I was sumptuously equipped with all needful comforts and luxuries, and was housed in an expensive private hotel in Hanover Square. I took my dinners there, but for breakfast I stuck by Harris's humble feeding-house, where I had got my first meal on my million-pound bill. I was the making of Harris. The fact had gone all abroad that the foreign crank who carried million-pound bills in his vest pocket was the patron saint of the place. That was enough. From being a poor, struggling, little hand-to-mouth enterprise, it had become celebrated, and overcrowded with customers. Harris was so grateful that he forced loans upon me, and would not be denied; and so, pauper as I was, I had money to spend, and was living like the rich and the great. I judged that there was going to be a crash by and by, but I was in now and must swim across or drown. You see there was just that element of

Maß liefern werden. Vorwärts Tod, Buch und Feder, aber rasch! Beinlänge: 32 Zoll«, und so fuhr er fort. Ehe ich eine Silbe dagegen vorzubringen vermochte, hatte er mir Maß zu Gesellschaftsanzügen, Morgenanzügen, Hemden und allem möglichen sonst genommen. Als ich endlich zu Wort kommen konnte, sagte ich:

»Aber, mein werter Herr, ich kann das alles *unmöglich* bestellen, wenn Sie nicht mit der Bezahlung auf unbestimmte Zeit warten wollen oder die Note wechseln können.«

»Auf unbestimmte Zeit! Das will ja gar nichts heißen, gar nichts. In alle Ewigkeit – *so* müssen Sie sagen, Sir. Tod, lassen Sie die Sachen schleunigst anfertigen und dem Herrn dann unverzüglich in die Wohnung schicken. Die kleineren Kunden mögen warten. Notieren Sie die Adresse des Herrn und –«

»Ich bin eben im Umzug begriffen. Ich komme dann wieder vorbei und gebe Ihnen meine neue Adresse«, warf ich ein.

»Ganz recht, Sir, ganz recht. Nur einen Augenblick, bitte, dann werde ich Sie zur Tür geleiten. So, hier – habe die Ehre, Sir, habe die Ehre.«

Nun, ahnen Sie, wie es weiterging? Auf dem allernatürlichsten Weg war ich bald dahin gelangt, dass ich überall einfach verlangte, was ich haben wollte, und dann beim Bezahlen Wechselgeld auf meine Millionennote erbat. Noch bevor eine Woche um war, wohnte ich kostbar eingerichtet im größten Luxus und von allen Bequemlichkeiten umgeben in einem teuren Privathotel am Hanover Square. Hier nahm ich auch das Dinner ein, zum Frühstück dagegen suchte ich regelmäßig Harris' bescheidene Speisewirtschaft auf, in der mir meine Millionennote zu meinem ersten Mahl verholfen hatte. Harris gelangte durch mich zu ungeahnter Blüte. Allenthalben sprach man davon, dass der fremde Kauz, der die Millionen nur so in der Westentasche herumtrug, der Wirtschaft seine Gönnerschaft zugewendet hatte. Dies genügte, um aus dem armseligen, elenden Ding, das mit Mühe sein Dasein fristete, ein berühmtes, stets überfülltes Lokal zu machen. In seiner Dankbarkeit drängte mir Harris ein Darlehen nach dem anderen auf und ließ keine Weigerung gelten, sodass ich trotz meiner Bettelarmut im Geld schwamm und ein wahres Herrenleben führte. Nach

impending disaster to give a serious side, a sober side, yes, a tragic side, to a state of things which would otherwise have been purely ridiculous. In the night, in the dark, the tragedy part was always to the front, and always warning, always threatening; and so I moaned and tossed, and sleep was hard to find. But in the cheerful daylight the tragedy element faded out and disappeared, and I walked on air, and was happy to giddiness, to intoxication, you may say.

And it was natural; for I had become one of the notorieties of the metropolis of the world, and it turned my head, not just a little, but a good deal. You could not take up a newspaper, English, Scotch, or Irish, without finding in it one or more references to the "vest-pocket million-pounder" and his latest doings and sayings. At first, in these mentions, I was at the bottom of the personal-gossip column; next, I was listed above the knights, next above the baronets, next above the barons, and so on, and so on, climbing steadily, as my notoriety augmented, until I reached the highest altitude possible, and there I remained, taking precedence of all dukes not royal, and of all ecclesiastics except the primate of all England. But mind, this was not fame; as yet I had achieved only notoriety. Then came the climaxing stroke–the accolade, so to speak–which in a single instant transmuted the perishable dross of notoriety into the enduring gold of fame: *Punch* caricatured me! Yes, I was a made man now; my place was established. I might be joked about still, but reverently, not hilariously, not rudely; I could be smiled at, but not laughed at. The time for that had gone by. *Punch* pictured me all a-flutter with rags, dickering with a beef-eater for the Tower of London. Well, you can imagine how it was with a young fellow who had never been

einer Weile sagte ich mir wohl, dass ich einem unvermeidlichen Krach entgegengehe, aber nun war es einmal so weit gekommen und jetzt hieß es eben, mit dem Strom schwimmen oder untergehen. Man sieht, ohne dieses Vorgefühl eines drohenden Unheils wäre meine Lage einfach lächerlich gewesen, aber so erhielt diese eine sehr ernste, nüchterne Seite, ja geradezu einen tragischen Zug. Nachts im Finstern drängte sich dieses Gefühl besonders in den Vordergrund, warnend und drohend, sodass ich mich seufzend auf meinem Lager herumwarf, und nur mit Mühe Schlaf finden konnte. Aber im frohen Schimmer des Tageslichts war dieser tragische Zug allemal sehr bald wieder verflogen, und dann schwebte ich in höheren Regionen und wiegte mich in einem wahren Taumel, in einem förmlichen Glücksrausch, könnte man sagen.

Und das war auch ganz natürlich; war ich doch zu einer der Kuriositäten der größten Stadt der Welt geworden. Das war mir denn zu Kopf gestiegen, und zwar nicht etwa nur so ein klein wenig, sondern ganz gehörig. Keine Zeitung im ganzen Vereinigten Königreich konnte man mehr zur Hand nehmen, ohne auf einen oder mehrere Artikel über den »Mann mit der Million in der Westentasche« und auf Berichte über das Neueste, was er gesagt und getan hatte, zu stoßen. Zuerst waren diese Notizen ganz unten in den Klatschspalten erschienen, bald aber kam ich über die Ritter, dann über die Baronetts und Barone und so weiter und so fort, immer höher hinauf, je berühmter ich wurde, bis ich schließlich den höchsten für mich möglichen Ehrenplatz einnahm, auf dem mir nur noch Prinzen von königlichem Geblüt und der Primas von ganz England vorgingen. Aber, wohl gemerkt, das war noch kein wahrer Ruhm, was ich bis jetzt besaß, nur Berühmtheit. Doch dann kam der Knalleffekt, der sozusagen mit einem Schlag das vergängliche Blech der Berühmtheit in das gediegene Gold des Ruhmes verwandelte: Im *Punch** erschien eine Karikatur von mir! Ja, jetzt war ich ein gemachter Mann; jetzt war mir mein Rang gesichert. Witze durfte man nun wohl noch über mich machen, aber nur ganz respektvolle, keine spöttischen oder rohen mehr. Man konnte über mich lächeln, auslachen dagegen durfte man mich nicht mehr. Diese Zeiten waren vorüber. Der *Punch* bildete mich ab, wie ich

taken notice of before, and now all of a sudden couldn't say a thing that wasn't taken up and repeated everywhere; couldn't stir abroad without constantly overhearing the remark flying from lip to lip, "There he goes; that's him!" couldn't take his breakfast without a crowd to look on; couldn't appear in an opera-box without concentrating there the fire of a thousand lorgnettes. Why, I just swam in glory all day long–that is the amount of it.

You know, I even kept my old suit of rags, and every now and then appeared in them, so as to have the old pleasure of buying trifles, and being insulted, and then shooting the scoffer dead with the million-pound bill. But I couldn't keep that up. The illustrated papers made the outfit so familiar that when I went out in it I was at once recognized and followed by a crowd, and if I attempted a purchase the man would offer me his whole shop on credit before I could pull my note on him.

About the tenth day of my fame I went to fulfill my duty to my flag by paying my respects to the American minister. He received me with the enthusiasm proper in my case, upbraided me for being so tardy in my duty, and said that there was only one way to get his forgiveness, and that was to take the seat at his dinner-party that night made vacant by the illness of one of his guests. I said I would, and we got to talking. It turned out that he and my father had been schoolmates in boyhood, Yale students together later, and always warm friends up to my father's death. So then he required me to put in at his house all the odd time I might have to spare, and I was very willing, of course.

ganz in Lumpen gehüllt mit einem Beefeater* um den Londoner Tower feilschte. Nun, man kann sich vorstellen, wie das auf einen jungen Menschen wirken musste, um den sich bisher kein Mensch gekümmert hatte, wenn er sah, dass er kein Wort mehr sagen konnte, ohne dass es aufgeschnappt und von allen Lippen wiederholt wurde; wenn er überall, wo er sich sehen ließ, die Bemerkungen von Mund zu Mund fliegen hörte: »Da geht er; das ist er«, wenn er sein Frühstück nicht einnehmen konnte, ohne dabei von einer gaffenden Zuschauermenge umlagert zu werden und sich in keiner Opernloge zeigen durfte, ohne augenblicklich einem Kreuzfeuer von tausend Gläsern ausgesetzt zu sein. Kurz und gut – ich schwamm den ganzen Tag auf einer Woge des Ruhms.

Wissen Sie, ich hatte sogar meinen zerlumpten Anzug behalten und ging ab und zu in demselben aus, um das Vergnügen wieder einmal auszukosten, mich beim Einkauf irgendeiner Kleinigkeit beleidigen zu lassen und dann den Unverschämten mit meiner Millionennote niederzuschmettern. Aber lange konnte ich das nicht fortführen. Aus den illustrierten Zeitungen war meine Erscheinung so allgemein bekannt, dass ich mich in diesem Anzug stets augenblicklich erkannt und von einer Menschenmenge verfolgt sah, und sobald ich etwas kaufen wollte, bot mir der Geschäftsinhaber seinen ganzen Laden auf Kredit an, noch ehe ich dazu kommen konnte, meine Note auf ihn loszulassen.

Etwa zehn Tage, nachdem ich zu dieser Berühmtheit gelangt war, dachte ich daran, meiner patriotischen Pflicht nachzukommen, indem ich dem amerikanischen Gesandten meine Aufwartung machte. Dieser empfing mich mit dem meinem Fall angemessenen Entzücken, machte mir Vorwürfe, dass ich die Erfüllung dieser meiner Pflicht so lange habe anstehen lassen, und erklärte mir, nur dadurch könne ich mir seine Vergebung erkaufen, dass ich bei einer am Abend in seinem Haus stattfindenden Gesellschaft den Platz eines durch Krankheit verhinderten Gastes einnehme. Ich sagte zu, und wir kamen allmählich tiefer ins Gespräch. Dabei stellte sich heraus, dass er mit meinem Vater auf einer Schulbank gesessen und später zusammen mit ihm im Yale College studiert und bis zu meines Vaters Tod einige Freund-

In fact, I was more than willing; I was glad. When the crash should come, he might somehow be able to save me from total destruction; I didn't know how, but he might think of a way, maybe. I couldn't venture to unbosom myself to him at this late date, a thing which I would have been quick to do in the beginning of this awful career of mine in London. No, I couldn't venture it now; I was in too deep; that is, too deep for me to be risking revelations to so new a friend, though not clear beyond my depth, as *I* looked at it. Because, you see, with all my borrowing, I was carefully keeping within my means–I mean within my salary. Of course, I couldn't *know* what my salary was going to be, but I had a good enough basis for an estimate in the fact that if I won the bet I was to have *choice* of any situation in that rich old gentleman's gift provided I was competent–and I should certainly prove competent; I hadn't any doubt about that. And as to the bet, I wasn't worrying about that; I had always been lucky. Now my estimate of the salary was six hundred to a thousand a year; say, six hundred for the first year, and so on up year by year, till I struck the upper figure by proved merit. At present I was only in debt for my first year's salary. Everybody had been trying to lend me money, but I had fought off the most of them on one pretext or another; so this indebtedness represented only £ 300 borrowed money, the other £ 300 represented my keep and my purchases. I believed my second year's salary would carry me through the rest of the month if I went on being cautious and economical, and I intended to look sharply out for that. My month ended, my employer back from his journey, I should be all right once more, for I should at once divide the two years' salary among my creditors by assignment, and get right down to my work.

schaft mit ihm unterhalten hatte. So lud er mich denn ein, jede freie Stunde in seinem Haus zu verbringen, was ich natürlich mit Freuden annahm.

Genauer gesagt, war mir dies mehr als angenehm, es war mir vom höchsten Wert. Bei Eintritt des Krachs war er doch vielleicht imstande, mich vor gänzlichem Untergang zu bewahren. Ich konnte mir zwar nicht recht vorstellen, wie das zugehen sollte, aber ich dachte, er würde schon vielleicht einen Weg dazu finden. Für eine Generalbeichte, die ich ihm zu Anfang meines entsetzlichen Werdegangs in London ohne Weiteres abgelegt hätte, war es bereits zu spät. Nein, das konnte ich nicht mehr riskieren, ich steckte schon zu tief drin; das heißt wenigstens so tief, dass es nicht geraten schien, einem Bekannten so neuen Datums genauere Mitteilungen darüber zu machen, wenn sich auch in *meinen* Augen die Sache noch nicht so hoffnungslos ausnahm. Denn bei meiner Borgwirtschaft hielt ich mich höchst sorgfältig innerhalb der Grenzen meiner Mittel, das heißt meines zukünftigen Gehalts. *Wissen* konnte ich ja natürlich nicht, wie viel dieses betragen würde, aber eine genügende Grundlage für eine annähernde Schätzung desselben war doch dadurch gegeben, dass mir der alte Herr bei gewonnener Wette die freie *Wahl* unter sämtlichen Stellungen lassen wollte, die er zu vergeben hatte, vorausgesetzt, dass ich dazu befähigt wäre – und das war doch sicher der Fall, darüber hegte ich keinen Zweifel. Was die Wette anging, machte ich mir keine Sorgen, in dem Punkt hatte ich stets Glück gehabt. Nun, ich schätzte also mein Gehalt auf sechshundert bis tausend Pfund im Jahr; sagen wir sechshundert fürs erste Jahr und dann so Jahr für Jahr mehr, bis ich es durch meine Leistungen auf tausend gebracht hätte. Meine Schulden erreichten bis jetzt nur die Höhe meines ersten Jahresgehalts. Von allen Seiten hatte man mir Geld angeboten, aber ich hatte diese Darlehen meist unter irgendeinem Vorwand zurückgewiesen; so beliefen sich meine daher stammenden Schulden auf nicht mehr als 300 Pfund, während ich die anderen 300 zur Bestreitung meines Unterhalts und zu Einkäufen gebraucht hatte. Mit dem Gehalt des zweiten Jahres hoffte ich nun durch diese Vorsicht und Sparsamkeit bis zum Ende des Monats durchzukommen, und daran wollte ich es gewiss nicht fehlen lassen.

It was a lovely dinner-party of fourteen. The Duke and Duchess of Shoreditch, and their daughter the Lady Anne-Grace-Eleanor-Celeste-and-so-forth-and-so-forth-de-Bohun, the Earl and Countess of Newgate, Viscount Cheapside, Lord and Lady Blatherskite, some untitled people of both sexes, the minister and his wife and daughter, and his daughter's visiting friend, an English girl of twenty-two, named Portia Langham, whom I fell in love with in two minutes, and she with me—I could see it without glasses. There was still another guest, an American—but I am a little ahead of my story. While the people were still in the drawing-room, whetting up for dinner, and coldly inspecting the late comers, the servant announced:

"Mr. Lloyd Hastings."

The moment the usual civilities were over, Hastings caught sight of me, and came straight with cordially outstretched hand; then stopped short when about to shake, and said, with an embarrassed look:

"I beg your pardon, sir, I thought I knew you."

"Why, you do know me, old fellow."

"No. Are *you* the—the—"

"Vest-packet monster? I am, indeed. Don't be afraid to call me by my nickname; I'm used to it."

"Well, well, well, this is a surprise. Once or twice I've seen your own name coupled with the nickname, but it never occurred to me that *you* could be the Henry Adams referred to. Why, it isn't six months since you were clerking away for Blake Hopkins in Frisco on a salary, and sitting up nights on an extra allowance, helping me arrange and verify the Gould and

War dann mein Monat erst herum und mein Gönner von der Reise zurück, dann war ja alles wieder in schönster Ordnung, da ich einfach die beiden ersten Jahresgehälter unter meinen Gläubigern aufteilen und diese ihnen anweisen würde, während ich selbst mich in die Arbeit stürzen wollte.

Es war eine sehr angenehme Tischgesellschaft von vierzehn Personen: der Herzog und die Herzogin von Shoreditch mit ihrer Tochter Lady Anne Grace Eleanor Celeste und so weiter de Bohun, der Graf und die Gräfin von Newgate, Viscount Cheapside, Lord und Lady Blatherskite, einige Menschen beiderlei Geschlechts ohne Rang und Titel, der Gesandte nebst Gemahlin und Tochter sowie eine zu Besuch bei der letzteren befindliche junge Engländerin von zweiundzwanzig Jahren namens Portia Langham, in welche ich mich im Lauf von zwei Minuten bereits verliebt hatte, ebenso wie sie sich in mich – was ich ohne Brille bemerken konnte. Dann war noch ein Gast da, ein Amerikaner – doch ich eile meiner Erzählung etwas voraus. Während die Gesellschaft noch in sehnsüchtiger Erwartung des Mahles im Salon beisammen saß und kühl die Zuspätkommenden musterte, meldete der Diener:

»Mr Lloyd Hastings.«

Hastings fasste, sobald die Förmlichkeiten der Begrüßung vorüber waren, mich ins Auge und kam mit ausgestreckter Hand auf mich zu; in dem Augenblick aber, wo er die meinige herzlich schütteln wollte, stockte er plötzlich und sagte mit verlegener Miene:

»Ich bitte sehr um Vergebung, ich glaubte Sie zu kennen.«

»Nun, du kennst mich auch, alter Junge.«

»Nein! Bist *du* der – das –«

»Das Westentaschenmonster? Jawohl, gewiss. Du darfst mich getrost bei meinem Spottnamen nennen, ich bin schon daran gewöhnt.«

»Na, na, na, diese Überraschung! Ein oder zweimal habe ich deinen Namen in Verbindung mit dieser Bezeichnung gelesen, aber es kam mir nie dabei in den Sinn, dass *du* der fragliche Henry Adams sein könntest. Es ist doch noch kein halbes Jahr her, dass du in San Francisco auf Blake Hopkins Kontor gebüffelt und um dir einen Nebenverdienst zu verschaffen, ganze Nächte lang mit mir an der Ord-

Curry Extension papers and statistics. The idea of your being in London, and a vast millionaire, and a colossal celebrity! Why, it's the Arabian Nights come again. Man, I can't take it in at all; can't realize it; give me time to settle the whirl in my head."

"The fact is, Lloyd, you are no worse off than I am. I can't realize it myself."

"Dear me, it *is* stunning, now isn't it? Why, it's just three months today since we went to the Miners' restaurant–"

"No; the What Cheer."

"Right, it *was* the What Cheer; went there at two in the morning, and had a chop and coffee after a hard six-hours grind over those Extension papers, and I tried to persuade you to come to London with me, and offered to get leave of absence for you and pay all your expenses, and give you something over if I succeeded in making the sale; and you would not listen to me, said I wouldn't succeed, and you couldn't afford to lose the run of business and be no end of time getting the hang of things again when you got back home. And yet here you are. How odd it all is! How did you happen to come, and whatever *did* give you this incredible start?"

"Oh, just an accident. It's a long story–a romance, a body may say. I'll tell you all about it, but not now."

"When?"

"The end of this month."

"That's more than a fortnight yet. It's too much of a strain on a person's curiosity. Make it a week."

"I can't. You'll know why, by and by. But how's the trade getting along?"

His cheerfulness vanished like a breath, and he said with a sigh:

nung und Richtigstellung der Bücher und Geschäftsberichte der Gould- und Curry-Extension-Gruben gearbeitet hast. Und jetzt soll ich mir vorstellen, dass du hier in London als vielfacher Millionär und kolossale Berühmtheit herumläufst! Es ist ja das reinste Märchen aus Tausendundeiner Nacht. Mensch, ich kann es gar nicht fassen, nicht begreifen; lass mich nur erst wieder etwas zu mir kommen.«

»Wahrhaftig, Lloyd, es geht mir kein Haar besser als dir. Es ist mir selbst unbegreiflich.«

»Bei Gott, wirklich ganz unerhört! Heute ist es gerade drei Monate her, dass wir zusammen ins Miners Restaurant gingen –«

»Nein, ins What Cheer.«

»Richtig, es *war* das What Cheer. Da ließen wir uns um zwei Uhr morgens ein Kotelett und eine Tasse Kaffee geben, nachdem wir sechs Stunden zusammen über den Büchern der Extension geschwitzt hatten. Damals wollte ich dich überreden, mit mir nach London zu kommen, und bot dir an, dir Urlaub auszuwirken und deine Ausgaben zu decken, versprach dir auch noch etwas extra für den Fall, dass es mir gelänge, die Kuxe an den Mann zu bringen. Aber da wolltest du nichts von der Sache wissen. Du meintest, dabei komme doch nichts heraus, und du könntest doch nicht aufs Ungewisse deine ganze Stellung aufgeben, um dann vielleicht nach Jahr und Tag wieder von vorne anfangen zu müssen. Und nun bist du doch hier. Welch eine merkwürdige Geschichte ist das doch! Was hat dich denn hierher verschlagen, und wodurch in aller Welt hast du dich *so* kolossal heraufgebracht?«

»Ach, das kam ganz zufällig. Es ist eine lange Geschichte – ein ganzer Roman kann man sagen. Ich erzähle dir alles, aber nicht jetzt.«

»Wann denn?«

»Ende dieses Monats.«

»Das sind ja noch über vierzehn Tage. Das heißt doch der menschlichen Neugierde zuviel zumuten. Sage lieber, in einer Woche.«

»Das geht nicht. Den Grund wirst du schon noch erfahren. Nun, wie steht es denn mit den Geschäften?«

Mit einem Mal war sein heiterer Ausdruck wie weggeblasen, und mit einem Seufzer erwiderte er:

"You were a true prophet, Hal, a true prophet. I wish I hadn't come. I don't want to talk about it."

"But you must. You must come and stop with me to-night, when we leave here, and tell me all about it."

"Oh, may I? Are you in earnest?" and the water showed in his eyes.

"Yes; I want to hear the whole story, every word."

"I'm so grateful! Just to find a human interest once more, in some voice and in some eye, in me and affairs of mine, after what I've been through here–lord! I could go down on my knees for it!"

He gripped my hand hard, and braced up, and was all right and lively after that for the dinner–which didn't come off. No; the usual thing happened, the thing that is always happening under the vicious and aggravating English system–the matter of precedence couldn't be settled, and so there was no dinner. Englishmen always eat dinner before they go out to dinner, because *they* know the risks they are running; but nobody ever warns the stranger, and so he walks placidly into the trap. Of course, nobody was hurt this time, because we had all been to dinner, none of us being novices excepting Hastings, and he having been informed by the minister at the time that he invited him that in deference to the English custom he had not provided any dinner. Everybody took a lady and processioned down to the dining-room because it is usual to go through the motions; but there the dispute began. The Duke of Shoreditch wanted to take precedence, and sit at the head of the table, holding that he outranked a minister who represented merely a nation and not a monarch; but I stood for my rights, and refused to yield. In the gossip column I ranked all dukes not royal, and said so, and claimed precedence of this one. It couldn't be settled, of course, struggle as we might and did, he finally (and injudiciously) trying to play birth and antiquity, and I "seeing" his Conqueror

»Du hattest ganz recht mit deiner Prophezeiung, Hal, ganz recht. Wäre ich doch nicht hierher gekommen. Ich mag gar nicht davon reden.«

»Doch, du sollst aber. Wenn wir hier fertig sind, musst du mit mir nach Hause kommen und mir alles erzählen.«

»Wie, darf ich? Ist das dein Ernst?« Dabei wurden ihm die Augen feucht.

»Jawohl, ich will die ganze Geschichte hören, Wort für Wort.«

»Ach, wie dankbar bin ich, dass ich endlich wieder bei einem menschlichen Wesen in Blick und Wort einem Interesse für meine Angelegenheiten begegnen darf nach allem, was ich durchgemacht habe – lieber Gott! Auf den Knien möchte ich dir dafür danken!«

Mit einem festen Druck meiner Hand sprang er auf und sah in fröhlichster Stimmung der Mahlzeit entgegen – aus der jedoch nichts wurde. Nein, es ging, wie es stets geht bei der grausamen und ärgerlichen englischen Sitte – man war nicht imstande, sich über die Rangordnung zu einigen, und so gab es keine Mahlzeit. Wenn Engländer zum Dinner eingeladen werden, so essen sie sich jedes Mal vorher zu Hause satt, weil *sie* wissen, welches Risiko sie eingehen, ein Fremder dagegen, der von keiner Seite gewarnt wird, geht ahnungslos in die Falle. Diesmal freilich kam niemand zu Schaden, wir hatten alle bereits zu Hause gespeist, dem einzigen Neuling unter uns, Hastings, hatte der Gesandte gleich bei der Einladung gesagt, dass er getreu dem Landesbrauch für ein Gastmahl keine Vorsorge habe treffen lassen. Trotzdem setzte sich nun, um den Schein zu wahren, ein jeder Herr mit einer Dame am Arm nach dem Speisesaal in Bewegung; aber dabei ging der Streit bereits an. Der Herzog von Shoreditch beanspruchte den Vortritt sowie den Platz oben an der Tafel, da er einem Gesandten, der nur ein Volk, nicht einen Monarchen vertrete, an Rang vorgehe. Dem gegenüber machte ich meine Rechte geltend, ohne einen Fußbreit nachzugeben. In den Klatschspalten rangierte ich vor allen Herzögen, die nicht dem Königshaus angehörten, demnach sei es ganz in der Ordnung, dass mir auch vor diesem Herzog der Vorrang gebühre. Mit allem Hin- und Herreden, worin wir unser Möglichstes leisteten, kam die Sache natürlich nicht zum Austrag. Endlich war

and "raising" him with Adam, whose direct posterity I was, as shown by my name, while *he* was of a collateral branch, as shown by *his*, and by his recent Norman origin; so we all processioned back to the drawing-room again and had a perpendicular lunch–plate of sardines and a strawberry, and you group yourself and stand up and eat it. Here the religion of precedence is not so strenuous; the two persons of highest rank chuck up a shilling, the one that wins has first go at his strawberry, and the loser gets the shilling. The next two chuck up, then the next two, and so on. After refreshment, tables were brought, and we all played cribbage, sixpence a game. The English never play any game for amusement. If they can't make something or lose something–they don't care which–they won't play.

We had a lovely time; certainly two of us had, Miss Langham and I. I was so bewitched with her that I couldn't count my hands if they went above a double sequence; and when I struck home I never discovered it, and started up the outside row again, and would have lost the game every time, only the girl did the same, she being in just my condition, you see; and consequently neither of us ever got out, or cared to wonder why we didn't; we only just knew we were happy, and didn't wish to know anything else, and didn't want to be interrupted. And I *told* her–I did, indeed–told her I loved her; and she–well, she blushed till her hair turned red, but she liked it; she said she did. Oh, there was never such an evening! Every time I pegged I put on a postscript; every time she pegged she acknowledged receipt of it, counting the hands the same. Why, I couldn't even say "Two for his heels" without adding "*My*, how sweet you do look!" and she would say, "Fifteen two, fifteen four, fifteen six, and a pair are eight,

mein Gegner so unbedacht, Geburt und Ahnen ins Feld zu führen; da übertrumpfte ich ihn jedoch mit dem Hinweis darauf, dass ich, wie schon mein Name zeige, in gerader Linie von Adam abstamme, während aus dem *seinigen* zusammen mit seiner normannischen Abkunft klar hervorgehe, dass *er* nur in der Seitenlinie mit dem Stammvater des Menschengeschlechts verwandt sei. So bewegte sich denn der Zug nach dem Salon zurück, wo wir einen Imbiss – bestehend aus einem Teller voll Sardinen und ein paar Erdbeeren – einnahmen. Dabei isst man gewöhnlich gruppenweise im Stehen. Mit der Heiligkeit der Rangordnung wird es etwas weniger streng genommen; die beiden Höchststehenden werfen eine Münze. Der Gewinner macht sich dann zuerst über die Erdbeeren her, während der Verlierer den Schilling einsteckt. Dann werfen die nächsten beiden eine Münze, und so weiter und so fort. Nach der Erfrischung brachte man Spieltische und wir spielten sämtlich Cribbage*, um sechs Pence die Partie. In England spielt man nämlich niemals zum bloßen Vergnügen. Man will durchaus gewinnen oder verlieren – ob das eine oder das andere, ist gleichgültig – ansonsten verzichtet man lieber ganz.

Der Abend verfloss allerliebst, wenigstens uns beiden, Miss Langham und mir. Ich war so bezaubert von dem holden Geschöpf, dass ich nicht imstande war, mein Blatt auszuwerten, wenn es über zwei Folgen hinausging; und wenn ich eine Runde gewonnen hatte, übersah ich es jedes Mal und fing wieder an auszuspielen, sodass ich eine Partie um die andere verloren hätte, wäre es meiner Partnerin nicht genau ebenso gegangen. So war es ganz natürlich, dass keiner von uns beiden herauskam, das fiel uns aber nicht im Mindesten auf, wir wussten nur, dass wir glücklich waren, und weiter wollten wir auch nichts wissen und hatten nur den Wunsch, in diesem Gefühl nicht gestört zu sein. Ich *erklärte* ihr sogar – wirklich in allem Ernst – ich erklärte ihr, dass ich sie liebe, und *sie* – nun sie wurde wohl rot bis unter die Haare, hatte aber nichts dagegen – sagte dies auch. Oh, es war der schönste Abend meines Lebens! Jedes Mal, wenn ich auslegte, fügte ich ein Postskript bei, wofür sie mir dann ihrerseits die Empfangsbestätigung erteilte, wenn sie auslegte oder ihr Blatt zusammenzählte. Ich konnte etwa nicht sagen: »Zwei für die Hacken« ohne »*Gott*, wie reizend Sie sind!« oder

and eight are sixteen—*do* you think so?"—peeping out aslant from under her lashes, you know, so sweet and cunning. Oh, it was just *too*—too!

Well, I was perfectly honest and square with her; told her I hadn't a cent in the world but just the million-pound note she'd heard so much talk about, and it didn't belong to me, and that started her curiosity; and then I talked low, and told her the whole history right from the start, and it nearly killed her laughing. What in the nation she could find to laugh about *I* couldn't see, but there it was; every half-minute some new detail would fetch her, and I would have to stop as much as a minute and a half to give her a chance to settle down again. Why, she laughed herself lame—she did, indeed; I never saw anything like it. I mean I never saw a painful story—a story of a person's troubles and worries and fears—produce just *that* kind of effect before. So I loved her all the more, seeing she could be so cheerful when there wasn't anything to be cheerful about; for I might soon need that kind of wife, you know, the way things looked. Of course, I told her we should have to wait a couple of years, till I could catch up on my salary; but she didn't mind that, only she hoped I would be as careful as possible in the matter of expenses, and not let them run the least risk of trenching on our third year's pay. Then she began to get a little worried, and wondered if we were making any mistake, and starting the salary on a higher figure for the first year than I would get. This was good sense, and it made me feel a little less confident than I had been feeling before; but it gave me a good business idea, and I brought it frankly out.

"Portia, dear, would you mind going with me that day, when I confront those old gentlemen?"

She shrank a little, but said:

etwas Ähnliches hinzuzufügen, und sie antwortete dann zum Beispiel: »Fünfzehn, zwei, fünfzehn, vier, fünfzehn, sechs, und ein Paar sind acht, plus acht macht sechzehn Punkte – finden Sie das *wirklich*?« Und dabei ließ sie einen so süßen, schelmischen Blick unter ihren langen Wimpern hervorblitzen. Oh, es war wirklich *zu* – herrlich!

Ich benahm mich übrigens vollständig offen und ehrlich dem Mädchen gegenüber. Ich sagte ihr, dass ich nichts auf der Welt besäße, als eben die eine Millionennote, von der sie schon so viel gehört habe, und dass selbst *sie* nicht mein Eigentum sei. Dies erregte ihre Neugier, und daraufhin erzählte ich ihr halblaut die ganze Geschichte frisch von der Leber weg. Sie wollte sich darüber fast totlachen. Was sie dabei in aller Welt so lächerlich fand, war *mir* ein Rätsel, aber so war es nun einmal. Jede halbe Minute brachte sie irgendein Umstand aufs Neue zum Lachen, sodass ich ihr wieder anderthalb Minuten Zeit zum Atemschöpfen lassen musste. Sie lachte sich buchstäblich lahm, noch nie war mir so etwas vorgekommen. Dass eine traurige Geschichte – eine Geschichte, die von nichts anderem handelt als von den Leiden, Kümmernissen und Sorgen eines Menschen – eine *solche* Wirkung hervorbrachte, war doch unerhört. Und doch hatte ich sie nur umso lieber dafür, dass sie so heiter sein konnte, wo eigentlich gar kein Grund zur Heiterkeit vorlag; sah es doch ganz danach aus, als könnte ich eine derartige Frau demnächst recht notwendig brauchen. Ich eröffnete ihr natürlich, dass wir wohl zwei Jahre würden warten müssen, bis ich in den Genuss meines Gehalts käme; hieraus machte sie sich aber nichts und ermahnte mich nur zur größten Sparsamkeit, damit nicht auch noch mein drittes Jahresgehalt angegriffen werden müsse. Dann wurde sie auf einmal besorgt und meinte, ob wir mit unseren Vermutungen über den Betrag meines ersten Jahresgehalts nicht doch am Ende die Rechnung ohne den Wirt machten. Diese nur zu wohl begründete Bemerkung brachte zwar mein Vertrauen in die Zukunft einigermaßen ins Wanken, dafür gab mir diese aber auch einen guten, praktischen Gedanken ein, den ich sofort frischweg aussprach:

»Portia, mein Schatz, würde es dir etwas ausmachen, mich zu den alten Herren zu begleiten, wenn ich mich ihnen wieder vorstellen muss?«

Sie erschrak ein wenig, sagte aber:

"N-o; if my being with you would help hearten you. But—would it be quite proper, do you think?"

"No, I don't know that it would—in fact, I'm afraid it wouldn't; but, you see, there's so *much* dependent upon it that—"

"Then I'll go anyway, proper or improper," she said, with a beautiful and generous enthusiasm. "Oh, I shall be so happy to think I'm helping!"

"Helping, dear? Why, you'll be doing it all. You're so beautiful and so lovely and so winning, that with you there I can pile our salary up till I break those good old fellows, and they'll never have the heart to struggle."

Sho! you should have seen the rich blood mount, and her happy eyes shine!

"You wicked flatterer! There isn't a word of truth in what you say, but still I'll go with you. Maybe it will teach you not to expect other people to look with your eyes."

Were my doubts dissipated? Was my confidence restored? You may judge by this fact: privately I raised my salary to twelve hundred the first year on the spot. But I didn't tell her: I saved it for a surprise.

All the way home I was in the clouds, Hastings talking, I not hearing a word. When he and I entered my parlor, he brought me to myself with his fervent appreciations of my manifold comforts and luxuries.

"Let me just stand here a little and look my fill. Dear me! it's a palace—it's just a palace! And in it everything a body *could* desire, including cozy coal fire and supper standing ready. Henry, it doesn't merely make me realize how rich you are; it makes me realize, to the bone, to the marrow, how poor I am—how poor I am, and how miserable, how defeated, routed, annihilated!"

Plague take it! this language gave me the cold shudders. It scared me broad awake, and made me comprehend that I was

»N-nun, wenn meine Begleitung dazu beitragen kann, dir Mut zu machen. Aber ist es denn auch ganz angemessen, was meinst du?«

»Das wohl schwerlich, oder eigentlich sicherlich nicht; aber sieh, es hängt so *unendlich* viel davon ab, dass –«

»Dann gehe ich unter allen Umständen mit, ob angemessen oder nicht!«, erwiderte sie mit edler Begeisterung, die ihr herrlich stand. »Oh, der Gedanke etwas für dich tun zu können, macht mich so glücklich!«

»Etwas, mein Herz? Alles tust du ganz allein. Du bist so schön, so lieblich, so bezaubernd, dass, wenn ich dich zur Seite habe, die guten alten Herren uns ohne Widerrede jedes beliebiges Gehalt bewilligen müssen, und sollten sie darüber zu Bettlern werden.«

Ha, nun musste man sehen, wie ihr das Blut voll in die Wangen strömte und ihre Augen in Glück erstrahlten!

»Du böser Schmeichler! Das ist ja alles nicht wahr, was du da sagst, aber mit gehe ich doch. Vielleicht wird es dir bei der Gelegenheit klar, dass andere Leute mich mit anderen Augen betrachten als du.«

Hegte ich noch Zweifel? War mein Vertrauen wieder hergestellt? Es wird wohl genügen, wenn ich sage, dass ich bei mir selbst in aller Stille mein Gehalt unverzüglich auf zwölfhundert Pfund im Jahr erhöhte. Ich sagte ihr aber davon nichts: das sparte ich mir als Überraschung für später auf.

Auf dem ganzen Weg zu meiner Wohnung schwebte ich in höheren Regionen und hörte kein Wort von allem, was Hastings erzählte. Erst als wir daheim ankamen und Hastings beim Eintritt in meinen Salon sich in begeisterten Lobsprüchen auf meine reiche und bequeme Einrichtung erging, kam ich wieder zu mir.

»Jetzt lass mich nur einen Augenblick hier stehenbleiben«, rief er, »damit ich mich sattsehen kann! Guter Gott, das ist ja ein Palast, der reinste Palast! Und da fehlt nichts, was sich nur *erdenken* lässt, bis zum behaglichen Kaminfeuer und bereitstehenden Abendbrot. Henry, hier merkt man nicht nur, wie reich du bist, nein, hier fühle ich auch im tiefsten Innern, wie arm ich bin, wie arm und wie elend, wie geschlagen, gebrochen, vernichtet!«

Hol's der Henker! Seine Worte wirkten auf mich wie ein kaltes Sturzbad. Mit einem Schlag war ich völlig ernüchtert und zu dem

standing on a half-inch crust, with a crater underneath. *I* didn't know I had been dreaming—that is, I hadn't been allowing myself to know it for a while back; but *now*—oh, dear! Deep in debt, not a cent in the world, a lovely girl's happiness or woe in my hands, and nothing in front of me but a salary which might never—oh, *would* never—materialize! Oh, oh, oh! I am ruined past hope! nothing can save me!

"Henry, the mere unconsidered drippings of your daily income would—"

"Oh, my daily income! Here, down with this hot Scotch, and cheer up your soul. Here's with you! Or, no—you're hungry; sit down and—"

"Not a bite for me; I'm past it. I can't eat, these days; but I'll drink with you till I drop. Come!"

"Barrel for barrel, I'm with you! Ready? Here we go! Now, then, Lloyd, unreel your story while I brew."

"Unreel it? What, again?"

"Again? What do you mean by that?"

"Why, I mean do you want to hear it *over* again?"

"Do I want to hear it *over* again? This is a puzzler. Wait; don't take any more of that liquid. You don't need it."

"Look here, Henry, you alarm me. Didn't I tell you the whole story on the way here?"

"You?"

"Yes!"

"I'll be hanged if I heard a word of it."

"Henry, this is a serious thing. It troubles me. What did you take up yonder at the minister's?"

Then it all flashed on me, and I owned up like a man.

Bewusstsein erwacht, dass ich auf einem Vulkan stehe, der jeden Augenblick bersten konnte. *Ich* war mir nicht bewusst gewesen, oder hatte mir vielmehr kurze Zeit selbst nicht eingestehen wollen, dass alles nur ein Traum sei; aber *jetzt* – guter Himmel! Tief in Schulden, ohne einen einzigen Cent, eines holden Mädchens Lebensglück an mein Schicksal geknüpft und dabei nichts vor mir als die Aussicht auf ein Gehalt, die sich vielleicht – ach nein, *gewiss* – nie verwirklichen sollte! Oh weh, oh weh! Ich bin verloren, rettungslos verloren!

»Henry, was bei deinem Einkommen jeden Tag nur so nebenbei abfällt, würde –«

»Ach, mein tägliches Einkommen! Da steht ein heißer Punsch, damit vertreibe dir die trüben Gedanken. Prosit! Oder nein, warte, du bist hungrig; komm, setze dich und –«

»Nein, keinen Bissen, ich bringe nichts mehr hinunter; ich kann schon ein paar Tage lang nichts mehr essen. Aber trinken will ich mit dir, bis ich nicht mehr stehen kann. Komm!«

»Da halte ich mit, so lang du willst! Also, auf geht's! Nun Lloyd, lass jetzt deine Geschichte vom Stapel, während ich den Punsch braue.«

»Meine Geschichte? Wie? Noch einmal?«

»Noch einmal? Wie meinst du das?«

»Nun, ich meine, ob du die Geschichte zum zweiten Mal *von vorne* anhören willst?«

»Ob ich sie zum zweiten Mal *von vorne* anhören will? Na, *das* ist wirklich ein toller Spaß. Halt, trinke nichts mehr, du kannst nichts mehr vertragen.«

»Na, schau mal, Henry, du machst mir Angst. Habe ich dir denn nicht auf dem Weg hierher die ganze Geschichte erzählt?«

»Du?«

»Ja, ich.«

»Ich lasse mich hängen, wenn ich ein Wort davon gehört habe.«

»Henry, das ist kein Spaß mehr. Du beunruhigst mich. Was hast du dort bei dem Gesandten zu dir genommen?«

Nun ging mir mit einem Mal ein wunderbares Licht auf, ich fasste mir ein Herz und gestand ihm frei und offen:

"I took the dearest girl in this world–prisoner!"

So then he came with a rush, and we shook, and shook, and shook till our hands ached; and he didn't blame me for not having heard a word of a story which had lasted while we walked three miles. He just sat down then, like the patient, good fellow he was, and told it all over again. Synopsized, it amounted to this: He had come to England with what he thought was a grand opportunity; he had an "option" to sell the Gould and Curry Extension for the "locators" of it, and keep all he could get over a million dollars. He had worked hard, had pulled every wire he knew of, had left no honest expedient untried, had spent nearly all the money he had in the world, had not been able to get a solitary capitalist to listen to him, and his option would run out at the end of the month. In a word, he was ruined. Then he jumped up and cried out:

"Henry, you can save me! You can save me, and you're the only man in the universe that can. Will you do it? *Won't* you do it?"

"Tell me how. Speak out, my boy."

"Give me a million and my passage home for my 'option'! Don't, *don't* refuse!"

I was in a kind of agony. I was right on the point of coming out with the words, "Lloyd, I'm a pauper myself–absolutely penniless, and in *debt*." But a white-hot idea came flaming through my head, and I gripped my jaws together, and calmed myself down till I was as cold as a capitalist. Then I said, in a commercial and self-possessed way:

"I will save you, Lloyd–"

"Then. I'm already saved! God be merciful to you forever! If ever I–"

"Let me finish, Lloyd. I will save you, but not in that way; for that would not be fair to you, after your hard work, and

»Das herzigste Mädel auf der Welt habe ich dort – erobert!«

In ungestümer Freude stürzte er nun auf mich los und wir schüttelten uns die Hände, bis sie schmerzten. Darüber, dass ich von seiner Erzählung, die unseren ganzen drei Meilen langen Heimweg ausfüllte, nicht das Geringste vernommen hatte, sagte er kein Wort. Vielmehr setzte er sich ruhig hin und erzählte mit all der Gutmütigkeit und Geduld, die ihm stets eigen waren, die ganze Geschichte noch einmal von vorne. Kurz zusammengefasst lief diese darauf hinaus: In der Hoffnung, dabei ein vortreffliches Geschäft zu machen, war er im Auftrag der Besitzer der Gould- und Curry-Extension-Gruben nach England gekommen, um die Anteile zu veräußern, und es sollte dabei alles, was er über eine Million Dollar erlösen würde, ihm gehören. Er hatte hart gearbeitet, keine Mühen gescheut, kein ehrliches Mittel unversucht gelassen und fast seinen letzten eigenen Heller daran gesetzt, ohne dass es ihm jedoch gelungen wäre, einen einzigen Kapitalisten zum Anbeißen zu bewegen, und mit dem Ende des Monats lief seine Berechtigung ab. Mit einem Wort: Er war ruiniert. Am Schluss sprang er auf und rief:

»Henry, du kannst mich retten! Du allein auf dem ganzen Erdenrund! Wirst du mich retten? Oder wirst du mich *nicht* retten?«

»Sage mir nur, wie. Erkläre dich, mein Junge.«

»Nimm mir mein Verkaufsrecht ab und zahle mir dafür eine Million und die Heimreise! Bitte, *bitte*, sage nicht nein!«

Es war wirklich nicht mehr auszuhalten. Eben war ich an dem Punkt, mit dem Bekenntnis herauszuplatzen: »Lloyd, ich bin ja selbst ein Bettler – ohne einen Penny und stecke dazu noch in *Schulden*.« Aber da leuchtete plötzlich ein herrlicher Gedanke blitzähnlich in meinem Kopf auf. Ich biss die Zähne zusammen und bezwang mich, bis ich so kalt war wie ein Großkapitalist. Dann sagte ich mit vollkommen geschäftsmäßiger Ruhe:

»Ich will dich retten, Lloyd –«

»Dann bin ich schon gerettet! Gott segne dich ewig dafür! Wenn ich je –«

»Lass mich ausreden, Lloyd. Ich will dich retten, aber nicht so wie du meinst; denn nach all den Mühen und Opfern, die du es dich hast

the risks you've run. I don't need to buy mines; I can keep my capital moving, in a commercial center like London, without that; it's what I'm at, all the time; but here is what I'll do. I know all about that mine, of course; I know its immense value, and can swear to it if anybody wishes it. You shall sell out inside of the fortnight for three millions cash, using my name freely, and we'll divide, share and share alike."

Do you know, he would have danced the furniture to kindling-wood in his insane joy, and broken everything on the place, if I hadn't tripped him up and tied him.

Then he lay there, perfectly happy, saying:

"I may use your name! Your name–think of it! Man, they'll flock in droves, these rich Londoners; they'll *fight* for that stock! I'm a made man, I'm a made man forever, and I'll never forget you as long as I live!"

In less than twenty-four hours London was abuzz! I hadn't anything to do, day after day, but sit at home, and say to all comers:

"Yes; I told him to refer to me. I know the man, and I know the mine. His character is above reproach, and the mine is worth far more than he asks for it."

Meantime I spent all my evenings at the minister's with Portia. I didn't say a word to her about the mine; I saved it for a surprise. We talked salary; never anything but salary and love; sometimes love, sometimes salary, sometimes love and salary together. And my! the interest the minister's wife and daughter took in our little affair, and the endless ingenuities they invented to save us from interruption, and to keep the minister in the dark and unsuspicious–well, it was just lovely of them!

kosten lassen, wäre das dir gegenüber nicht anständig. Ich brauche keine Minenanteile; an einem Weltplatz wie London kann ich mein Geld auch ohne dies umtreiben, es ist ja bis jetzt auch gegangen; nein, wir machen die Sache folgendermaßen. Ich kenne ja natürlich dieses Bergwerk ganz genau; ich weiß, welch ein ungeheurer Wert darin steckt und kann dies auf Verlangen jedem eidlich bekräftigen. Du sollst im Lauf der nächsten vierzehn Tage für bare drei Millionen Anteilscheine verkaufen, indem du von meinem Namen unbeschränkten Gebrauch machst, und dann teilen wir den Gewinn – halb und halb.«

Lloyd geriet darüber so außer sich vor Freude, dass er wie toll herumtanzte und mir meine ganze Einrichtung kurz und klein geschlagen haben würde, hätte ich ihm nicht schließlich ein Bein gestellt und ihn an Händen und Füßen gefesselt.

Noch wie er so dalag, rief er ganz selig aus:

»Ich darf deinen Namen gebrauchen! Deinen Namen – stelle dir nur vor! Mensch, in Scharen kommen sie ja ganz sicher gelaufen, diese reichen Londoner und *prügeln* sich um Anteile! Ich bin ein gemachter Mann, geborgen für alle Zeit, in meinem ganzen Leben vergesse ich dir das nicht!«

Keine vierundzwanzig Stunden dauerte es, so war die Sache bereits in ganz London herumgekommen. Ich hatte Tag für Tag nichts zu tun, als zu Hause zu sitzen und all den Leuten, die bei mir erschienen, zu sagen:

»Jawohl, ich habe ihm gestattet, sich auf mich zu beziehen. Ich kenne ihn und das Bergwerk. Er selbst verdient volles Vertrauen, und die Anteile sind weit mehr wert, als er dafür verlangt.«

Währenddessen verbrachte ich alle meine Abende bei dem Gesandten mit Portia. Von dem Bergwerk sagte ich ihr keine Silbe, das sparte ich mir zu ihrer späteren Überraschung auf. Wir sprachen immer nur von unserer Liebe und vom Gehalt, bald von dem einen, bald von dem andern, manchmal auch von beidem zusammen. Und dann, guter Gott, das Interesse, das Frau und Tochter des Gesandten an unserer Angelegenheit nahmen und die endlosen Listen und Schlauheiten, die sie ersannen, um uns vor Störungen zu schützen und den Gesandten

When the month was up at last, I had a million dollars to my credit in the London and County Bank, and Hastings was fixed in the same way. Dressed at my level best, I drove by the house in Portland Place, judged by the look of things that my birds were home again, went on toward the minister's and got my precious, and we started back, talking salary with all our might. She was so excited and anxious that it made her just intolerably beautiful. I said:

"Dearie, the way you're looking it's a crime to strike for a salary a single penny under three thousand a year."

"Henry, Henry, you'll ruin us!"

"Don't you be afraid. Just keep up those looks and trust to me! It'll all come out right."

So, as it turned out, I had to keep bolstering up *her* courage all the way. She kept pleading with me, and saying:

"Oh, please remember that if we ask for too much we may get no salary at all; and then what will become of us, with no way in the world to earn our living?"

We were ushered in by that same servant, and there they were, the two old gentlemen. Of course, they were surprised to see that wonderful creature with me, but I said:

"It's all right, gentlemen; she is my future stay and help mate."

And I introduced them to her, and called them by name. It didn't surprise them; they knew I would know enough to consult the directory. They seated us, and were very polite to me, and very solicitous to relieve her from embarrassment, and put her as much at her ease as they could. Then I said:

nicht hinter die Sache kommen zu lassen – ach, es war wirklich allerliebst von den beiden!

Als der Monat schließlich um war, besaß ich ein Guthaben von einer Million Dollar bei der London- und County-Bank, und Hastings stand ebenso. In ausgesuchtester Toilette fuhr ich an Portland Place vorbei und überzeugte mich, dass nach allem Anschein meine Vögel wieder zu Nest geflogen sein mussten, holte meinen Schatz bei dem Gesandten ab und fuhr mit ihr zusammen wieder nach Portland Place. Während der ganzen Fahrt war das Gehalt der Gegenstand unserer eifrigsten Erörterungen. Die Besorgnis, in die sie sich dabei hineinredete, ließ sie so reizend erscheinen, dass es kaum mehr auszuhalten war.

»Mein Herzchen«, sagte ich zu ihr, »so wie du eben aussiehst, wäre es ein Verbrechen, einen Penny weniger als dreitausend Pfund im Jahr zu verlangen.«

»Henry, Henry, du wirst uns ruinieren!«

»Sei unbesorgt, mache nur, dass du so aussiehst und verlasse dich auf mich. Ich will die Sache schon fertig bringen.«

Es war so weit gekommen, dass ich auf dem ganzen Weg *ihr* Mut zusprechen musste. Sie selbst redete noch fortwährend auf mich ein:

»O, bedenke doch, dass wir, wenn wir zuviel verlangen, vielleicht gar kein Gehalt bekommen; und was soll denn aus uns werden, wenn wir nicht wissen, womit wir unseren Unterhalt verdienen wollen?«

Es war wieder derselbe Diener, der uns einließ, und da waren sie auch wieder, die beiden alten Herren. Natürlich waren sie höchst überrascht über das holde Geschöpf an meiner Seite, ich erklärte jedoch:

»Sie dürfen keinen Anstoß daran nehmen, meine Herren, es ist meine zukünftige Lebensgefährtin.«

Darauf stellte ich ihr die Herren mit ihren Namen vor. Diese zeigten sich hierüber gar nicht erstaunt; sie dachten sich vermutlich, dass ich so gescheit gewesen sein würde, im Adressbuch nachzuschlagen. Sie forderten uns auf, Platz zu nehmen und behandelten mich mit größter Höflichkeit, gaben sich auch alle Mühe, meiner Begleiterin durch freundlichen Zuspruch über ihre Verlegenheit hinwegzuhelfen. Endlich sagte ich:

"Gentlemen, I am ready to report."

"We are glad to hear it," said *my* man, "For now we can decide the bet which my brother Abel and I made. If you have won for me, you shall have any situation in my gift. Have you the million-pound note?"

"Here it is, sir," and I handed it to him.

"I've won!" he shouted, and slapped Abel on the back. "*Now* what do you say, brother?"

"I say he *did* survive, and I've lost twenty thousand pounds. I never would have believed it."

"I've a further report to make," I said, "and a pretty long one. I want you to let me come soon, and detail my whole month's history; and I promise you it's worth hearing. Meantime, take a look at that."

"What, man! Certificate of deposit for £ 200,000. Is it yours?"

"Mine. I earned it by thirty days' judicious use of that little loan you let me have. And the only use I made of it was to buy trifles and offer the bill in change."

"Come, this is astonishing! It's incredible, man!"

"Never mind, I'll prove it. Don't take my word unsupported."

But now Portia's turn was come to be surprised. Her eyes were spread wide, and she said:

"Henry, is that really your money? Have you been fibbing to me?"

"I have, indeed, dearie. But you'll forgive me, I know."

She put up an arch pout, and said:

»Meine Herren, ich komme, um Ihnen Bericht zu erstatten.«

»Das ist uns sehr angenehm«, erwiderte mein Gönner, »dann können wir ja nunmehr die Wette zwischen mir und meinem Bruder Abel zur Entscheidung bringen. Falls Sie für mich gewonnen haben, dürfen Sie sich jede beliebige Stellung wählen, die ich zu vergeben habe. Sind Sie noch im Besitz der Millionennote?«

»Hier ist sie, Sir.« Damit überreichte ich sie ihm.

»Gewonnen!«, rief er und gab seinem Bruder einen Klaps auf den Rücken. »Nun, was sagst du denn *jetzt*, Bruder?«

»Ich sage, er *hat* es überlebt, und ich habe zwanzigtausend Pfund verloren. Ich hätte das niemals geglaubt.«

»Ich habe noch mehr zu berichten«, fuhr ich fort, »und zwar ziemlich viel. Ich bitte mir demnächst eine Stunde bestimmen zu wollen, um Ihnen meine Erlebnisse während dieses ganzen Monats des Genaueren zu schildern. Sie dürfen sich darauf verlassen, es lohnt sich, den Bericht anzuhören. Inzwischen wollen Sie gefälligst dies hier in Augenschein nehmen.«

»Was, Mensch, ein Depositenschein über 200 000 Pfund? Gehört das Ihnen?«

»Gehört mir. Das ist die Frucht des weisen, dreißigtägigen Gebrauchs, den ich von dem kleinen Darlehen gemacht habe, das Sie mir gütigst gewährten. Und dieser Gebrauch bestand lediglich darin, dass ich von Zeit zu Zeit einen kleinen Einkauf machte und beim Bezahlen die Banknote zum Wechseln hingab.«

»Mensch, das ist ja äußerst merkwürdig, ganz unglaublich!«

»Und doch verhält es sich so; ich werde Ihnen den Beweis liefern. Sie brauchen sich nicht allein auf mein Wort zu verlassen.«

Nun war aber die Reihe des Erstaunens an Portia gekommen, und mit weit geöffneten Augen fragte sie:

»Henry, gehört dieses Geld wirklich dir? Hast du mir die Unwahrheit gesagt?«

»Das habe ich allerdings, mein Liebchen. Aber *ich* weiß gewiss, dass du mir verzeihen wirst.«

Sie zog eine Schnute und schmollte:

"Don't you be so sure. You are a naughty thing to deceive me so!"

"Oh, you'll get over it, sweetheart, you'll get over it; it was only fun, you know. Come, let's be going."

"But wait, wait! The situation, you know. I want to give you the situation," said my man.

"Well," I said, "I'm just as grateful as I can be, but really I don't want one."

"But you can have the very choicest one in my gift."

"Thanks again, with all my heart; but I don't even want *that* one."

"Henry, I'm ashamed of you. You don't half thank the good gentleman. May I do it for you?"

"Indeed, you shall, dear, if you can improve it. Let us see you try."

She walked to my man, got up in his lap, put her arm round his neck, and kissed him right on the mouth. Then the two old gentlemen shouted with laughter, but I was dumbfounded, just petrified, as you may say. Portia said:

"Papa, he has said you haven't a situation in your gift that he'd take; and I feel just as hurt as–"

"My darling, is that your papa?"

"Yes; he's my step-papa, and the dearest one that ever was. You understand now, don't you, why I was able to laugh when you told me at the minister's, not knowing my relationships, what trouble and worry papa's and Uncle Abel's scheme was giving you?"

Of course, I spoke right up now, without any fooling, and went straight to the point.

»Sei dir dessen nur nicht so sicher. Es war recht abscheulich von dir, mich so hinters Licht zu führen.«

»Ach, das hast du ja bald vergessen, Liebling, ganz gewiss. Es war ja nur ein schlechter Spaß, weißt du. Komm, wir wollen uns jetzt verabschieden.«

»Aber, so warten Sie doch! Wegen des Postens, Sie wissen ja. Ich muss Ihnen doch den Posten geben«, warf mein Gönner ein.

»Ach«, erwiderte ich, »ich danke Ihnen tausendmal, aber ich brauche wirklich keinen.«

»Aber ich hätte Ihnen den allerbesten gegeben, den ich zu vergeben habe.«

»Ich danke Ihnen nochmals von ganzem Herzen, aber auch *diesen* brauche ich nicht.«

»Henry, ich schäme mich für dich, du zeigst dem guten Herrn nicht die Hälfte von all dem Dank, den du ihm schuldig bist. Darf ich es an deiner statt tun?«

»Freilich darfst du, Liebes, wenn du es besser machen kannst. Ich bin nur gespannt, wie du das anstellen willst.«

Sie ging zu meinem Gönner hin, setzte sich ihm auf den Schoß, schlang ihren Arm um seinen Hals und gab ihm einen Kuss mitten auf den Mund. Dann brüllten die beiden alten Herren vor Lachen laut los, während ich selbst begreiflicherweise vor Erstaunen wie versteinert dastand, bis Portia schließlich sagte:

»Papa, er hat gesagt, von all den Posten, die du zu vergeben hast, wolle er keinen einzigen annehmen, und das tut mir so weh, gerade als ob –«

»Wie, lieber Schatz, dies ist dein Papa?«

»Jawohl, mein Stiefpapa, und zwar der allerbeste, den es auf der ganzen Welt gibt. Nicht wahr, nun begreifst du, warum ich bei dem Gesandten so lachen musste, als du, ohne mein Verhältnis zu Papa und Onkel Abel zu kennen, mir die Sorgen und Nöte schildertest, in die ihr Einfall dich versetzt hatte?«

Natürlich sprach ich jetzt geradeheraus, wie mir ums Herz war.

"Oh, my dearest dear sir, I want to take back what I said. You *have* got a situation open that I want."

"Name it."

"Son-in-law."

"Well, well, well! But you know, if you haven't ever served in that capacity, you, of course, can't furnish recommendations of a sort to satisfy the conditions of the contract, and so–"

"Try me–oh, do, I beg of you! Only just try me thirty or forty years, and if–"

"Oh, well, all right; it's but a little thing to ask, take her along."

Happy, we two? There are not words enough in the unabridged to describe it. And when London got the whole history, a day or two later, of my month's adventures with that bank-note, and how they ended, did London talk, and have a good time? Yes.

My Portia's papa took that friendly and hospitable bill back to the Bank of England and cashed it; then the Bank canceled it and made him a present of it, and he gave it to us at our wedding, and it has always hung in its frame in the sacredest place in our home ever since. For it gave me my Portia. But for it I could not have remained in London, would not have appeared at the minister's, never should have met her. And so I always say, "Yes, it's a million-pounder, as you see; but it never made but one purchase in its life, and *then* got the article for only about a tenth part of its value."

»Ach, mein liebster, bester Herr«, sagte ich, »ich muss meine Erklärung zurücknehmen. Eine Stellung haben Sie *doch* zu vergeben, die ich gerne haben möchte.«

»Welche ist das?«

»Die Stelle eines Schwiegersohns.«

»Nun gut, nun gut! Aber wenn Sie noch nie in dieser Eigenschaft Dienste geleistet haben, so sind Sie auch nicht imstande, das Zeugnis darüber vorzuweisen, das in unserem Abkommen zur Bedingung gemacht ist und so ...«

»Machen Sie den Versuch mit mir, ich bitte Sie inständigst! Nur so dreißig bis vierzig Jahre lang, probieren Sie es mit mir, und wenn dann –«

»Nun ja, also gut, das ist ja gar nicht viel verlangt. So nehmen Sie sie eben mit.«

Ob wir beide glücklich waren? Keine Sprache besitzt Worte genug, um es auszudrücken. Und das Geschwätz und das Vergnügen in ganz London, als nach ein oder zwei Tagen alle meine Erlebnisse mit der Banknote während des ganzen Monats nebst der Wendung, die die Sache zuletzt noch genommen hatte, bekannt wurden – guter Gott!

Portias Papa gab nun die liebe, gastfreundliche Note der Bank von England zurück und ließ sich deren Betrag auszahlen. Die Bank setzte diese dann außer Kurs und verehrte sie ihm, worauf er sie uns zur Hochzeit schenkte. Seither hängt sie eingerahmt im Allerheiligsten unseres Heims. Denn ihr verdanke ich meine Portia. Wäre diese Note nicht gewesen, ich hätte nicht in London bleiben können, hätte mich dem Gesandten nicht vorgestellt und wäre niemals mit ihr zusammengetroffen. Deshalb sage ich immer: »Jawohl, sie lautet klar und deutlich auf eine Million Pfund; und doch habe ich während der ganzen Zeit ihrer Gültigkeit nur einen einzigen Erwerb getätigt, und auch *dieser* wurde dabei mindestens zehnfach unter seinem Wert bezahlt.«

Ambrose Bierce

An Occurrence at Owl Creek Bridge

I

A man stood upon a railroad bridge in northern Alabama, looking down into the swift water twenty feet below. The man's hands were behind his back, the wrists bound with a cord. A rope closely encircled his neck. It was attached to a stout cross-timber above his head and the slack fell to the level of his knees. Some loose boards laid upon the sleepers supporting the metals of the railway supplied a footing for him and his executioners—two private soldiers of the Federal army, directed by a sergeant who in civil life may have been a deputy sheriff. At a short remove upon the same temporary platform was an officer in the uniform of his rank, armed. He was a captain. A sentinel at each end of the bridge stood with his rifle in the position known as "support," that is to say, vertical in front of the left shoulder, the hammer resting on the forearm thrown straight across the chest—a formal and unnatural position, enforcing an erect carriage of the body. It did not appear to be the duty of these two men to know what was occurring at the centre of the bridge; they merely blockaded the two ends of the foot planking that traversed it.

Beyond one of the sentinels nobody was in sight; the railroad ran straight away into a forest for a hundred yards, then, curving, was lost to view. Doubtless there was an outpost farther along. The other bank of the stream was open ground—a gentle acclivity topped with a stockade of vertical tree trunks, loopholed for rifles, with a single embrasure through which protruded the muzzle of a brass cannon commanding the bridge. Midway of the slope between bridge and fort were the

AMBROSE BIERCE

Eine Begebenheit an der Owl-Creek-Brücke

I

Auf einer Eisenbahnbrücke in Nord-Alabama stand ein Mann und starrte in den reißenden Fluss zwanzig Fuß unter ihm. Die Hände des Mannes waren hinter dem Rücken, die Handgelenke mit einem Strick zusammengeschnürt. Ein Seil lag eng um seinen Hals. Es war an einem starken Querbalken über seinem Kopf befestigt und hing bis zu seinen Knien durch. Auf ein paar losen Brettern, die über den Schwellen lagen, die die Schienen trugen, standen er und seine Henker – zwei Soldaten der Bundesarmee, angeführt von einem Sergeanten, der im zivilen Leben Hilfssheriff gewesen sein mag. Auf derselben provisorischen Plattform stand in kurzer Entfernung ein bewaffneter Offizier in Uniform entsprechend seinem Rang. Er war Hauptmann. An jedem Ende der Brücke stand ein Posten mit dem Gewehr »bei Hand«, also senkrecht vor der linken Schulter, das Spannstück auf dem Unterarm, der waagerecht über der Brust liegt – eine steife, unnatürliche Stellung, die eine aufrechte Körperhaltung erfordert. Es gehörte offenbar nicht zu den Pflichten dieser beiden Männer, zu wissen, was in der Mitte der Brücke geschah. Sie versperrten lediglich beide Enden des Plankenstegs, der über die Brücke führte.

Jenseits der einen Wache war niemand zu sehen. Die Eisenbahnlinie führte sofort hundert Yards weit in einen Wald, dann knickte sie ab und entzog sich dem Blick. Zweifellos stand weiter draußen ein Vorposten. Auf der anderen Flussseite lag offenes Gelände – ein sanfter Anstieg schloss mit einer Palisade aus senkrechten Baumpfählen, mit Schießscharten für Gewehre und einer größeren Öffnung, aus der die Mündung einer Messingkanone ragte, die die Brücke beherrschte. Auf halber Strecke zwischen Brücke und Fort standen die Zuschauer –

spectators–a single company of infantry in line, at "parade rest," the butts of the rifles on the ground, the barrels inclining slightly backward against the right shoulder, the hands crossed upon the stock. A lieutenant stood at the right of the line, the point of his sword upon the ground, his left hand resting upon his right. Excepting the group of four at the centre of the bridge, not a man moved. The company faced the bridge, staring stonily, motionless. The sentinels, facing the banks of the stream, might have been statues to adorn the bridge. The captain stood with folded arms, silent, observing the work of his subordinates, but making no sign. Death is a dignitary who when he comes announced is to be received with formal manifestations of respect, even by those most familiar with him. In the code of military etiquette silence and fixity are forms of deference.

The man who was engaged in being hanged was apparently about thirty-five years of age. He was a civilian, if one might judge from his habit, which was that of a planter. His features were good–a straight nose, firm mouth, broad forehead, from which his long, dark hair was combed straight back, falling behind his ears to the collar of his well-fitting frock-coat. He wore a mustache and pointed beard, but no whiskers; his eyes were large and dark gray, and had a kindly expression which one would hardly have expected in one whose neck was in the hemp. Evidently this was no vulgar assassin. The liberal military code makes provision for hanging many kinds of persons, and gentlemen are not excluded.

The preparations being complete, the two private soldiers stepped aside and each drew away the plank upon which he had been standing. The sergeant turned to the captain, saluted and placed himself immediately behind that officer, who in turn moved apart one pace. These movements left the condemned man and the sergeant standing on the two ends of the same plank, which spanned three of the cross-ties of the

eine aufgereihte Kompanie von Infanteriesoldaten in »Rührt euch!«-Stellung, die Gewehrkolben am Boden, die Läufe leicht nach hinten geneigt gegen die rechte Schulter gelehnt, die Hände über dem Schaft gekreuzt. Ein Leutnant stand am rechten Ende der Reihe, die Spitze seines Degens aufgestützt, die linke Hand über der rechten ruhend. Außer der Vierergruppe in der Mitte der Brücke rührte sich kein Mensch. Die Kompanie stand mit dem Gesicht zur Brücke und starrte versteinert vor sich hin, bewegungslos. Die Wachposten, deren Gesichter dem Flussufer zugewandt waren, hätten ebenso gut Figuren, schmückendes Beiwerk der Brücke sein können. Der Hauptmann stand mit gekreuzten Armen schweigend da, beobachtete die Arbeit seiner Untergebenen, aber rührte sich nicht. Der Tod ist ein Würdenträger, dem, wenn er angemeldet kommt, mit einem förmlichen Ausdruck von Respekt zu begegnen ist, selbst von denen, die ihn am besten kennen. Im Kodex militärischer Etikette sind Schweigen und Festigkeit Formen der Hochachtung.

Der Mann, der gehängt werden sollte, war augenscheinlich etwa fünfunddreißig Jahre alt. Er war Zivilist, seiner Kleidung nach zu urteilen, die der eines Pflanzers entsprach. Seine Gesichtszüge waren ebenmäßig – gerade Nase, fester Mund, breite Stirn, von der sein langes, dunkles Haar gerade nach hinten gekämmt war und hinter den Ohren auf den Kragen seines gut sitzenden Überrocks fiel. Er trug Schnurrbart und Spitzbart, aber keinen Backenbart; seine Augen waren groß und dunkelgrau und zeigten einen liebenswürdigen Ausdruck, wie man ihn kaum erwartet hätte von einem, dessen Hals in der Schlinge steckt. Offenbar war dieser Mann kein gewöhnlicher Mörder. Das liberale Militärgesetz trifft Vorsorge zum Erhängen ganz unterschiedlicher Personen, davon sind Gentlemen nicht ausgenommen.

Als sämtliche Vorbereitungen getroffen waren, traten die beiden Soldaten zur Seite, und jeder zog das Brett zurück, auf dem er gestanden hatte. Der Sergeant wandte sich zum Hauptmann, salutierte und stellte sich dann direkt hinter den Offizier, der seinerseits einen Schritt zur Seite trat. Diese Bewegungsfolge ließ den Verurteilten und den Sergeanten auf je einem Ende derselben Planke stehen, die auf drei Querschwellen der Brücke auflag. Das Ende, auf dem der Zivilist

bridge. The end upon which the civilian stood almost, but not quite, reached a fourth. This plank had been held in place by the weight of the captain; it was now held by that of the sergeant. At a signal from the former the latter would step aside, the plank would tilt and the condemned man go down between two ties. The arrangement commended itself to his judgment as simple and effective. His face had not been covered nor his eyes bandaged. He looked a moment at his "unsteadfast footing," then let his gaze wander to the swirling water of the stream racing madly beneath his feet. A piece of dancing driftwood caught his attention and his eyes followed it down the current. How slowly it appeared to move! What a sluggish stream!

He closed his eyes in order to fix his last thoughts upon his wife and children. The water, touched to gold by the early sun, the brooding mists under the banks at some distance down the stream, the fort, the soldiers, the piece of drift—all had distracted him. And now he became conscious of a new disturbance. Striking through the thought of his dear ones was a sound which he could neither ignore nor understand, a sharp, distinct, metallic percussion like the stroke of a blacksmith's hammer upon the anvil; it had the same ringing quality. He wondered what it was, and whether immeasurably distant or near by—it seemed both. Its recurrence was regular, but as slow as the tolling of a death knell. He awaited each new stroke with impatience and—he knew not why—apprehension. The intervals of silence grew progressively longer; the delays became maddening. With their greater infrequency the sounds increased in strength and sharpness. They hurt his ear like the thrust of a knife; he feared he would shriek. What he heard was the ticking of his watch.

He unclosed his eyes and saw again the water below him. "If I could free my hands," he thought, "I might throw off the noose and spring into the stream. By diving I could evade the bullets and, swimming vigorously, reach the bank, take to the

stand, reichte fast, aber nicht ganz bis zu einer vierten. Die Planke war bisher vom Gewicht des Hauptmanns gehalten worden; jetzt wurde sie von dem des Sergeanten gehalten. Auf ein Zeichen des Offiziers würde der Sergeant zur Seite treten, das Brett würde kippen und der Verurteilte zwischen zwei Schwellen hindurch nach unten stürzen. Das Arrangement empfahl sich seinem Urteil als einfach und wirkungsvoll. Sein Gesicht war nicht verdeckt, seine Augen nicht verbunden worden. Er sah für einen Moment auf seinen »schwanken Halt«*, dann ließ er den Blick zum wirbelnden Wasser des Flusses wandern, der unter seinen Füßen wild dahinschoss. Ein tanzendes Stück Treibholz erregte seine Aufmerksamkeit, und seine Augen folgten ihm mit der Strömung. Wie langsam es sich zu bewegen schien! Was für ein träge fließender Fluss!

Er schloss die Augen, um seine letzten Gedanken auf seine Frau und seine Kinder zu richten. Das Wasser, von der Morgensonne fast vergoldet, die Nebelschleier in einiger Entfernung flussabwärts unterhalb der Böschung, das Fort, die Soldaten, das Treibholz – sie alle hatten ihn abgelenkt. Und jetzt drang eine neue Störung in sein Bewusstsein. Mitten durch den Gedanken an seine Lieben hieb ein Geräusch, das er weder überhören noch verstehen konnte, ein scharfes, deutliches, metallisches Klopfen wie vom Schlag eines Schmiedehammers auf den Amboss; es hatte den gleichen klingenden Ton. Er fragte sich, was das war und ob unermesslich weit entfernt oder ganz in der Nähe – beides schien der Fall. Es ertönte regelmäßig wieder, doch so langsam wie das Läuten einer Totenglocke. Er erwartete jeden Schlag mit Ungeduld und – er wusste nicht, warum – mit Sorge. Die Pausen zwischen den Schlägen wurden zunehmend länger; das Warten auf den nächsten Schlag war kaum zu ertragen. Je seltener sie wurden, umso stärker und schärfer klangen die Schläge. Sie verletzten sein Ohr wie Messerstiche; er hatte Angst, er würde aufschreien. Was er hörte, war das Ticken seiner Uhr.

Er öffnete die Augen und sah unter sich wieder das Wasser. »Wenn ich meine Hände frei bekäme«, dachte er, »könnte ich mich aus der Schlinge lösen und in den Fluss springen. Tauchend könnte ich den Kugeln entgehen und mit ein paar kraftvollen Zügen das Ufer errei-

woods and get away home. My home, thank God, is as yet outside their lines; my wife and little ones are still beyond the invader's farthest advance."

As these thoughts, which have here to be set down in words, were flashed into the doomed man's brain rather than evolved from it the captain nodded to the sergeant. The sergeant stepped aside.

II

Peyton Farquhar was a well-to-do planter, of an old and highly respected Alabama family. Being a slave owner and like other slave owners a politician he was naturally an original secessionist and ardently devoted to the Southern cause. Circumstances of an imperious nature, which it is unnecessary to relate here, had prevented him from taking service with that gallant army which had fought the disastrous campaigns ending with the fall of Corinth, and he chafed under the inglorious restraint, longing for the release of his energies, the larger life of the soldier, the opportunity for distinction. That opportunity, he felt, would come, as it comes to all in war time. Meanwhile he did what he could. No service was too humble for him to perform in the aid of the South, no adventure too perilous for him to undertake if consistent with the character of a civilian who was at heart a soldier, and who in good faith and without too much qualification assented to at least a part of the frankly villainous dictum that all is fair in love and war.

One evening while Farquhar and his wife were sitting on a rustic bench near the entrance to his grounds, a gray-clad soldier rode up to the gate and asked for a drink of water. Mrs. Farquhar was only too happy to serve him with her own white hands. While she was fetching the water her husband approached the dusty horseman and inquired eagerly for news from the front.

chen, im Wald verschwinden und mich bis nach Hause durchschlagen. Noch liegt mein Zuhause gottlob vor ihren Linien. Meine Frau und meine Kleinen sind noch immer jenseits der vordersten Front der Invasoren.«

Als diese Gedanken, die hier in Worte gefasst werden müssen, dem Verdammten eher wie Blitze durchs Hirn schossen, als dass sie sich dort formten, nickte der Hauptmann dem Sergeanten zu. Der Sergeant trat zur Seite.

II

Peyton Farquhar war ein wohlhabender Pflanzer aus einer alten, hoch angesehenen Familie in Alabama. Als Sklavenhalter und, wie andere Sklavenhalter auch, als Politiker war er naturgemäß ein echter Sezessionist und der Sache der Südstaatler brennend zugetan. Zwingende Umstände, die hier nicht dargelegt werden müssen, hatten ihn daran gehindert, seinen Dienst in jener heldenmütigen Armee anzutreten, die in den verheerenden, mit dem Fall von Corinth endenden Feldzügen gekämpft hatte, und er litt sehr unter dieser unrühmlichen Beschränkung, sehnte sich nach der Freisetzung seiner Kräfte, dem heroischen Leben eines Soldaten, der Gelegenheit zu Ruhm und Ehre. Diese Gelegenheit, spürte er, würde kommen, wie sie in Zeiten des Krieges zu allen kommt. In der Zwischenzeit tat er, was er konnte. Kein Dienst war ihm zu niedrig, solange er dem Süden nützte, kein Abenteuer zu gefährlich, wenn es im Einklang mit dem Charakter eines Zivilisten stand, der im Herzen Soldat war und in gutem Glauben und ohne allzu große Abstriche zumindest einem Teil des unverhohlen boshaften Diktums zustimmte, dass in der Liebe und im Krieg jedes Mittel recht sei.

Eines Abends, als Farquhar und seine Frau auf einer schlichten Bank nicht weit vom Eingang seines Grundstücks saßen, ritt ein grau gekleideter Soldat auf das Tor zu und bat um einen Schluck Wasser. Mrs Farquhar tat nichts lieber, als ihn mit ihren eigenen weißen Händen zu bedienen. Während sie das Wasser holte, ging ihr Mann auf den staubigen Reiter zu und fragte begierig nach Neuigkeiten von der Front.

"The Yanks are repairing the railroads," said the man, "and are getting ready for another advance. They have reached the Owl Creek bridge, put it in order and built a stockade on the north bank. The commandant has issued an order, which is posted everywhere, declaring that any civilian caught interfering with the railroad, its bridges, tunnels or trains will be summarily hanged. I saw the order."

"How far is it to the Owl Creek bridge?" Farquhar asked.

"About thirty miles."

"Is there no force on this side the creek?"

"Only a picket post half a mile out, on the railroad, and a single sentinel at this end of the bridge."

"Suppose a man–a civilian and student of hanging–should elude the picket post and perhaps get the better of the sentinel," said Farquhar, smiling, "what could he accomplish?"

The soldier reflected. "I was there a month ago," he replied. "I observed that the flood of last winter had lodged a great quantity of driftwood against the wooden pier at this end of the bridge. It is now dry and would burn like tow."

The lady had now brought the water, which the soldier drank. He thanked her ceremoniously, bowed to her husband and rode away. An hour later, after nightfall, he repassed the plantation, going northward in the direction from which he had come. He was a Federal scout.

III

As Peyton Farquhar fell straight downward through the bridge he lost consciousness and was as one already dead. From this state he was awakened–ages later, it seemed to him–by the pain of a sharp pressure upon his throat, followed by a sense of suffocation. Keen, poignant agonies seemed to shoot from

»Die Yanks reparieren die Eisenbahn«, sagte der Mann, »und machen sich bereit für einen weiteren Vorstoß. Sie haben die Owl-Creek-Brücke erreicht, sie wieder hergerichtet und auf dem Nordufer eine Palisade gebaut. Der Kommandant hat einen Befehl ausgegeben, der überall angeschlagen ist und besagt, dass jeder Zivilist, der dabei erwischt wird, wie er sich an der Eisenbahn, ihren Brücken, Tunneln oder Zügen zu schaffen macht, im Schnellverfahren gehängt wird. Ich habe den Befehl gesehen.«

»Wie weit ist es bis zur Owl-Creek-Brücke?«, fragte Farquhar.

»Ungefähr dreißig Meilen.«

»Und auf dieser Seite des Flusses stehen keine Streitkräfte?«

»Nur ein Vorposten eine halbe Meile ins Land, an der Eisenbahnlinie, und ein einziger Wachposten an diesem Ende der Brücke.«

»Angenommen, ein Mann – ein Zivilist und jemand, der sich mit dem Gehängtwerden auskennt – entginge der Aufmerksamkeit des Vorpostens und würde womöglich den Wachposten mattsetzen«, sagte Farquhar lächelnd, »was könnte er ausrichten?«

Der Soldat dachte nach. »Ich war vor einem Monat dort«, antwortete er. »Ich sah, dass die Flut des letzten Winters eine große Menge Treibholz gegen den hölzernen Pfeiler an diesem Ende der Brücke getrieben hat. Das ist jetzt trocken und würde brennen wie Flachs.«

Die Frau hatte inzwischen das Wasser gebracht, das der Soldat trank. Er dankte ihr förmlich, verbeugte sich gegen ihren Mann und ritt davon. Eine Stunde später, nach Einbruch der Dunkelheit, kam er noch einmal an der Farm vorbei und ritt nach Norden in die Richtung, aus der er gekommen war. Er war ein Späher der Unionisten.

III

Als Peyton Farquhar gerade nach unten durch die Brücke fiel, verlor er das Bewusstsein und war bereits so gut wie tot. Aus diesem Zustand erwachte er – Jahre später, wie ihm schien – vom Schmerz eines scharfen Drucks auf seiner Kehle, gefolgt von einem Gefühl des Erstickens. Stechende, brennende Schmerzen schienen von seinem Hals nach unten

his neck downward through every fibre of his body and limbs. These pains appeared to flash along well-defined lines of ramification and to beat with an inconceivably rapid periodicity. They seemed like streams of pulsating fire heating him to an intolerable temperature. As to his head, he was conscious of nothing but a feeling of fullness–of congestion. These sensations were unaccompanied by thought. The intellectual part of his nature was already effaced; he had power only to feel, and feeling was torment. He was conscious of motion. Encompassed in a luminous cloud, of which he was now merely the fiery heart, without material substance, he swung through unthinkable arcs of oscillation, like a vast pendulum. Then all at once, with terrible suddenness, the light about him shot upward with the noise of a loud plash; a frightful roaring was in his ears, and all was cold and dark. The power of thought was restored; he knew that the rope had broken and he had fallen into the stream. There was no additional strangulation; the noose about his neck was already suffocating him and kept the water from his lungs. To die of hanging at the bottom of a river!–the idea seemed to him ludicrous. He opened his eyes in the darkness and saw above him a gleam of light, but how distant, how inaccessible! He was still sinking, for the light became fainter and fainter until it was a mere glimmer. Then it began to grow and brighten, and he knew that he was rising toward the surface–knew it with reluctance, for he was now very comfortable. "To be hanged and drowned," he thought, "that is not so bad; but I do not wish to be shot. No; I will not be shot; that is not fair."

He was not conscious of an effort, but a sharp pain in his wrist apprised him that he was trying to free his hands. He gave the struggle his attention, as an idler might observe the feat of a juggler, without interest in the outcome. What splendid effort!–what magnificent, what superhuman strength! Ah, that was a fine endeavor! Bravo! The cord fell away; his arms parted and floated upward, the hands dimly seen on each

durch jede Faser seines Körpers und seiner Glieder zu schießen. Diese Schmerzen schienen sich blitzartig auf genau definierten Bahnen zu bewegen und in einem nicht mehr wahrnehmbar schnellen Takt zu schlagen. Sie schienen wie pulsierende Feuerströme, die ihn auf unerträgliche Temperaturen erhitzten. Was seinen Kopf betraf, so war er sich keiner Sache bewusst außer einem Gefühl der Völle, des Blutandrangs. Diese Empfindungen waren von keinem Gedanken begleitet. Der geistige Teil seines Wesens war bereits ausgelöscht; er hatte nur noch die Kraft zu fühlen, und dieses Fühlen war Tortur. Er nahm Bewegung wahr. Umhüllt von einer strahlenden Wolke, von der er jetzt nur noch das glühende Herz war, ohne körperliche Substanz, schwang er durch unvorstellbare Oszillationskreise, wie ein riesiges Pendel. Dann auf einmal, mit fürchterlicher Plötzlichkeit, schoss das Licht um ihn herum mit einem lauten Klatschen nach oben; ein schreckliches Lärmen klang in seinen Ohren, und alles war kalt und dunkel. Die Kraft des Denkens war wiederhergestellt; er wusste, dass das Seil gerissen und er in den Fluss gestürzt war. Die Kehle wurde ihm nicht weiter zugeschnürt; die Schlinge um seinen Hals erstickte ihn bereits und hielt das Wasser aus seinen Lungen. Tod durch den Strang am Grund eines Flusses! – die Vorstellung erschien ihm grotesk. Er öffnete seine Augen in der Dunkelheit und sah über sich einen Lichtschimmer, doch wie fern, wie unerreichbar! Er sank noch immer, denn das Licht wurde schwächer und schwächer, bis es nur noch ein leises Glimmen war. Dann wurde es stärker und heller, und er wusste, dass er sich wieder der Wasseroberfläche näherte – er wusste es widerstrebend, denn es ging ihm augenblicklich sehr gut. »Erhängt werden und ertränkt werden«, dachte er, »ist am Ende nicht so schlecht; aber ich will auf keinen Fall, dass man mich erschießt. Nein; ich will nicht erschossen werden; das ist nicht gerecht.«

Er war sich keiner Anstrengung bewusst, doch ein scharfer Schmerz im Handgelenk ließ ihn erkennen, dass er versuchte, seine Hände zu befreien. Er schenkte diesem Kampf seine Aufmerksamkeit, wie ein Müßiggänger das Kunststück eines Jongleurs beobachtet – ohne Interesse am Ergebnis. Welch herrliche Anstrengung! – Welch prachtvolle, übermenschliche Kraft! Ah, das war ein schöner Versuch! Bravo! Der Strick fiel von ihm ab; seine Arme teilten sich und trieben

side in the growing light. He watched them with a new interest as first one and then the other pounced upon the noose at his neck. They tore it away and thrust it fiercely aside, its undulations resembling those of a water snake. "Put it back, put it back!" He thought he shouted these words to his hands, for the undoing of the noose had been succeeded by the direst pang that he had yet experienced. His neck ached horribly; his brain was on fire; his heart, which had been fluttering faintly, gave a great leap, trying to force itself out at his mouth. His whole body was racked and wrenched with an insupportable anguish! But his disobedient hands gave no heed to the command. They beat the water vigorously with quick, downward strokes, forcing him to the surface. He felt his head emerge; his eyes were blinded by the sunlight; his chest expanded convulsively, and with a supreme and crowning agony his lungs engulfed a great draught of air, which instantly he expelled in a shriek!

He was now in full possession of his physical senses. They were, indeed, preternaturally keen and alert. Something in the awful disturbance of his organic system had so exalted and refined them that they made record of things never before perceived. He felt the ripples upon his face and heard their separate sounds as they struck. He looked at the forest on the bank of the stream, saw the individual trees, the leaves and the veining of each leaf—saw the very insects upon them: the locusts, the brilliant-bodied flies, the gray spiders stretching their webs from twig to twig. He noted the prismatic colors in all the dewdrops upon a million blades of grass. The humming of the gnats that danced above the eddies of the stream, the beating of the dragon-flies' wings, the strokes of the water-spiders' legs, like oars which had lifted their boat—all these made audible music. A fish slid along beneath his eyes and he heard the rush of its body parting the water.

nach oben, im wachsenden Licht wurden seitlich die Hände vage erkennbar. Er betrachtete sie mit neuem Interesse, während sich erst die eine, dann die andere auf die Schlinge um seinen Hals stürzte. Sie rissen sie fort und schleuderten sie heftig zur Seite, wobei ihre wellenförmigen Bewegungen der einer Wasserschlange ähnelten. »Macht sie wieder dran! Macht sie wieder dran!« Er glaubte, diese Worte seinen Händen entgegenzuschreien, denn auf das Losbinden der Schlinge war der entsetzlichste Schmerz gefolgt, den er jemals verspürt hatte. Sein Hals tat fürchterlich weh; sein Hirn war entflammt; sein Herz, das nur noch schwach geflackert hatte, machte einen riesigen Satz und versuchte, sich durch seinen Mund nach draußen zu zwängen. Sein ganzer Körper wurde von unerträglichen Qualen gemartert und entstellt! Seine ungehorsamen Hände jedoch leisteten dem Befehl nicht Folge. Mit schnellen, abwärts gerichteten Stößen schlugen sie wild ins Wasser und zwangen ihn an die Oberfläche. Er fühlte seinen Kopf auftauchen; seine Augen wurden vom Sonnenlicht geblendet; seine Brust dehnte sich krampfartig aus, und in höchster und alles überbietender Pein rangen seine Lungen in einem riesigen Atemzug nach Luft, die sich augenblicklich in einem Schrei wieder entlud!

Er war nun in vollem Besitz seiner körperlichen Sinne. Sie waren unleugbar übernatürlich scharf und klar. Irgendetwas in dieser grauenvollen Störung seines Organismus hatte sie derart angeregt und verfeinert, dass sie nun registrierten, was sie nie zuvor wahrgenommen hatten. Er spürte die kleinen Wellen auf seinem Gesicht und hörte das Geräusch jeder einzelnen, wenn sie ihn trafen. Er betrachtete den Wald am Flussufer, sah die einzelnen Bäume, die Blätter und die Äderung jedes Blattes – sah sogar die Insekten auf ihnen: die Heuschrecken, die schillernden Fliegenkörper, die grauen Spinnen, die ihre Netze von Zweig zu Zweig spannen. Er bemerkte das prismatische Farbspiel in sämtlichen Tautropfen auf einer Million Grashalmen. Das Summen der Stechmücken, die über den Strudeln des Flusses tanzten, das Schlagen der Libellenflügel, die Stöße der Wasserspinnenbeine, wie Ruder, die ihr Boot emporgehoben hatten – das alles ließ Musik erklingen. Direkt vor seinen Augen schwamm ein Fisch vorbei, und er hörte, wie sein vorwärtsschießender Körper das Wasser zerteilte.

He had come to the surface facing down the stream; in a moment the visible world seemed to wheel slowly round, himself the pivotal point, and he saw the bridge, the fort, the soldiers upon the bridge, the captain, the sergeant, the two privates, his executioners. They were in silhouette against the blue sky. They shouted and gesticulated, pointing at him. The captain had drawn his pistol, but did not fire; the others were unarmed. Their movements were grotesque and horrible, their forms gigantic.

Suddenly he heard a sharp report and something struck the water smartly within a few inches of his head, spattering his face with spray. He heard a second report, and saw one of the sentinels with his rifle at his shoulder, a light cloud of blue smoke rising from the muzzle. The man in the water saw the eye of the man on the bridge gazing into his own through the sights of the rifle. He observed that it was a gray eye and remembered having read that gray eyes were keenest, and that all famous marksmen had them. Nevertheless, this one had missed.

A counter-swirl had caught Farquhar and turned him half round; he was again looking into the forest on the bank opposite the fort. The sound of a clear, high voice in a monotonous singsong now rang out behind him and came across the water with a distinctness that pierced and subdued all other sounds, even the beating of the ripples in his ears. Although no soldier, he had frequented camps enough to know the dread significance of that deliberate, drawling, aspirated chant; the lieutenant on shore was taking a part in the morning's work. How coldly and pitilessly—with what an even, calm intonation, presaging, and enforcing tranquility in the men—with what accurately measured intervals fell those cruel words:

"Attention, company! ... Shoulder arms! ... Ready! ... Aim! ... Fire!"

Farquhar dived—dived as deeply as he could. The water roared in his ears like the voice of Niagara, yet he heard the

Er war mit dem Gesicht stromabwärts an die Oberfläche gekommen; kurz darauf schien die sichtbare Welt sich langsam zu drehen, er selbst der Angelpunkt, und er sah die Brücke, das Fort, die Soldaten auf der Brücke, den Hauptmann, den Sergeanten, die beiden Gemeinen, seine Henker. Als Silhouetten standen sie gegen den blauen Himmel. Sie schrien und gestikulierten und zeigten auf ihn. Der Hauptmann hatte seine Pistole gezogen, aber er feuerte nicht; die anderen waren unbewaffnet. Ihre Bewegungen waren bizarr und grauenvoll, ihre Gestalten riesenhaft.

Plötzlich hörte er einen lauten Knall, und nur wenige Zoll von seinem Kopf entfernt schlug etwas heftig ins Wasser und bespritzte sein Gesicht mit Gischt. Er hörte einen zweiten Knall, sah einen der Wachposten mit dem Gewehr an der Schulter und wie eine kleine Wolke blauen Dunstes aus der Mündung quoll. Der Mann im Wasser sah, wie das Auge des Mannes auf der Brücke durch das Visier des Gewehrs in sein Auge starrte. Er bemerkte, dass es ein graues Auge war, und erinnerte sich, gelesen zu haben, dass graue Augen die schärfsten und die Augen aller berühmten Scharfschützen grau seien. Dennoch, dieses eine hatte verfehlt.

Ein Gegenwirbel hatte Farquhar erfasst und drehte ihn halb herum; er sah nun wieder in den Wald auf der Uferseite gegenüber dem Fort. Hinter ihm ertönte jetzt in monotonem Singsang das Geräusch einer klaren, hohen Stimme und hallte über das Wasser mit einer Deutlichkeit, die alle anderen Geräusche durchbrach und überwand, sogar das Schlagen der kleinen Wellen in seinen Ohren. Obwohl er kein Soldat war, hatte er Lager genug gesehen, um die schreckliche Bedeutung dieses bedächtigen, kriechenden, behauchten Gesangs zu erkennen; der Leutnant am Ufer nahm teil an der morgendlichen Arbeit. Wie kalt und unbarmherzig – mit welch gelassener, ruhiger Intonation, den Männern Gefasstheit einimpfend, aufzwingend – unter wie akkurat bemessenen Pausen fielen diese grausamen Worte:

»Kompanie, Achtung! ... Gewehr an Schulter! ... Fertig! ... Legt an! ... Feuer!«

Farquhar tauchte – tauchte, so tief er konnte. Das Wasser dröhnte in seinen Ohren wie die Stimme Niagaras, dennoch hörte er das ge-

dulled thunder of the volley and, rising again toward the surface, met shining bits of metal, singularly flattened, oscillating slowly downward. Some of them touched him on the face and hands, then fell away, continuing their descent. One lodged between his collar and neck; it was uncomfortably warm and he snatched it out.

As he rose to the surface, gasping for breath, he saw that he had been a long time under water; he was perceptibly farther downstream—nearer to safety. The soldiers had almost finished reloading; the metal ramrods flashed all at once in the sunshine as they were drawn from the barrels, turned in the air, and thrust into their sockets. The two sentinels fired again, independently and ineffectually.

The hunted man saw all this over his shoulder; he was now swimming vigorously with the current. His brain was as energetic as his arms and legs; he thought with the rapidity of lightning.

"The officer," he reasoned, "will not make that martinet's error a second time. It is as easy to dodge a volley as a single shot. He has probably already given the command to fire at will. God help me, I cannot dodge them all!"

An appalling plash within two yards of him was followed by a loud, rushing sound, *diminuendo,* which seemed to travel back through the air to the fort and died in an explosion which stirred the very river to its deeps! A rising sheet of water curved over him, fell down upon him, blinded him, strangled him! The cannon had taken a hand in the game. As he shook his head free from the commotion of the smitten water he heard the deflected shot humming through the air ahead, and in an instant it was cracking and smashing the branches in the forest beyond.

"They will not do that again," he thought; "the next time they will use a charge of grape. I must keep my eye upon the gun; the smoke will apprise me—the report arrives too late; it lags behind the missile. That is a good gun."

dämpfte Donnern der Salve, und als er wieder nach oben stieg, begegnete er glänzenden Metallstückchen, eigentümlich abgeflacht, die langsam abwärtsschwankten. Einige von ihnen berührten sein Gesicht und seine Hände, dann fielen sie ab und setzten ihren Weg nach unten fort. Eins blieb zwischen seinem Hals und Kragen stecken; es war unangenehm warm, und er riss es heraus.

Als er wieder auftauchte und nach Atem rang, sah er, dass er lange unter Wasser gewesen war; er war merklich stromabwärts getrieben – der Sicherheit näher. Die Soldaten waren mit dem Nachladen fast fertig; die metallenen Ladestöcke blitzten im Sonnenlicht alle gleichzeitig auf, als sie aus den Läufen gezogen, in der Luft herumgedreht und in ihre Hülsen gesteckt wurden. Die beiden Wachposten feuerten noch einmal, allein und ohne Wirkung.

Der Gejagte sah das alles mit einem Blick über die Schulter; er schwamm jetzt kräftig mit der Strömung. Sein Gehirn arbeitete genauso wirkungsvoll wie seine Arme und Beine; er dachte mit der Geschwindigkeit eines Blitzes.

»Der Offizier«, überlegte er, »wird den Fehler dieses Zuchtmeisters nicht noch einmal machen. Es ist genauso einfach einer Salve auszuweichen wie einem einzelnen Schuss. Er hat wahrscheinlich längst ›Feuer frei‹ befohlen. Gott steh mir bei, ich kann ihnen nicht allen ausweichen.«

Einem entsetzlichen Aufklatschen zwei Meter neben ihm folgte ein lautes, jagendes Geräusch, *diminuendo*, das durch die Luft zurück zum Fort zu hallen schien und in einer Explosion erstarb, das den gesamten Fluss bis auf den Grund erschütterte! Eine steigende Flutwelle wölbte sich über ihn, stürzte auf ihn nieder, nahm ihm das Augenlicht, erdrosselte ihn! Die Kanone hatte das Spielfeld betreten. Als er den Kopf vom Aufruhr des gequälten Wassers freischüttelte, hörte er den abgelenkten Schuss vor sich durch die Luft surren, und einen Augenblick später zerschlug und zerschmetterte er die Äste des Waldes am anderen Ufer.

»Das werden sie nicht noch einmal tun«, dachte er. »Das nächste Mal benutzen sie eine Kartätsche. Ich muss die Kanone im Auge behalten; der Rauch wird sie verraten – der Schall kommt zu spät, er ist langsamer als das Geschoss. Das ist eine gute Kanone.«

Suddenly he felt himself whirled round and round—spinning like a top. The water, the banks, the forests, the now distant bridge, fort and men—all were commingled and blurred. Objects were represented by their colors only; circular horizontal streaks of color—that was all he saw. He had been caught in a vortex and was being whirled on with a velocity of advance and gyration that made him giddy and sick. In few moments he was flung upon the gravel at the foot of the left bank of the stream—the southern bank—and behind a projecting point which concealed him from his enemies. The sudden arrest of his motion, the abrasion of one of his hands on the gravel, restored him, and he wept with delight. He dug his fingers into the sand, threw it over himself in handfuls and audibly blessed it. It looked like diamonds, rubies, emeralds; he could think of nothing beautiful which it did not resemble. The trees upon the bank were giant garden plants; he noted a definite order in their arrangement, inhaled the fragrance of their blooms. A strange, roseate light shone through the spaces among their trunks and the wind made in their branches the music of æolian harps. He had not wish to perfect his escape—was content to remain in that enchanting spot until retaken.

A whiz and rattle of grapeshot among the branches high above his head roused him from his dream. The baffled cannoneer had fired him a random farewell. He sprang to his feet, rushed up the sloping bank, and plunged into the forest.

All that day he traveled, laying his course by the rounding sun. The forest seemed interminable; nowhere did he discover a break in it, not even a woodman's road. He had not known that he lived in so wild a region. There was something uncanny in the revelation.

By night fall he was fatigued, footsore, famishing. The thought of his wife and children urged him on. At last he found a road which led him in what he knew to be the right direction. It was as wide and straight as a city street, yet it seemed

Plötzlich spürte er, wie er mehrmals herumgewirbelt wurde – und sich drehte wie ein Kreisel. Das Wasser, die Ufer, die Wälder, die jetzt entfernte Brücke, Fort und Männer – alles vermischte sich und verschwamm. Gegenstände waren nur noch in ihren Farben erkennbar; kreisförmige, horizontale Farbstreifen – das war alles, was er sah. Er war in einen Strudel geraten und wurde mit einer Geschwindigkeit nach vorne und herumgeschleudert, dass ihm schwindelig und speiübel wurde. Ein paar Augenblicke später wurde er auf den Kies am Rand des linken Flussufers geworfen – des südlichen Ufers –, hinter einen Vorsprung, der ihn vor seinen Feinden verbarg. Die abrupte Unterbrechung seiner Bewegung und dass er sich eine Hand am Kies aufschürfte, brachten ihn wieder zu sich, und er weinte vor Glück. Er grub seine Finger in den Sand, warf ihn mit vollen Händen über sich und segnete ihn laut. Er sah aus wie Diamanten, Rubine und Smaragde; ihm fiel nichts Schönes ein, dem der Sand nicht glich. Die Bäume am Ufer waren riesige Gartenpflanzen; er bemerkte, dass sie in einer bestimmten Weise angeordnet waren, sog den Duft ihrer Blüten ein. Ein seltsames, rosiges Licht leuchtete durch ihre Stämme, und in ihren Zweigen spielte der Wind die Musik äolischer Harfen. Er verspürte nicht den Wunsch, seine Flucht zu Ende zu bringen – er war bereit, an diesem zauberhaften Ort zu bleiben, bis man ihn wieder aufgreifen würde.

Das Zischen und Rasseln der Kartätsche in den Zweigen hoch über seinem Kopf riss ihn aus seinem Traum. Der verdutzte Kanonier hatte ein zielloses Lebewohl auf ihn abgefeuert. Er sprang auf die Füße, rannte das steile Ufer hinauf und warf sich in den Wald.

Er war den ganzen Tag unterwegs, und sein Weg folgte dem Lauf der Sonne. Der Wald schien endlos; nirgends stieß er auf eine Lichtung, nicht einmal auf einen Forstweg. Er hatte nicht gewusst, dass er in einer so wilden Gegend lebte. Diese Entdeckung hatte etwas Unheimliches.

Bei Einbruch der Dunkelheit war er müde, fußwund, fast verhungert. Der Gedanke an seine Frau und seine Kinder trieb ihn weiter. Schließlich fand er eine Straße, die ihn in eine Richtung führte, von der er wusste, dass sie die richtige war. Sie war so breit und gerade wie

untraveled. No fields bordered it, no dwelling anywhere. Not so much as the barking of a dog suggested human habitation. The black bodies of the trees formed a straight wall on both sides, terminating on the horizon in a point, like a diagram in a lesson in perspective. Overhead, as he looked up through this rift in the wood, shone great golden stars looking unfamiliar and grouped in strange constellations. He was sure they were arranged in some order which had a secret and malign significance. The wood on either side was full of singular noises, among which–once, twice, and again–he distinctly heard whispers in an unknown tongue.

His neck was in pain and lifting his hand to it he found it horribly swollen. He knew that it had a circle of black where the rope had bruised it. His eyes felt congested; he could no longer close them. His tongue was swollen with thirst; he relieved its fever by thrusting it forward from between his teeth into the cold air. How softly the turf had carpeted the untraveled avenue–he could no longer feel the roadway beneath his feet!

Doubtless, despite his suffering, he had fallen asleep while walking, for now he sees another scene–perhaps he has merely recovered from a delirium. He stands at the gate of his own home. All is as he left it, and all bright and beautiful in the morning sunshine. He must have traveled the entire night. As he pushes open the gate and passes up the wide white walk, he sees a flutter of female garments; his wife, looking fresh and cool and sweet, steps down from the veranda to meet him. At the bottom of the steps she stands waiting, with a smile of ineffable joy, an attitude of matchless grace and dignity. Ah, how beautiful she is! He springs forwards with extended arms. As he is about to clasp her he feels a stunning blow upon the back of the neck; a blinding white light blazes

eine Straße in der Stadt, und doch schien sie unbefahren. Keine Felder rechts und links, nirgends eine Behausung. Nicht einmal das Bellen eines Hundes ließ auf eine menschliche Siedlung schließen. Die schwarzen Körper der Bäume bildeten auf beiden Seiten eine gerade Wand, die am Horizont in einem Punkt zusammenlief wie ein Schaubild in einer Lehrstunde für perspektivisches Zeichnen. Über ihm leuchteten, als er durch diesen Riss im Wald nach oben schaute, große goldene Sterne, die ihm unvertraut erschienen und in seltsamen Konstellationen zueinander standen. Er war sicher, dass sie einer Ordnung folgten, die eine geheime, unheilvolle Bedeutung hatte. Der Wald auf beiden Seiten war voll von einzigartigen Geräuschen, aus denen er – einmal, zweimal, dann wieder – Geflüster in einer unbekannten Sprache deutlich heraushörte.

Sein Hals schmerzte, und als er ihn betastete, spürte er, dass er fürchterlich geschwollen war. Er wusste, dass sich ein schwarzer Ring abzeichnete, wo das Seil ihn gequetscht hatte. Seine Augen fühlten sich blutüberfüllt an; er konnte sie nicht mehr schließen. Seine Zunge war geschwollen vor Durst; er kühlte ihr Fieber, indem er sie zwischen den Zähnen nach draußen in die kalte Luft schob. Wie weich der Torf sich über die unbelebte Allee gelegt hatte – die Straße unter seinen Füßen konnte er schon nicht mehr spüren!

Zweifellos war er trotz seiner Schmerzen im Gehen eingeschlafen, denn plötzlich sieht er vor sich eine andere Szene – vielleicht ist er auch nur aus dem Delirium erwacht. Er steht am Tor seines eigenen Zuhauses. Alles ist so, wie er es zurückgelassen hat, und alles leuchtet hell und schön in der Morgensonne. Er muss die ganze Nacht unterwegs gewesen sein. Als er das Tor aufstößt und den breiten weißen Weg entlanggeht, sieht er Frauenkleider flattern; seine Frau, so frisch und kühl und lieblich, steigt von der Veranda herab, um ihn zu begrüßen. Am Fuß der Treppe bleibt sie stehen und wartet mit einem Lächeln voll unbeschreiblicher Freude, mit einer Haltung von unvergleichlicher Anmut und Würde. Oh, wie schön sie ist! Er springt mit ausgebreiteten Armen auf sie zu. Kurz bevor er sie umfasst, spürt er im Nacken einen niederschmetternden Schlag; ein blendend weißes Licht

all about him with a sound like the shock of a cannon–then all is darkness and silence!

Peyton Farquhar was dead; his body, with a broken neck, swung gently from side to side beneath the timbers of the Owl Creek bridge.

umlodert ihn, begleitet von einem Laut wie Kanonendonner – dann ist alles dunkel und still!

Peyton Farquhar war tot; sein Körper schwang mit gebrochenem Genick unter dem Holz der Owl-Creek-Brücke sanft von einer Seite zur andern.

Edith Wharton

A Journey

As she lay in her berth, staring at the shadows overhead, the rush of the wheels was in her brain, driving her deeper and deeper into circles of wakeful lucidity. The sleeping car had sunk into its night silence. Through the wet windowpane she watched the sudden lights, the long stretches of hurrying blackness. Now and then she turned her head and looked through the opening in the hangings at her husband's curtains across the aisle. ...

She wondered restlessly if he wanted anything and if she could hear him if he called. His voice had grown very weak within the last months and it irritated him when she did not hear. This irritability, this increasing childish petulance seemed to give expression to their imperceptible estrangement. Like two faces looking at one another through a sheet of glass they were close together, almost touching, but they could not hear or feel each other: the conductivity between them was broken. She, at least, had this sense of separation, and she fancied sometimes that she saw it reflected in the look with which he supplemented his failing words. Doubtless the fault was hers. She was too impenetrably healthy to be touched by the irrelevancies of disease. Her self-reproachful tenderness was tinged with the sense of his irrationality: she had a vague feeling that there was a purpose in his helpless tyrannies. The suddenness of the change had found her so unprepared. A year ago their pulses had beat to one robust measure; both had the same prodigal confidence in an exhaustless future. Now their energies no longer kept step: hers still bounded ahead of life, preempting unclaimed regions of hope and activity, while his lagged behind, vainly struggling to overtake her.

Edith Wharton

Eine Reise

Als sie in ihrer Koje lag und auf die Schatten über sich starrte, kreiste das Rattern der Räder in ihrem Hirn und trieb sie immer tiefer in Phasen hellwacher Klarheit. Der Schlafwagen war in seine nächtliche Stille versunken. Durchs nasse Fenster sah sie die jähen Lichter, die langen Strecken vorbeieilender Finsternis. Hin und wieder wandte sie den Kopf und blickte durch den Spalt ihres Vorhangs auf die verhängte Koje ihres Mannes auf der anderen Seite des Ganges …

Sie fragte sich ruhelos, ob er etwas brauchte und ob sie ihn hören könnte, falls er riefe. Seine Stimme war in den letzten Monaten sehr schwach geworden, und er reagierte gereizt, wenn sie ihn nicht hörte. Diese Reizbarkeit, diese zunehmende kindische Verdrießlichkeit schien Ausdruck ihrer unmerklichen Entfremdung zu sein. Wie zwei Gesichter, die einander durch eine Glasscheibe anschauen, waren sie sich nahe, berührten sich fast, aber sie konnten einander weder hören noch spüren: Das Leitvermögen zwischen ihnen war unterbrochen. Sie zumindest hatte dieses Gefühl der Trennung, und manchmal meinte sie, es in dem Blick gespiegelt zu sehen, mit dem er seine versagenden Worte ergänzte. Zweifellos war es ihre Schuld. Sie war von zu unempfindlicher Gesundheit, um von den Belanglosigkeiten einer Krankheit beeinflusst zu werden. Ihre selbstvorwurfsvolle Zärtlichkeit wurde gefärbt von dem Gefühl seiner widersinnigen Unvernunft: Sie hatte die unbestimmte Empfindung, seine hilflosen Tyrannisierungen dienten einem Ziel. Die Plötzlichkeit der Veränderung hatte sie so unvorbereitet getroffen. Vor einem Jahr hatten ihre Pulse im gleichen kräftigen Takt geschlagen; beide hatten dasselbe verschwenderische Vertrauen in eine unerschöpfliche Zukunft. Jetzt hielten beider Energien nicht mehr miteinander Schritt: Ihre sprangen immer noch der Zeit voraus und nahmen nicht beanspruchte Regionen der Hoffnung und des Handelns in Beschlag, während seine hinterherhinkten, vergeblich darum kämpfend, sie zu überholen.

When they married, she had such arrears of living to make up: her days had been as bare as the whitewashed schoolroom where she forced innutritious facts upon reluctant children. His coming had broken in on the slumber of circumstance, widening the present till it became the encloser of remotest chances. But imperceptibly the horizon narrowed. Life had a grudge against her: she was never to be allowed to spread her wings.

At first the doctors had said that six weeks of mild air would set him right; but when he came back this assurance was explained as having of course included a winter in a dry climate. They gave up their pretty house, storing the wedding presents and new furniture, and went to Colorado. She had hated it there from the first. Nobody knew her or cared about her; there was no one to wonder at the good match she had made, or to envy her the new dresses and the visiting cards which were still a surprise to her. And he kept growing worse. She felt herself beset with difficulties too evasive to be fought by so direct a temperament. She still loved him, of course; but he was gradually, undefinably ceasing to be himself. The man she had married had been strong, active, gently masterful: the male whose pleasure it is to clear a way through the material obstructions of life; but now it was she who was the protector, he who must be shielded from importunities and given his drops or his beef juice though the skies were falling. The routine of the sickroom bewildered her; this punctual administering of medicine seemed as idle as some uncomprehended religious mummery.

There were moments, indeed, when warm gushes of pity swept away her instinctive resentment of his condition, when she still found his old self in his eyes as they groped for each other through the dense medium of his weakness. But these

Als sie heirateten, hatte sie so viele Erfahrungen im Leben aufzuholen: Ihre Tage waren so kahl gewesen wie die geweißten Wände des Klassenzimmers, in dem sie widerstrebenden Kindern Fakten ohne Nährwert aufzwang. Sein Kommen hatte den Schlummer der Umstände unterbrochen und die Gegenwart erweitert, bis diese auch die entferntesten Möglichkeiten einschloss. Doch unmerklich hatte der Horizont sich verengt. Das Leben grollte ihr: Nie durfte sie ihre Flügel ausbreiten.

Zuerst hatten die Ärzte gesagt, sechs Wochen in milder Luft würden ihn wieder auf Trab bringen; als er zurückkehrte, wurde diese Zusicherung dahingehend ergänzt, sie habe selbstverständlich einen Winter in trockenem Klima mit einbezogen. Sie gaben ihr schönes Haus auf, lagerten die Hochzeitsgeschenke und die neuen Möbel ein und zogen nach Colorado. Vom ersten Augenblick an hatte sie es dort gehasst. Kein Mensch kannte sie oder kümmerte sich um sie; da war niemand, der über die gute Partie staunte, die sie gemacht hatte, oder sie um ihre neuen Kleider und die Visitenkarten beneidete, die für sie immer noch eine Überraschung waren. Und ihm ging es immer schlechter. Sie fühlte sich von Schwierigkeiten umzingelt, die zu schwer zu benennen waren, um von einem so direkten Temperament angegangen zu werden. Sie liebte ihn selbstverständlich immer noch; aber er hörte allmählich, unbestimmbar auf, er selbst zu sein. Der Mann, den sie geheiratet hatte, war stark, aktiv, auf zarte Weise herrlich meisterhaft gewesen: der Mann, dem es eine Lust ist, eine Bresche durch die realen Hindernisse des Lebens zu schlagen; jetzt aber war sie die Beschützerin und er derjenige, der vor Belästigungen bewahrt werden und seine Tropfen oder seine Rinderkraftbrühe bekommen musste, auch wenn der Himmel über ihnen einstürzte. Die Krankenpflege mit ihren Regeln verwirrte sie; diese pünktliche Verabreichung von Arzneien schien so müßig wie ein unbegreiflicher religiöser Mummenschanz.

Es gab in der Tat Momente, da warme Wellen des Mitleids ihren instinktiven Widerwillen gegen seinen Zustand davonschwemmten, da sie in seinen Augen immer noch sein altes Ich erblickte, während sie durch das dichte Medium seiner Schwäche einander tastend such-

moments had grown rare. Sometimes he frightened her: his sunken expressionless face seemed that of a stranger; his voice was weak and hoarse; his thin lipped smile a mere muscular contraction. Her hand avoided his damp soft skin, which had lost the familiar roughness of health: she caught herself furtively watching him as she might have watched a strange animal. It frightened her to feel that this was the man she loved; there were hours when to tell him what she suffered seemed the one escape from her fears. But in general she judged herself more leniently, reflecting that she had perhaps been too long alone with him, and that she would feel differently when they were at home again, surrounded by her robust and buoyant family. How she had rejoiced when the doctors at last gave their consent to his going home! She knew, of course, what the decision meant; they both knew. It meant that he was to die; but they dressed the truth in hopeful euphemisms, and at times, in the joy of preparation, she really forgot the purpose of their journey, and slipped into an eager allusion to next year's plans.

At last the day of leaving came. She had a dreadful fear that they would never get away; that somehow at the last moment he would fail her; that the doctors held one of their accustomed treacheries in reserve; but nothing happened. They drove to the station, he was installed in a seat with a rug over his knees and a cushion at his back, and she hung out of the window waving unregretful farewells to the acquaintances she had really never liked till then.

The first twenty-four hours had passed off well. He revived a little and it amused him to look out of the window and to observe the humors of the car. The second day he began to grow weary and to chafe under the dispassionate stare of the freckled child with the lump of chewing gum. She had to ex-

ten. Doch diese Momente waren selten geworden. Manchmal machte er ihr Angst: Sein eingefallenes ausdrucksloses Gesicht schien das eines Fremden zu sein; seine Stimme war schwach und heiser, sein schmallippiges Lächeln eine bloße Muskelkontraktion. Ihre Hand mied seine feuchte weiche Haut, welche die gewohnte gesunde Robustheit verloren hatte: Sie ertappte sich dabei, wie sie ihn verstohlen beobachtete, so wie sie womöglich ein unbekanntes Tier beobachtet hätte. Es machte ihr Angst, wenn sie fühlte, dass dies der Mann war, den sie liebte; es gab Stunden, da schien ihr die einzige Flucht vor ihren Ängsten darin zu liegen, ihm zu erzählen, was sie litt. Aber im Allgemeinen beurteilte sie sich selbst weitaus nachsichtiger, besann sich, dass sie mit ihm vielleicht zu lange allein gewesen war und dass sie sich anders fühlen würde, wenn sie sie wieder zu Hause wären, im Kreise ihrer gesunden, lebensfrohen Familie. Wie hatte sie sich gefreut, als die Ärzte ihre Zustimmung zu seiner Heimkehr gegeben hatten! Sie wusste selbstverständlich, was die Entscheidung bedeutete; sie wussten es beide. Sie bedeutete, er musste sterben; aber sie hüllten die Wahrheit in hoffnungsvolle schöne Worte, und bisweilen vergaß sie, in der Freude der Vorbereitungen, tatsächlich den Zweck ihrer Reise und verfiel allzu bereit in Anspielungen auf die Pläne fürs nächste Jahr.

Endlich kam der Tag der Abreise. Sie hatte die schreckliche Befürchtung, dass sie niemals wegkommen würden, dass er sie im letzten Augenblick im Stich lassen würde, dass die Ärzte eine ihrer gewohnten Niederträchtigkeiten in der Hinterhand hielten; aber nichts geschah. Sie fuhren zum Bahnhof, er wurde, eine Decke über den Knien und ein Kissen im Rücken, auf seinen Platz gesetzt, und sie hängte sich aus dem Fenster und winkte den Bekannten, die sie bis dahin eigentlich nie gemocht hatte, bedauernslose Abschiedsgrüße zu.

Die ersten vierundzwanzig Stunden waren gut verlaufen. Er erholte sich ein wenig, und es ergötzte ihn, aus dem Fenster zu schauen und die Temperamente im Waggon zu betrachten. Am zweiten Tag wurde er missmutig und gereizt unter dem unbefangenen Starren des sommersprossigen kleinen Mädchens mit dem Kaugummiklumpen. Sie

plain to the child's mother that her husband was too ill to be disturbed: a statement received by that lady with a resentment visibly supported by the maternal sentiment of the whole car. ...

That night he slept badly and the next morning his temperature frightened her: she was sure he was growing worse. The day passed slowly, punctuated by the small irritations of travel. Watching his tired face, she traced in its contractions every rattle and jolt of the train, till her own body vibrated with sympathetic fatigue. She felt the others observing him too, and hovered restlessly between him and the line of interrogative eyes. The freckled child hung about him like a fly; offers of candy and picture books failed to dislodge her: she twisted one leg around the other and watched him imperturbably. The porter, as he passed, lingered with vague proffers of help, probably inspired by philanthropic passengers swelling with the sense that "something ought to be done"; and one nervous man in a skull cap was audibly concerned as to the possible effect on his wife's health.

The hours dragged on in a dreary inoccupation. Towards dusk she sat down beside him and he laid his hand on hers. The touch startled her. He seemed to be calling her from far off. She looked at him helplessly and his smile went through her like a physical pang.

"Are you very tired?" she asked.

"No, not very."

"We'll be there soon now."

"Yes, very soon."

"This time tomorrow—"

He nodded and they sat silent. When she had put him to bed and crawled into her own berth she tried to cheer herself with the thought that in less than twenty-four hours they would be in New York. Her people would all be at the station

musste der Mutter des Mädchens erklären, ihr Mann sei zu krank, er dürfe nicht gestört werden: eine Erklärung, die von der Dame mit einem Unmut aufgenommen wurde, der bei den mütterlichen Empfindungen des ganzen Waggons sichtlich Unterstützung fand ...

In der Nacht schlief er schlecht, und am nächsten Morgen machte seine Temperatur ihr Angst: Sie war sich sicher, dass sich sein Zustand verschlechterte. Der Tag verging langsam, unterbrochen nur von den kleinen Reizen des Reisens. Während sie sein müdes Gesicht betrachtete, verfolgte sie in dessen Zuckungen jedes Rattern, jede Erschütterung des Zuges, bis ihr Körper im Einklang damit in Müdigkeit verfiel. Sie spürte, dass auch alle andern ihn beobachteten, und so flatterte sie rastlos zwischen ihm und der Reihe fragender Blicke hin und her. Das sommersprossige Mädchen hing an ihm wie eine Fliege; weder angebotene Süßigkeiten noch Bilderbücher vermochten sie zu vertreiben: Sie schlug ein Bein über das andere, verdrehte sie und musterte ihn gelassen. Als der Schaffner vorbeikam, verweilte er kurz und bot unbestimmte Hilfe an, wohl angeregt von menschenfreundlichen Passagieren, die meinten, »dass etwas getan werden sollte«; und ein nervöser Mann mit einer Kappe auf dem Kopf machte sich hörbar Sorgen über die mögliche Auswirkung auf die Gesundheit seiner Frau.

Die Stunden schleppten sich in öder Beschäftigungslosigkeit dahin. Als der Abend dämmerte, setzte sie sich neben ihn, und er legte seine Hand auf ihre. Die Berührung schreckte sie auf. Er schien sie aus weiter Ferne zu rufen. Sie blickte ihn hilflos an, und sein Lächeln durchdrang sie wie ein körperlicher Schmerz.

»Bist du sehr müde?«, fragte sie.

»Nein, nicht sehr.«

»Wir werden jetzt bald da sein.«

»Ja, sehr bald.«

»Morgen um diese Zeit –«

Er nickte, und sie saßen schweigend da. Nachdem sie ihn zu Bett gebracht hatte und in ihre eigene Koje gekrochen war, versuchte sie sich mit dem Gedanken aufzuheitern, dass sie in weniger als vierundzwanzig Stunden in New York sein würden. All ihre Angehörigen

to meet her–she pictured their round unanxious faces pressing through the crowd. She only hoped they would not tell him too loudly that he was looking splendidly and would be all right in no time: the subtler sympathies developed by long contact with suffering were making her aware of a certain coarseness of texture in the family sensibilities.

Suddenly she thought she heard him call. She parted the curtains and listened. No, it was only a man snoring at the other end of the car. His snores had a greasy sound, as though they passed through tallow. She lay down and tried to sleep. ... Had she not heard him move? She started up trembling. ... The silence frightened her more than any sound. He might not be able to make her hear–he might be calling her now. ... What made her think of such things? It was merely the familiar tendency of an overtired mind to fasten itself on the most intolerable chance within the range of its forebodings. ... Putting her head out, she listened: but she could not distinguish his breathing from that of the other pairs of lungs about her. She longed to get up and look at him, but she knew the impulse was a mere vent for her restlessness, and the fear of disturbing him restrained her. ... The regular movement of his curtain reassured her, she knew not why; she remembered that he had wished her a cheerful good night; and the sheer inability to endure her fears a moment longer made her put them from her with an effort of her whole sound-tired body. She turned on her side and slept.

She sat up stiffly, staring out at the dawn. The train was rushing through a region of bare hillocks huddled against a lifeless sky. It looked like the first day of creation. The air of the car was close, and she pushed up her window to let in the keen wind. Then she looked at her watch: it was seven o'clock, and soon the people about her would be stirring. She slipped into her clothes, smoothed her disheveled hair and crept to the

würden am Bahnhof stehen, um sie abzuholen – sie stellte sich bildlich deren runde unbekümmerte Gesichter vor, die sich durch die Menge drängten. Sie hoffte nur, sie würden ihm nicht allzu laut sagen, dass er großartig aussehe und im Nu wieder auf den Beinen sein werde: Die feineren Empfindungen, entwickelt in langer Nähe zum Leiden, ließen sie eine gewisse Grobheit im Gewebe der Familiengefühle erkennen.

Plötzlich meinte sie, ihn rufen zu hören. Sie teilte den Vorhang und lauschte. Nein, da schnarchte nur ein Mann am anderen Ende das Waggons. Sein Schnarchen klang so schmierig, als wäre es durch Talg gegangen. Sie legte sich hin und versuchte zu schlafen … Hatte sie nicht gehört, wie er sich bewegt hatte? Zitternd richtete sie sich auf … Die Stille schreckte sie mehr als jedes Geräusch. Er war womöglich nicht imstande, sich bemerkbar zu machen – womöglich rief er gerade jetzt nach ihr … Was brachte sie auf solche Gedanken? Es war lediglich die bekannte Neigung eines übermüdeten Geistes, sich an die unerträglichste Wahrscheinlichkeit im Rahmen seiner Vorahnungen zu klammern … Sie steckte den Kopf hinaus und lauschte: Aber sie konnte sein Atmen nicht von dem der anderen Lungen in ihrer Nähe unterscheiden. Es drängte sie, aufzustehen und ihn anzuschauen, aber sie wusste, dazu trieb sie lediglich der Wunsch, ihrer Ruhelosigkeit freien Lauf zu lassen, und die Furcht, ihn zu stören, hielt sie zurück … Die regelmäßige Bewegung seines Vorhangs beruhigte sie, sie wusste nicht warum; sie erinnerte sich, dass er ihr eine fröhliche gute Nacht gewünscht hatte; und die pure Unmöglichkeit, ihre Ängste noch einen Moment länger zu ertragen, brachte sie dazu, diese mit der Kraftanstrengung ihres ganzen lärmmüden Körpers abzuwerfen. Sie drehte sich auf die Seite und schlief.

Steif richtete sie sich auf und schaute ins Morgengrauen. Der Zug fuhr durch eine Gegend kahler Hügel, die sich unter einem leblosen Himmel duckten. Es sah aus wie am ersten Schöpfungstag. Die Luft stand drückend im Waggon, und so schob sie das Fenster hoch, um den scharfen Wind einzulassen. Dann schaute sie auf ihre Armbanduhr: Es war sieben, und schon bald würden sich die Leute um sie herum rühren. Sie schlüpfte in ihre Kleider, strich ihr wüstes Haar glatt

dressing room. When she had washed her face and adjusted her dress she felt more hopeful. It was always a struggle for her not to be cheerful in the morning. Her cheeks burned deliciously under the coarse towel and the wet hair about her temples broke into strong upward tendrils. Every inch of her was full of life and elasticity. And in ten hours they would be at home!

She stepped to her husband's berth: it was time for him to take his early glass of milk. The window shade was down, and in the dusk of the curtained enclosure she could just see that he lay sideways, with his face away from her. She leaned over him and drew up the shade. As she did so she touched one of his hands. It felt cold. ...

She bent closer, laying her hand on his arm and calling him by name. He did not move. She spoke again more loudly; she grasped his shoulder and gently shook it. He lay motionless. She caught hold of his hand again: it slipped from her limply, like a dead thing. A dead thing?

Her breath caught. She must see his face. She leaned forward, and hurriedly, shrinkingly, with a sickening reluctance of the flesh, laid her hands on his shoulders and turned him over. His head fell back; his face looked small and smooth: he gazed at her with steady eyes.

She remained motionless for a long time, holding him thus; and they looked at each other. Suddenly she shrank back: the longing to scream, to call out, to fly from him, had almost overpowered her. But a strong hand arrested her. Good God! If it were known that he was dead they would be put off the train at the next station–

In a terrifying flash of remembrance there arose before her a scene she had once witnessed in traveling, when a husband and wife, whose child had died in the train, had been thrust out at some chance station. She saw them standing on the platform with the child's body between them; she had never forgotten the dazed look with which they followed the reced-

und schlich sich in den Ankleideraum. Nachdem sie sich das Gesicht gewaschen und ihr Kleid geordnet hatte, fühlte sie sich schon hoffnungsvoller. Es war immer ein Kampf für sie, am Morgen nicht fröhlich zu sein. Ihre Wangen brannten herrlich unter dem groben Handtuch, und das nasse Haar an ihren Schläfen schoss in starken Ranken nach oben. Jeder Zoll von ihr war voller Schwung und Leben. Und in zehn Stunden würden sie zu Hause sein!

Sie trat an die Koje ihres Mannes: Es war Zeit für sein morgendliches Glas Milch. Das Rollo war heruntergezogen, und im grauen Licht der umhängten Koje konnte sie nur erkennen, dass er auf der Seite lag, das Gesicht von ihr abgewandt. Sie lehnte sich über ihn und zog das Rollo hoch. Dabei berührte sie seine Hand. Sie fühlte sich kalt an …

Sie beugte sich tiefer zum ihm hinunter, legte ihre Hand auf seinen Arm und rief ihn beim Namen. Er rührte sich nicht. Sie sprach wieder, aber lauter; sie packte ihn bei den Schultern und schüttelte ihn sanft. Er lag regungslos da. Wieder nahm sie seine Hand, die ihr schlaff entglitt, wie etwas Totes. Etwas Totes?

Ihr stockte der Atem. Sie musste sein Gesicht sehen. Sie beugte sich vor, und eiligst, schaudernd, widerwillig, mit einem Ekel vor dem Fleisch, packte sie ihn bei den Schultern und drehte ihn um. Sein Kopf sank zurück; sein Gesicht sah klein und glatt aus; er schaute sie mit festen Augen an.

Sie verharrte lange Zeit reglos, hielt ihn so im Arm; und sie schauten einander an. Plötzlich zuckte sie zurück: Das Verlangen zu schreien, laut zu rufen, vor ihm zu fliehen, hätte sie fast übermannt. Aber eine starke Hand hielt sie fest. Guter Gott! Wenn bekannt würde, dass er tot war, würde man sie am nächsten Bahnhof aus dem Zug weisen –

In einer plötzlich aufblitzenden entsetzlichen Erinnerung stand eine Szene vor ihr, die sie einst auf einer Reise erlebt hatte, als ein Mann und eine Frau, deren Kind im Zug gestorben war, auf irgendeinem Bahnhof aus dem Zug geworfen worden waren. Sie sah sie auf dem Bahnsteig stehen, die Leiche des Kindes zwischen ihnen; nie hatte sie den verstörten Blick vergessen, mit dem sie dem verschwindenden

ing train. And this was what would happen to her. Within the next hour she might find herself on the platform of some strange station, alone with her husband's body. ... Anything but that! It was too horrible–She quivered like a creature at bay.

As she cowered there, she felt the train moving more slowly. It was coming then–they were approaching a station! She saw again the husband and wife standing on the lonely platform; and with a violent gesture she drew down the shade to hide her husband's face.

Feeling dizzy, she sank down on the edge of the berth, keeping away from his outstretched body, and pulling the curtains close, so that he and she were shut into a kind of sepulchral twilight. She tried to think. At all costs she must conceal the fact that he was dead. But how? Her mind refused to act: she could not plan, combine. She could think of no way but to sit there, clutching the curtains, all day long. ...

She heard the porter making up her bed; people were beginning to move about the car; the dressing-room door was being opened and shut. She tried to rouse herself. At length with a supreme effort she rose to her feet, stepping into the aisle of the car and drawing the curtains tight behind her. She noticed that they still parted slightly with the motion of the car, and finding a pin in her dress she fastened them together. Now she was safe. She looked round and saw the porter. She fancied he was watching her.

'Ain't he awake yet?' he inquired.

'No,' she faltered.

'I got his milk all ready when he wants it. You know you told me to have it for him by seven.'

She nodded silently and crept into her seat.

At half-past eight the train reached Buffalo. By this time the other passengers were dressed and the berths had been folded back for the day. The porter, moving to and fro under

Zug folgten. Und dasselbe würde ihr passieren. Innerhalb der nächsten Stunde stünde sie vielleicht auf dem Bahnsteig irgendeines fremden Bahnhofs, allein mit der Leiche ihres Mannes … Alles, nur das nicht! Das war zu entsetzlich. – Sie zitterte wie ein in die Enge getriebenes Tier.

Während sie dort kauerte, merkte sie, dass der Zug langsamer wurde. Jetzt war es also so weit – sie näherten sich einem Bahnhof! Wieder sah sie den Mann und die Frau auf dem verlassenen Bahnsteig stehen; und mit einer heftigen Gebärde zog sie das Rollo herunter, um das Gesicht ihres Mannes zu verbergen.

Da ihr schwindlig war, ließ sie sich auf der Bettkante nieder, hielt Distanz zu seinem ausgestreckten Körper und zog den Vorhang zu, sodass sie beide eingeschlossen waren in einer Art Grabesdüsternis. Sie versuchte zu denken. Um jeden Preis musste sie die Tatsache verbergen, dass ihr Mann tot war. Aber wie? Ihr Kopf verweigerte die Arbeit: Sie konnte weder planen noch kombinieren. Sie konnte sich nichts anderes vorstellen, als dort zu sitzen, den Vorhang festzuhalten, und das den ganzen Tag …

Sie hörte, wie der Schaffner ihr Bett machte; schon brachten Menschen Leben in den Waggon; die Tür des Ankleideraums wurde geöffnet und geschlossen. Sie versuchte sich aufzuraffen. Mit äußerster Mühe stand sie schließlich auf, trat hinaus auf den Gang und zog den Vorhang hinter sich dicht zu. Sie merkte, dass er sich mit dem Schaukeln des Waggons in der Mitte immer noch leicht öffnete; sie fand eine Stecknadel in ihrem Kleid und schloss damit den Spalt. Jetzt war sie in Sicherheit. Sie schaute sich um und sah den Schaffner. Sie bildete sich ein, dass er sie beobachtete.

»Isser noch nich wach?«, fragte er.

»Nein«, stammelte sie.

»Ich hab seine Milch für ihn bereit, wann er sie will. Wissen Sie, Sie haben mir doch gesagt, ich soll sie um sieben für ihn dahaben.«

Sie nickte stumm und verzog sich auf ihren Platz.

Um halb neun erreichte der Zug Buffalo. Die anderen Passagiere waren inzwischen angezogen und die Kojen für den Tag hochgeklappt worden. Der Schaffner, der mit Laken und Kissen beladen immer un-

his burden of sheets and pillows, glanced at her as he passed. At length he said: 'Ain't he going to get up? You know we're ordered to make up the berths as early as we can.'

She turned cold with fear. They were just entering the station.

'Oh, not yet,' she stammered. 'Not till he's had his milk. Won't you get it, please?'

'All right. Soon as we start again.'

When the train moved on he reappeared with the milk. She took it from him and sat vaguely looking at it: her brain moved slowly from one idea to another, as though they were steppingstones set far apart across a whirling flood. At length she became aware that the porter still hovered expectantly.

'Will I give it to him?' he suggested.

'Oh, no,' she cried, rising. 'He—he's asleep yet, I think—!'

She waited till the porter had passed on; then she unpinned the curtains and slipped behind them. In the semiobscurity her husband's face stared up at her like a marble mask with agate eyes. The eyes were dreadful. She put out her hand and drew down the lids. Then she remembered the glass of milk in her other hand: what was she to do with it? She thought of raising the window and throwing it out; but to do so she would have to lean across his body and bring her face close to his. She decided to drink the milk.

She returned to her seat with the empty glass and after a while the porter came back to get it.

'When'll I fold up his bed?' he asked.

'Oh, not now—not yet; he's ill—he's very ill. Can't you let him stay as he is? The doctor wants him to lie down as much as possible.'

He scratched his head. 'Well, if he's *really* sick—'

He took the empty glass and walked away, explaining to the passengers that the party behind the curtains was too sick to get up just yet.

terwegs war, warf ihr im Vorbeigehen einen flüchtigen Blick zu. Schließlich sagte er: »Will er denn gar nicht aufstehen? Sie wissen, wir sind angewiesen, die Kojen herzurichten, so früh wir können.«

Sie erstarrte vor Angst. Der Zug fuhr gerade in den Bahnhof ein.

»Ach, noch nicht«, stotterte sie. »Erst, nachdem er seine Milch bekommen hat. Würden Sie sie bitte bringen?«

»Sehr wohl. Sobald wir wieder fahren.«

Als sich der Zug aufs Neue in Bewegung gesetzt hatte, kam der Schaffner mit der Milch zurück. Sie nahm ihm das Glas ab, saß da und sah es ziellos an; ihr Hirn bewegte sich langsam von Idee zu Idee, als wären sie weit voneinander entfernte Trittsteine quer durch eine tosende Flut. Schließlich merkte sie, dass der Schaffner immer noch erwartungsvoll dastand.

»Soll ich sie ihm bringen?«, meinte er.

»Aber nein«, rief sie und stand auf. »Er – er schläft ja noch, glaube ich –«

Sie wartete, bis der Schaffner weitergegangen war; dann zog sie die Nadel aus dem Vorhang und schlüpfte hinein. Im Halbdunkel starrte das Gesicht ihres Mannes sie an wie eine Marmormaske mit Augen aus Achat. Die Augen waren fürchterlich. Sie streckte die Hand aus und drückte die Lider zu. Dann fiel ihr das Glas Milch in der anderen Hand ein: Was sollte sie damit machen? Sie dachte daran, das Fenster zu öffnen und es hinauszuwerfen; aber dazu müsste sie sich über seine Leiche lehnen und ihr Gesicht nahe an das seine bringen. Sie entschloss sich, die Milch zu trinken.

Sie kehrte mit dem leeren Glas auf ihren Platz zurück, kurz darauf kam der Schaffner zurück und nahm es ihr ab.

»Wann kann ich sein Bett hochklappen?«, fragte er.

»Ach, jetzt nicht – noch nicht; er ist krank – er ist sehr krank. Können Sie ihn nicht so lassen, wie er ist? Der Arzt möchte, dass er sich so oft und so lange wie möglich hinlegt.«

Er kratzte sich am Kopf. »Tja, wenn er *richtig* krank ist –«

Er nahm das leere Glas, ging davon und erklärte den Passagieren, dass der Fahrgast hinter dem Vorhang zu krank sei, um jetzt schon aufzustehen.

She found herself the center of sympathetic eyes. A motherly woman with an intimate smile sat down beside her.

'I'm really sorry to hear your husband's sick. I've had a remarkable amount of sickness in my family and maybe I could assist you. Can I take a look at him?'

'Oh, no—no please! He mustn't be disturbed.'

The lady accepted the rebuff indulgently.

'Well, it's just as you say, of course, but you don't look to me as if you'd had much experience in sickness and I'd have been glad to assist you. What do you generally do when your husband's taken this way?'

'I—I let him sleep.'

'Too much sleep ain't any too healthful either. Don't you give him any medicine?'

'Y—yes.'

'Don't you wake him to take it?'

'Yes.'

'When does he take the next dose?'

'Not for—two hours—'

The lady looked disappointed. 'Well, if I was you I'd try giving it oftener. That's what I do with my folks.'

After that many faces seemed to press upon her. The passengers were on their way to the dining car, and she was conscious that as they passed down the aisle they glanced curiously at the closed curtains. One lantern-jawed man with prominent eyes stood still and tried to shoot his projecting glance through the division between the folds. The freckled child, returning from breakfast, waylaid the passers with a buttery clutch, saying in a loud whisper, 'He's sick'; and once the conductor came by, asking for tickets. She shrank into her corner and looked out of the window at the crying trees and houses, meaningless hieroglyphs of an endlessly unrolled papyrus.

Plötzlich befand sie sich im Zentrum mitleidvoller Blicke. Eine mütterliche Frau mit innigem Lächeln setzte sich zu ihr.

»Es tut mir wirklich fürchterlich leid zu hören, dass ihr Gatte krank ist. Ich hatte es in meiner Familie mit einer bemerkenswerten Anzahl von Krankheiten zu tun, und vielleicht könnte ich Ihnen beistehen. Darf ich einen Blick auf ihn werfen?«

»Ach, nein – nein bitte! Er darf nicht gestört werden.«

Die Dame begegnete der Zurückweisung mit Nachsicht.

»Nun, es ist selbstverständlich so, wie Sie sagen, aber Sie sehen mir nicht gerade danach aus, als hätten Sie viel Erfahrung mit Krankheiten, und ich hätte Ihnen gerne beigestanden. Was machen Sie gewöhnlich, wenn Ihr Gatte in diesem Zustand ist?«

»Ich – ich lasse ihn schlafen.«

»Zuviel Schlaf ist auch nicht grad gesund. Geben Sie ihm denn keine Medizin?«

»Doch – ja.«

»Wecken Sie ihn nicht auf, damit er sie einnehmen kann?«

»Doch.«

»Wann bekommt er sie das nächste Mal?«

»Erst in – zwei Stunden –«

Die Dame machte ein enttäuschtes Gesicht. »Nun, wenn ich Sie wäre, würde ich versuchen, sie öfter zu verabreichen. So mache ich es jedenfalls in meiner Familie.«

Danach schienen viele Gesichter sie zu bedrängen. Die Passagiere waren auf dem Weg in den Speisewagen, und sie merkte sehr wohl, dass die Leute, wenn sie durch den Gang kamen, neugierig auf den geschlossenen Vorhang schauten. Ein hohlwangiger Mann mit vortretenden Augen blieb stehen und versuchte, mit stechendem Blick durch den Spalt des Vorhangs zu spähen. Das sommersprossige Mädchen, vom Frühstück zurück, stellte sich den Passanten in den Weg, hielt sie mit klebrigen Fingern fest und flüsterte lautstark: »Er ist krank.« Und einmal kam der Schaffner und verlangte die Fahrkarten. Sie zog sich in ihre Ecke zurück und schaute durchs Fenster auf die vorbeifliegenden Bäume und Häuser, bedeutungslose Hieroglyphen auf einem endlos sich entrollenden Papyrus.

Now and then the train stopped, and the newcomers on entering the car stared in turn at the closed curtains. More and more people seemed to pass–their faces began to blend fantastically with the images surging in her brain. …

Later in the day a fat man detached himself from the mist of faces. He had a creased stomach and soft pale lips. As he pressed himself into the seat facing her she noticed that he was dressed in black broad cloth, with a soiled white tie.

'Husband's pretty bad this morning, is he?'

'Yes.'

'Dear, dear! Now that's terribly distressing, ain't it?' An apostolic smile revealed his gold-filled teeth. 'Of course you know there's no such thing as sickness. Ain't that a lovely thought? Death itself is but a deloosion of our grosser senses. On'y lay yourself open to the influx of the sperrit, submit yourself passively to the action of the divine force, and disease and dissolution will cease to exist for you. If you could indooce your husband to read this little pamphlet–'

The faces about her again grew indistinct. She had a vague recollection of hearing the motherly lady and the parent of the freckled child ardently disputing the relative advantages of trying several medicines at once, or of taking each in turn; the motherly lady maintaining that the competitive system saved time; the other objecting that you couldn't tell which remedy had effected the cure; their voices went on and on, like bell buoys droning through a fog. … The porter came up now and then with questions that she did not understand, but somehow she must have answered since he went away again without repeating them; every two hours the motherly lady reminded her that her husband ought to have his drops; people left the car and others replaced them. …

Hin und wieder machte der Zug Halt, und die neu zugestiegenen Passagiere im Waggon starrten reihenweise auf den geschlossenen Vorhang. Immer mehr Leute schienen vorbeizugehen – ihre Gesichter vermischten sich allmählich auf fantastische Weise mit den Bildern, die durch ihren Kopf wogten …

Später am Tag löste sich ein dicker Mann aus dem Nebel der Gesichter. Sein Bauch schlug Falten, und er hatte weiche blasse Lippen. Als er sich auf den Sitz ihr gegenüber zwängte, bemerkte sie, dass er feines schwarzes Tuch trug, dazu eine fleckige weiße Fliege.

»Ihrem Gatten geht's heute morgen ganz schön schlecht, nich?«

»Ja.«

»O je, o je! Das ist doch schrecklich bedrückend, nich?«, Ein apostolisches Lächeln entblößte seine goldgefüllten Zähne. »Natürlich gibt es, wissen Sie, sowas wie Krankheit ja gar nich. Ist das nich ein schöner Gedanke? Der Tod an sich ist nix als eine Sinnestäuschung, die Irreführung unserer gröberen Sinne. Sie brauchen sich nur dem Einfluss des Geistes zu öffnen, unterwerfen Sie sich passiv dem Handeln der göttlichen Kraft, und schon existieren Krankheit und Vernichtung gar nich mehr für Sie. Wenn Sie Ihren Gatten dazu bringen könnten, diese kleine Schrift zu lesen –«

Die Gesichter um sie herum verschwammen wieder. Sie hatte vage in Erinnerung, gehört zu haben, wie die mütterliche Dame und die Mutter des sommersprossigen Mädchens sich heftig darüber stritten, welche Vorteile es vergleichsweise habe, mehrere Arzneien gleichzeitig zu versuchen oder jede einzeln für sich zu verabreichen; die mütterliche Dame beharrte darauf, dass das Konkurrenzsystem Zeit spare, wogegen die andere den Einwand erhob, dann könne man nicht sagen, welches Mittel die Heilung bewirkt habe; ihre Stimmen tönten immer weiter, wie Heulbojen durch den Nebel summen. – Der Schaffner erschien hin und wieder und stellte Fragen, die sie nicht verstand, aber irgendwie musste sie geantwortet haben, denn er entfernte sich, ohne sie zu wiederholen; alle zwei Stunden erinnerte sie die mütterliche Dame daran, dass ihr Mann jetzt seine Tropfen bekommen müsse; Leute verließen den Waggon und andere nahmen ihre Plätze ein …

Her head was spinning and she tried to steady herself by clutching at her thoughts as they swept by, but they slipped away from her like bushes on the side of a sheer precipice down which she seemed to be falling. Suddenly her mind grew clear again and she found herself vividly picturing what would happen when the train reached New York. She shuddered as it occurred to her that he would be quite cold and that someone might perceive he had been dead since morning.

She thought hurriedly: 'If they see I am not surprised they will suspect something. They will ask questions, and if I tell them the truth they won't believe me—no one would believe me! It will be terrible'—and she kept repeating to herself—'I must pretend I don't know. I must pretend I don't know. When they open the curtains I must go up to him quite naturally—and then I must scream!' She had an idea that the scream would be very hard to do.

Gradually new thoughts crowded upon her, vivid and urgent: she tried to separate and restrain them, but they beset her clamorously, like her school children at the end of a hot day, when she was too tired to silence them. Her head grew confused, and she felt a sick fear of forgetting her part, of betraying herself by some unguarded word or look.

'I must pretend I don't know', she went on murmuring. The words had lost their significance, but she repeated them mechanically, as though they had been a magic formula, until suddenly she heard herself saying: 'I can't remember, I can't remember!'

Her voice sounded very loud, and she looked about her in terror; but no one seemed to notice that she had spoken.

As she glanced down the car her eye caught the curtains of her husband's berth, and she began to examine the monotonous arabesques woven through their heavy folds. The pattern was intricate and difficult to trace; she gazed fixedly

Ihr drehte sich der Kopf, und sie versuchte, zur Ruhe zu kommen, indem sie sich an vorübertreibende Gedanken klammerte, aber sie entglitten ihr wie Büsche am Rande eines steilen Abgrunds, in den sie zu stürzen schien. Plötzlich wurde ihr Kopf wieder klar, und sie stellte sich lebhaft vor, was passieren würde, wenn der Zug New York erreichte. Es schauderte sie bei dem Gedanken, dass er dann ganz kalt sein würde und dass jemand erkennen könnte, dass er schon seit dem frühen Morgen tot war.

Sie überlegte hastig: »Wenn sie sehen, dass ich nicht überrascht bin, schöpfen sie Verdacht. Sie werden Fragen stellen, und wenn ich ihnen die Wahrheit sage, werden sie mir nicht glauben – niemand würde mir glauben! Es wird schrecklich sein« – und sie wiederholte für sich immer wieder: »Ich muss so tun, als wisse ich von nichts. Ich muss so tun, als wisse ich von nichts. Wenn sie den Vorhang aufziehen, muss ich ganz selbstverständlich zu ihm gehen – und dann muss ich schreien!« Sie ahnte schon, dass ihr der Schrei sehr schwerfallen würde.

Nach und nach stürmten neue Gedanken auf sie ein, lebhaft und drängend: Sie versuchte, sie zu ordnen und zu bändigen, aber sie setzten ihr lärmend zu, wie ihre Schulkinder am Ende eines heißen Tages, wenn sie zu müde war, sie zum Schweigen zu bringen. In ihrem Kopf ging alles durcheinander, und sie fühlte eine kranke Angst, ihre Rolle zu vergessen, sich durch ein achtloses Wort, einen achtlosen Blick zu verraten.

»Ich muss so tun, als wisse ich von nichts«, murmelte sie immer weiter. Die Worte hatten ihre Bedeutung verloren, aber sie wiederholte sie mechanisch, als wären sie eine Zauberformel, bis sie sich plötzlich sagen hörte: »Ich kann mich nicht erinnern, ich kann mich nicht erinnern!«

Ihre Stimme klang sehr laut, und sie blickte sich voller Entsetzen um; doch anscheinend hatte niemand bemerkt, dass sie gesprochen hatte.

Als sie den Waggon hinunterschaute, fiel ihr Blick auf den Vorhang vor der Koje ihres Mannes, und sie begann, die einförmigen Arabesken in Augenschein zu nehmen, die in den schweren Stoff gewebt waren. Das Muster war überaus verschlungen und schwer zu erkennen;

at the curtains and as she did so the thick stuff grew transparent and through it she saw her husband's face—his dead face. She struggled to avert her look, but her eyes refused to move and her head seemed to be held in vice. At last, with an effort that left her weak and shaking, she turned away; but it was of no use; close in front of her, small and smooth, was her husband's face. It seemed to be suspended in the air between her and the false braids of the woman who sat in front of her. With an uncontrollable gesture she stretched out her hand to push the face away, and suddenly she felt the touch of his smooth skin. She repressed a cry and half started from her seat. The woman with the false braids looked around, and feeling that she must justify her movement in some way she rose and lifted her traveling bag from the opposite seat. She unlocked the bag and looked into it; but the first object her hand met was a small flask of her husband's, thrust there at the last moment, in the haste of departure. She locked the bag and closed her eyes ... his face was there again, hanging between her eyeballs and lids like a waxen mask against a red curtain. ...

She roused herself with a shiver. Had she fainted or slept? Hours seemed to have elapsed; but it was still broad day, and the people about her were sitting in the same attitudes as before.

A sudden sense of hunger made her aware that she had eaten nothing since morning. The thought of food filled her with disgust, but she dreaded a return of faintness, and remembering that she had some biscuits in her bag she took one out and ate it. The dry crumbs choked her, and she hastily swallowed a little brandy from her husband's flask. The burning sensation in her throat acted as a counterirritant, momentarily relieving the dull ache of her nerves. Then she felt a gently-stealing warmth, as though a soft air fanned her, and the swarming fears relaxed their clutch, receding through the still-

sie starrte unverwandt auf den Vorhang, und vor ihren Augen wurde der dicke Stoff durchsichtig und hinter ihm sah sie das Gesicht ihres Mannes – sein totes Gesicht. Sie kämpfte darum, den Blick abzuwenden, aber ihre Augen sperrten sich gegen jede Bewegung, und ihr Kopf schien wie in einer Zwinge festgeklemmt. Endlich, mit einer Anstrengung, nach der sie erschöpft war und zitterte, wandte sie sich ab; aber es hatte nichts genützt; ganz dicht vor ihr stand, klein und glatt, das Gesicht ihres Mannes. Es schien in der Luft zu hängen, zwischen ihr und den falschen Zöpfen der Frau, die vor ihr saß. Mit einer unbeherrschbaren Geste streckte sie die Hand aus, um das Gesicht beiseite zu schieben, und plötzlich spürte sie, wie seine glatte Haut sie berührte. Sie erstickte einen Schrei und schreckte halb aus ihrem Sitz. Die Frau mit den falschen Zöpfen schaute sich um, und da sie das Gefühl hatte, sie müsse ihre Bewegung irgendwie rechtfertigen, stand sie auf und griff nach ihrer Reisetasche auf dem Sitz gegenüber. Sie öffnete die Tasche und schaute hinein; doch der erste Gegenstand, der ihr in die Finger kam, war eine kleine Taschenflasche ihres Mannes, in letzter Minute hineingeworfen, in der Eile des Aufbruchs. Sie machte die Tasche zu und schloss die Augen … da war wieder sein Gesicht, es hing zwischen ihren Augäpfeln und Lidern wie eine Wachsmaske vor einem roten Vorhang …

Sie rappelte sich auf, leicht fröstelnd. War sie ohnmächtig gewesen oder hatte sie geschlafen? Stunden schienen vergangen zu sein; doch es war immer noch hellichter Tag, und die Leute um sie herum saßen immer noch so da wie zuvor.

Ein plötzliches Hungergefühl machte ihr bewusst, dass sie seit dem Morgen nichts mehr zu sich genommen hatte. Der Gedanke an Essen erfüllte sie mit Ekel, aber sie hatte Angst vor einem erneuten Schwächeanfall, und da sie sich an die Kekse in ihrer Reisetasche erinnerte, nahm sie einen heraus und aß ihn. Die trockenen Krümel blieben ihr im Hals stecken, und hastig trank sie einen Schluck Brandy aus der Taschenflasche ihres Mannes. Das Brennen in der Kehle wirkte wie ein Gegenreiz und linderte momentan den dumpfen Schmerz ihrer Nerven. Dann beschlich sie ein sanftes Gefühl von Wärme, als ob milde Luft sie umfächelte, und die sie

ness that enclosed her, a stillness soothing as the spacious quietude of a summer day. She slept.

Through her sleep she felt the impetuous rush of the train. It seemed to be life itself that was sweeping her on with headlong inexorable force–sweeping her into darkness and terror, and the awe of unknown days. –Now all at once everything was still–not a sound, not a pulsation. ... She was dead in her turn, and lay beside him with smooth upstaring face. How quiet it was!–and yet she heard feet coming, the feet of the men who were to carry them away. ... She could feel too–she felt a sudden prolonged vibration, a series of hard shocks, and then another plunge into darkness, the darkness of death this time–a black whirlwind on which they were both spinning like leaves, in wild uncoiling spirals, with millions and millions of the dead. ...

She sprang up in terror. Her sleep must have lasted a long time, for the winter day had paled and the lights had been lit. The car was in confusion, and as she regained her self-possession she saw that the passengers were gathering up their wraps and bags. The woman with the false braids had brought from the dressing room a sickly ivy plant in a bottle, and the Christian Scientist was reversing his cuffs. The porter passed down the aisle with his impartial brush. An impersonal figure with a gold-banded cap asked for her husband's ticket. A voice shouted 'Baig-gage express!' and she heard the clicking of metal as the passengers handed over their checks.

Presently her window was blocked by an expanse of sooty wall, and the train passed into the Harlem tunnel. The journey was over; in a few minutes she would see her family pushing their joyous way through the throng at the station. Her heart dilated. The worst terror was past. ...

bedrängenden Ängste lösten ihren umklammernden Griff, wichen durch die Stille zurück, von der sie umschlossen war, eine Stille so besänftigend wie die ausgedehnte Ruhe eines Sommertages. Sie schlief ein.

Durch den Schlaf hindurch spürte sie das ungestüme Sausen des Zuges. Es schien das Leben selbst zu sein, das sie mit stürmischer unerbittlicher Macht fortriss – sie mit sich fortriss in Dunkelheit und Angst und die Schrecken unbekannter Tage. – Dann war auf einmal alles still – kein einziger Ton, kein Pulsieren mehr ... Jetzt war die Reihe an ihr, sie war tot und lag mit glattem aufblickenden Gesicht neben ihm. Wie ruhig es war! – und doch hörte sie Schritte kommen, die Schritte der Männer, die sie und ihn wegtragen sollten ... Sie fühlte auch wieder – fühlte ein jähes anhaltendes Vibrieren, eine Reihe von starken Erschütterungen, dann folgte ein weiterer Sturz in die Finsternis, diesmal die Finsternis des Todes – ein schwarzer Wirbelwind, in dem sie beide wie Blätter trudelten, in wilden kreisenden Spiralen, mit Millionen und Abermillionen von Toten ...

Sie sprang auf vor Entsetzen. Ihr Schlaf musste lang gewesen sein, denn der Wintertag war verblasst und das Licht war angezündet worden. Im Waggon herrschte Gedränge, und als sie sich wieder gefasst hatte, sah sie, dass die Passagiere ihre Bündel und Taschen zusammensuchten. Die Frau mit den falschen Zöpfen hatte aus dem Ankleideraum einen mickrigen Efeu in einer Flasche geholt, der Anhänger der Christlichen Wissenschaft schlug sich die Manschetten um. Der Schaffner ging mit seiner unparteiischen Bürste den Gang hinunter. Eine unscheinbare Gestalt mit einer Mütze mit Goldband auf dem Kopf fragte nach der Fahrkarte ihres Mannes. Eine Stimme rief: »Gepäck-trans-port!«, und sie hörte ein metallisches Knipsen, wenn die Passagiere ihre Gepäckscheine aushändigten.

Kurz darauf wurde ihr der Blick durchs Fenster von einer verrußten Mauer versperrt, und der Zug fuhr in den Harlem-Tunnel ein. Die Reise war vorüber; in wenigen Minuten würde sie sehen, wie sich ihre Familie fröhlich ihren Weg durchs Gedränge auf dem Bahnhof bahnte. Ihr ging das Herz auf. Der schlimmste Schrecken war überstanden ...

'We'd better get him up now, hadn't we?' asked the porter, touching her arm.

He had her husband's hat in his hand and was meditatively revolving it under his brush.

She looked at the hat and tried to speak; but suddenly the car grew dark. She flung up her arms, struggling to catch at something, and fell face downward, striking her head against the dead man's berth.

»Jetzt wecken wir ihn aber besser auf, nicht wahr?«, fragte der Schaffner und berührte ihren Arm.

Er hatte den Hut ihres Mannes in der Hand und drehte ihn nachdenklich unter seiner Bürste.

Sie blickte auf den Hut und wollte etwas sagen; doch plötzlich wurde es dunkel im Waggon. Sie riss die Arme hoch, suchte verzweifelt nach irgendeinem Halt, fiel vornüber und schlug mit dem Kopf gegen die Koje des Toten.

DOROTHY PARKER

Lady with a Lamp

Well, Mona! Well, you poor sick thing, you! Ah, you look so little and white and *little*, you do, lying there in that great big bed. That's what you do—go and look so childlike and pitiful nobody'd have the heart to scold you. And I ought to scold you, Mona. Oh, yes, I should so, too. Never letting me know you were ill. Never a word to your oldest friend. Darling, you might have known I'd understand, no matter what you did. What do I mean? Well, what do you *mean* what do I mean, Mona? Of course, if you'd rather not talk about—Not even to your oldest friend. All I wanted to say was you might have known that I'm always for you, no matter what happens. I do admit, sometimes it's a little hard for me to understand how on earth you ever got into such—well. Goodness knows I don't want to nag you now, when you're so sick.

All right, Mona, then you're *not* sick. If that's what you want to say, even to me, why, all right, my dear. People who aren't sick have to stay in bed for nearly two weeks, I suppose; I suppose people who aren't sick look the way you do. Just your nerves? You were simply all tired out? I see. It's just your nerves. You were simply tired. Yes. Oh, Mona, Mona, why don't you feel you can trust me?

Well—if that's the way you want to be to me, that's the way you want to be. I won't say anything more about it. Only I do think you might have let me know that you had—well, that you were so *tired*, if that's what you want me to say. Why, I'd never have known a word about it if I hadn't run bang into Alice Patterson and she told me she'd called you up and that maid of yours said you had been sick in bed for ten days. Of course, I'd thought it rather funny I hadn't heard from you, but you know how you are—you simply let people go, and weeks can

Dorothy Parker

Trost und Licht

Mensch, Mona! Mensch, du armes krankes Hühnchen, du! Ach, wie *klein* und weiß und klein du aussiehst, ja, doch, wie du da liegst in diesem Riesenbett. Das ist wieder typisch du – gehst hin und siehst aus wie ein Kindchen und kannst einem leidtun, und kein Mensch brächte es übers Herz, mit dir zu schimpfen. Und dabei müsste ich mit dir schimpfen, Mona. O ja, das müsste ich sehr wohl. Sagst mir gar nicht, dass du krank bist. Kein Wort davon zu deiner ältesten Freundin. Liebling, du weißt sehr gut, dass ich Verständnis gehabt hätte, egal was du getan hast. Was ich meine? Wieso, was meinst *du* denn mit was ich meine, Mona? Aber sicher, wenn du lieber nicht darüber reden – Nicht einmal mit deiner ältesten Freundin. Ich wollte *nur* sagen, du weißt sehr gut, dass ich immer für dich da bin, egal was kommt. Ich gebe ja zu, manchmal finde ich es etwas schwer zu begreifen, wie in aller Welt du in so eine – na ja. Meine Güte, ich möchte dich jetzt nicht anmeckern, wo du so krank bist.

Schon gut, Mona, dann bist du eben *nicht* krank. Wenn das deine Ansicht ist, sogar mir gegenüber, schön, in Ordnung, meine Liebe. Höchstwahrscheinlich muss man fast zehn Tage das Bett hüten, wenn man gar nicht krank ist, und höchstwahrscheinlich sieht man auch so aus wie du, wenn man gar nicht krank ist. Nur die Nerven? Du warst einfach völlig erschöpft? Ah ja. Ach, Mona, Mona, spürst du denn nicht, mir kannst du doch vertrauen.

Schön, wenn du so zu mir sein möchtest, dann möchtest du eben so sein. Ich werde nicht mehr darüber reden. Ich finde lediglich, du hättest mir sagen können, dass du eine – äh, dass du so *übermüdet* warst, so soll ich es ja wohl nennen. Wieso, ich hätte doch nie ein Wort erfahren, wenn ich nicht zufällig mit Alice Patterson zusammengerannt wäre und die mir nicht gesagt hätte, dass sie bei dir angerufen hat und dass dieses Mädchen da bei dir gesagt hat, dass du seit zehn Tagen krank im Bett liegst. Natürlich, ich fand es auch etwas komisch, dass ich nichts mehr von dir gehört habe, aber du weißt ja selber, wie du

go by like, well, like *weeks,* and never a sign from you. Why, I could have been dead over and over again, for all you'd know. Twenty times over. Now, I'm not going to scold you when you're sick, but frankly and honestly, Mona, I said to myself this time, "Well, she'll have a good wait before I call her up. I've given in often enough, goodness knows. Now she can just call me first." Frankly and honestly, that's what I said!

And then I saw Alice, and I did feel mean, I really did. And now to see you lying there—well, I feel like a complete *dog.* That's what you do to people even when you're in the wrong the way you always are, you wicked little thing, you! Ah, the poor dear! Feels just so awful, doesn't it?

Oh, don't keep trying to be brave, child. Not with me. Just give in—it helps so much. Just tell me all about it. You know I'll never say a word. Or at least you ought to know. When Alice told me that maid of yours said you were all tired out and your nerves had gone bad, I naturally never said anything, but I thought to myself, "Well, maybe that's the only thing Mona could say was the matter. That's probably about the best excuse she could think of." And of course *I'll* never deny it—but perhaps it might have been better to have said you had influenza or ptomaine poisoning. After all, people don't stay in bed for ten whole days just because they're nervous. All right, Mona, then they *do.* Then they do. Yes, dear.

Ah, to think of you going through all this and crawling off here all alone like a little wounded animal or something. And with only that colored Edie to take care of you. Darling, oughtn't you have a trained nurse, I mean really oughtn't you? There must be so many things that have to be done for you. Why, Mona! Mona, please! Dear, you don't have to get so excited. Very well, my dear, it's just as you say—there isn't a single thing to be done. I was mistaken, that's all. I simply thought that after—Oh, now, you don't have to do that. You

bist – du lässt einen einfach sausen, Wochen vergehen wie, na ja, eben *Wochen*, und von dir kein Lebenszeichen. Gott, ich hätte schon x-mal tot sein können, und du hättest es gar nicht mitgekriegt. Zwanzigmal. Na, ich will nicht mit dir schimpfen, wenn du krank bist, aber Hand aufs Herz, Mona, dieses Mal habe ich mir gesagt: »So, jetzt soll sie auch mal warten, dass ich mich melde. Ich habe oft genug eingelenkt, das weiß der Himmel. Jetzt soll *sie* mal zuerst anrufen.« Wirklich und wahrhaftig, das habe ich gesagt!

Und dann traf ich Alice und kam mir schäbig vor, ganz gemein. Und jetzt sehe ich dich da liegen – Mensch, ich fühle mich wie ein Schweinehund. Das machst du nämlich mit Leuten, sogar wenn du im Unrecht bist, wie üblich, du kleines Biest, du! Ach, der arme Liebling! Fühlt sich so grässlich, ja?

Ach, hör doch auf, hier die Tapfere zu spielen, Kind. Vor mir doch nicht. Gib dich drein – das hilft nämlich sehr. Erzähl mir einfach die ganze Geschichte. Du weißt, ich werde kein Wort sagen. Jedenfalls solltest du das wissen. Als Alice mir erzählte, dieses Mädchen da von dir hätte gesagt, du wärst völlig erschöpft und deine Nerven wären im Eimer, da habe ich natürlich nichts gesagt, aber gedacht habe ich mir: »Tja, anders könnte Mona das gar nicht nennen. Vermutlich ist das die beste Ausrede, die ihr einfällt.« Und *ich* würde sie selbstverständlich nie anzweifeln – aber es wäre vielleicht doch besser gewesen, du hättest eine Grippe oder eine Lebensmittelvergiftung vorgeschützt. Schließlich bleibt man nicht bloß wegen der Nerven zehn Tage im Bett. Schon gut, Mona, dann tut man das. Dann tut man das. Jawohl, Liebes.

Oh, allein der Gedanke, was du durchgemacht hast und wie du hier allein rumkrauchst wie ein wundes Tierchen oder so. Und nur diese farbige Edie soll für dich sorgen. Liebling, müsstest du nicht eine ausgebildete Krankenschwester haben, ich meine, wirklich? Da gibt es doch bestimmt einiges, was man für dich tun müsste. Wieso, Mona! Mona, bitte! Liebes, du brauchst dich nicht so aufzuregen. Also schön, meine Liebe, ganz wie du meinst – gar nichts muss man für dich tun. Ich habe mich geirrt, sonst nichts. Ich hatte einfach nur überlegt, dass man nach einer – Oh nein, das musst du doch nicht machen. Du darfst

never have to say you're sorry, to *me*. I understand. As a matter of fact, I was glad to hear you lose your temper. It's a good sign when sick people are cross. It means they're on the way to getting better. Oh, I know! You go right ahead and be cross all you want to.

Look, where shall I sit? I want to sit some place where you won't have to turn around, so you can talk to me. You stay right the way you're lying, and I'll—Because you shouldn't move around, I'm sure. It must be terribly bad for you. All right, dear, you can move around all you want to. All right, I must be crazy. I'm crazy, then. We'll leave it like that. Only please, please don't excite yourself that way.

I'll just get this chair and put it over—oops, I'm sorry I joggled the bed—put it over here, where you can see me. There. But first I want to fix your pillows before I get settled. Well, they certainly are *not* all right, Mona. After the way you've been twisting them and pulling them, these last few minutes. Now look, honey, I'll help you raise yourself ve-ry, ve-ry slo-o-ow-ly. Oh. Of course you can sit up by yourself, dear. Of course you can. Nobody ever said you couldn't. Nobody ever thought of such a thing. There now, your pillows are all smooth and lovely, and you lie right down again, before you hurt yourself. Now, isn't that better? Well, I should think it was!

Just a minute, till I get my sewing. Oh, yes, I brought it along, so we'd be all cozy. Do you honestly, frankly and honestly, think it's pretty? I'm so glad. It's nothing but a tray-cloth, you know. But you simply can't have too many. They're a lot of fun to make, too, doing this edge—it goes so quickly. Oh, Mona dear, so often I think if you just had a home of your own, and could be all busy, making pretty little things like this for it, it would do so *much* for you. I worry so about you, living in a little furnished apartment, with nothing that belongs to you, no roots, no nothing. It's not right for a woman. It's all wrong for a woman like you. Oh, I wish you'd get over that

niemals sagen, es tut dir leid, nicht *mir* gegenüber. Ich verstehe das doch. Ehrlich gesagt habe ich ja mit Freuden gehört, wie du in Wut gerätst. Es ist ein gutes Zeichen, wenn kranke Leute zickig werden. Das heißt, sie sind auf dem Wege der Besserung. Oh, ich weiß! Mach du nur weiter und sei zickig, so viel du willst.

Sag mal, wo soll ich mich denn hinsetzen? Ich möchte irgendwo sitzen, wo du dich nicht umdrehen musst, um dich zu unterhalten. Du bleibst genauso da liegen, und ich – Weil du dich bestimmt nicht so viel bewegen sollst. Das ist mit Sicherheit schädlich. Schon gut, Liebes, du kannst dich bewegen, so viel du willst. Schon gut, ich bin wohl verrückt. Dann bin ich eben verrückt. Wir wollen es dabei belassen. Nur bitte, bitte, reg dich nicht so auf.

Ich hole nur mal eben den Stuhl hier und stelle ihn – ups, entschuldige, jetzt bin ich ans Bett gepoltert – ich stell ihn hierher, wo du mich im Blick hast. So. Aber erst mal will ich dir noch die Kissen aufschütteln, bevor ich mich niederlasse. Nein, die sind *bestimmt nicht* in Ordnung so, Mona. So wie du die verwurschtelt und verzogen hast in den letzten Minuten. Jetzt pass mal auf, Herzchen, ich helfe dir, dich hochzusetzen, ga-a-anz gaa-anz sa-a-achte. Ja-ah. Natürlich kannst du dich auch allein hochsetzen, Liebes. Aber selbstverständlich. Das hat doch auch niemand bezweifelt. Käme doch niemandem in den Sinn. So, ja, jetzt sind die Kissen wieder kuschelig und hübsch, und du legst dich schön wieder hin, bevor du dir erst was tust. Ist das etwa nicht besser jetzt? Na, das will ich doch meinen!

Augenblick mal, ich hole noch mein Nähzeug. Oh ja, ich hab es mitgebracht, damit wir es uns richtig gemütlich machen können. Findest du es wirklich hübsch, Hand aufs Herz? Das freut mich aber. Es ist ja nur ein Deckchen fürs Tablett, weißt du. Aber man hat einfach nie genug davon. Macht auch furchtbar viel Spaß, sie zu nähen, diese Kante hier – und geht so schnell. Oh, Mona, Liebes, so oft denke ich, wenn du doch auch dein eigenes Heim und alle Hände voll zu tun hättest, kleine hübsche Sachen wie die hier, das würde dir *so gut* tun. Ich mache mir solche Sorgen um dich, hier in dieser winzigen möblierten Wohnung, und nichts drin, was dir gehört, keine Wurzeln, gar nichts. Das ist nicht das Richtige für eine Frau. Das ist völlig falsch für eine

Garry McVicker! If you could just meet some nice, sweet, considerate man, and get married to him, and have your own lovely place—and with your *taste*, Mona!—and maybe have a couple of children. You're so simply adorable with children. Why, Mona Morrison, are you crying? Oh, you've got a cold? You've got a cold, *too*? I thought you were crying, there for a second. Don't you want my handkerchief, lamb? Oh, you have yours. Wouldn't you have a pink chiffon handkerchief, you nut! Why on earth don't you use cleansing tissues, just lying there in bed with no one to see you? You little idiot, you! Extravagant little fool!

No, but really, I'm serious. I've said to Fred so often, "Oh, if we could just get Mona married!" Honestly, you don't know the feeling it gives you, just to be all secure and safe with your own sweet home and your own blessed children, and your own nice husband coming back to you every night. That's a woman's *life*, Mona. What you've been doing is really horrible. Just drifting along, that's all. What's going to happen to you, dear, whatever is going to become of you? But no—you don't even think of it. You go, and go falling in love with that Garry. Well, my dear, you've got to give me credit—I said from the very first, "He'll never marry her." You know that. What? There was never any thought of marriage, with you and Garry? Oh, Mona, now listen! Every woman on earth thinks of marriage as soon as she's in love with a man. Every woman, I don't care who she is.

Oh, if you were only married! It would be all the difference in the world. I think a child would do everything for you, Mona. Goodness knows, I just can't speak *decently* to that Garry, after the way he's treated you—well, you know perfectly well, *none* of your friends can but I can frankly and honestly say, if he married you, I'd absolutely let bygones be bygones, and I'd be just as happy as happy, for you. If he's what you want. And I will say, what with your lovely looks and what with

Frau wie dich. Ach, wenn du doch bloß über diesen Garry McVicker wegkommen könntest! Wenn du nur einen lieben, netten, vernünftigen Mann kennenlernen und heiraten könntest und deine eigene schöne Umgebung hättest – bei deinem *Geschmack*, Mona! – und vielleicht ein paar Kinder. Du bist einfach großartig zu Kindern. Was denn, Mona Morrison, weinst du etwa? Ach, du bist erkältet? Erkältet *auch* noch? Ich dachte gerade, du weinst, eine Sekunde lang. Möchtest du nicht mein Taschentuch haben, Lämmchen? Ah, so, du hast deine eigenen. Du tust es ja nicht unter einem Chiffontaschentuch in Rosé, du Schnepfe! Warum nimmst du denn nicht die Abschminktücher im Bett, sieht dich doch sowieso kein Mensch! Du Dusselchen, du! Extravagantes Dummchen!

Nein, jetzt aber mal im Ernst. Ich habe oft zu Fred gesagt: »Ach, wenn wir Mona bloß unter die Haube bekämen!« Ehrlich, du weißt ja nicht, wie sich das anfühlt, wenn du einfach ganz sicher und geschützt bist, mit deinem eigenen gemütlichen Zuhause und eigenen behüteten Kindern, und dein eigener reizender Mann kommt Abend für Abend zu dir nach Hause. Das ist *Leben* für uns Frauen, Mona. Was du gemacht hast, ist doch schrecklich. Lässt dich bloß so treiben, sonst gar nichts. Was kann dir da alles zustoßen, Liebes, was soll denn aus dir werden? Aber nein – du denkst nicht mal daran. Du machst einfach drauflos und gehst und verliebst dich in diesen Garry da. Tja, meine Liebe, das musst du mir lassen – ich habe von Anfang an gesagt: »Der heiratet die nie.« Das weißt du. Wie bitte? An Heirat habt ihr nie gedacht, du und Garry? Also, Mona, jetzt hör mir mal zu! Jede Frau auf der Welt denkt an Heirat, sobald sie einen Mann liebt. Jede Frau, und mir ist ganz egal, wer sie ist.

Ach, wärst du doch verheiratet! Dann wäre alles ganz anders. Ich glaube, ein Kind würde Wunder wirken, Mona. Der Himmel weiß, ich kann mit diesem Garry ja kein normales Wort wechseln, nach allem, was er dir angetan hat – und *keiner* von deinen Freunden kann das, das weißt du sehr gut –, aber ich kann dir sagen, Hand aufs Herz, falls der dich heiratet, würde ich das alles zu den Akten legen und einfach ganz ganz glücklich sein, für dich. Wenn du ihn *unbedingt* willst. Ich will auch gern zugeben, so hübsch, wie du bist, und

good-looking as he is, you ought to have simply *gorgeous* children. Mona, baby, you really have got a rotten cold, haven't you? Don't you want me to get you another handkerchief? Really?

I'm simply sick that I didn't bring you any flowers. But I thought the place would be full of them. Well, I'll stop on the way home and send you some. It looks too dreary here, without a flower in the room. Didn't Garry send you any? Oh, he didn't know you were sick. Well, doesn't he send you flowers anyway? Listen, hasn't he called up, all this time, and found out whether you were sick or not? Not in ten days? Well, then, haven't you called him and told him? Ah, now, Mona, there *is* such a thing as being too much of a heroine. Let him worry a little, dear. It would be a very good thing for him. Maybe that's the trouble you've always taken all the worry for both of you. Hasn't sent any flowers! Hasn't even telephoned! Well, I'd just like to talk to that young man for a few minutes. After all, this is all *his* responsibility.

He's away? He's *what*? Oh, he went to Chicago two weeks ago. Well, it seems to me I'd always heard that there were telephone wires running between here and Chicago, but of course–And you'd think since he's been back, the least he could do would be to do something. He's not *back* yet? He's not back yet? Mona, what are you trying to tell me? Why, just night before last–Said he'd let you know the minute he got home? Of all the rotten, low things I ever heard in my life, this is really the–Mona, dear, please lie down. Please. Why, I didn't mean anything. I don't know what I was going to say, honestly I don't, it couldn't have been anything. For goodness' sake, let's talk about something else.

Let's see. Oh, you really ought to see Julia Post's living-room, the way she's done it now. She has brown walls–not beige, you know, or tan or anything, but brown–and these cream-colored taffeta curtains and–Mona, I tell you I ab-

bei seinem blendenden Aussehen müsstet ihr einfach *umwerfende* Kinder haben. Mona, Schätzchen, du hast aber wirklich einen dicken Schnupfen, was? Soll ich dir nicht noch ein Taschentuch holen? Wirklich nicht?

Es macht mich einfach krank, dass ich überhaupt keine Blumen mitgebracht habe. Aber ich hatte gedacht, die Wohnung ist voll davon. Na, ich werde auf dem Nachhauseweg anhalten und dir welche schicken lassen. Sieht ja zu trist hier aus, ohne eine Blume im Zimmer. Hat Garry dir gar keine geschickt? Ach, er wusste nicht, dass du krank bist? Wieso, schickt er denn sonst keine? Hör mal, hat der gar nicht angerufen die ganze Zeit und mitgekriegt, ob du krank bist oder nicht? Die ganzen zehn Tage nicht? Na ja, aber hast du denn nicht angerufen und es ihm gesagt? Also wirklich, Mona, man *kann's* auch übertreiben mit der Heldenrolle. Der soll sich ruhig ein paar Sorgen machen, Liebes. Das tut dem mal ganz gut. Vielleicht liegt *da* das Problem – *du* hast dir immer alle Sorgen für euch beide gemacht. Keine Blumen geschickt! Nicht mal angerufen! Na, *dem* jungen Mann würde ich gern mal ein paar passende Worte erzählen. Schließlich hat er das hier zu verantworten.

Er ist weg? *Was* ist er? So, nach Chicago gefahren, vor zwei Wochen. Nun ja, ich dachte allerdings, ich hätte überall gehört, dass zwischen hier und Chicago bereits Telefonkabel gespannt sind, aber natürlich – man würde meinen, wenn er zurück ist, wäre es das Mindeste, was er mal tun könnte, dass er was für dich tut. Er ist noch nicht zurück? Er ist noch nicht wieder *hier*? Mona, was willst du mir eigentlich weismachen? Weil, gerade vorgestern Abend – Erzählt dir, er meldet sich, sobald er wieder zu Hause ist? Von allen niederträchtigen Gemeinheiten, die ich je mitbekommen habe, ist das wirklich die – Mona, Liebes, bitte, leg dich wieder hin. Bitte. Wieso, gar nichts habe ich gemeint. Ich weiß nicht, was ich sagen wollte, im Ernst, das war sicher nichts. Um Himmels willen, lass uns über etwas anderes reden.

Warte mal. Ja, du musst unbedingt Julia Posts Wohnzimmer sehen, wie sie es jetzt gemacht hat. Braune Wände – nicht beige, weißt du, oder hautfarben oder sonstwas, sondern richtig braun – und dazu diese crèmefarbenen Taftvorhänge und – Mona, ich sage dir doch, ich

solutely don't know what I was going to say, before. It's gone completely out of my head. So you see how unimportant it must have been. Dear, please just lie quiet and try to relax. Please forget about that man for a few minutes, anyway. No man's worth getting that worked up about. Catch me doing it! You know you can't expect to get well quickly, if you get yourself so excited. You know that.

What doctor did you have, darling? Or don't you want to say? Your own? Your own Doctor Britton? You don't mean it! Well, I certainly never thought he'd do a thing like–Yes, dear, of course he's a nerve specialist. Yes, dear. Yes, dear. Yes, dear, of course you have perfect confidence in him. I only wish you would in me, once in a while; after we went to school together and everything. You might know I absolutely sympathize with you. I don't see how you could possibly have done anything else. I know you've always talked about how you'd give anything to have a baby, but it would have been so terribly unfair to the child to bring it into the world without being married. You'd have had to go live abroad and never see anybody and–And even then, somebody would have been sure to have told it sometime. They always do. You did the only possible thing, *I* think. Mona, for heaven's sake! Don't scream like that. I'm not deaf, you know. All right, dear, all right, all right, all right. All right, of course I believe you. Naturally I take your word for anything. Anything you say. Only please do try to be quiet. Just lie back and rest, and have a nice talk.

Ah, now don't keep harping on that. I've told you a hundred times, if I've told you once, I wasn't going to say anything at all. I tell you I don't remember *what* I was going to say. "Night before last"? When did I mention "night before last"? I never said any such–Well. Maybe it's better this way, Mona. The more I think of it, the more I think it's much better for you to hear it from me. Because somebody's bound to tell you. These things always come out. And I know you'd rather hear it from your oldest friend, wouldn't you? And the good Lord

weiß absolut nicht, was ich eben sagen wollte. Es ist vollkommen weg. Da kannst du mal sehen, wie unbedeutend es war. Liebes, bitte, bleib still liegen und versuch, dich zu entspannen. Bitte, vergiss diesen Mann überhaupt mal für ein paar Minuten. Kein Mann ist es wert, dass man sich derart echauffiert. Siehst du das vielleicht bei *mir*? Du kannst nämlich nicht erwarten, dass du schnell wieder besser wirst, wenn du dich so aufregst. Das weißt du doch.

Bei welchem Arzt warst du eigentlich, Liebling? Oder willst du das nicht sagen? Bei deinem? Bei deinem Doktor Britton? Ist das dein Ernst? Also, bestimmt, ich hätte nie gedacht, dass der so was – Ja, Liebes, natürlich ist er Nervenspezialist. Jawohl. Ja, Liebes. Ja, Liebes, natürlich hast du völliges Vertrauen zu ihm. Ich wünschte nur, zu mir auch, gelegentlich; nachdem wir zusammen zur Schule gegangen sind und alles. Du müsstest eigentlich wissen, dass ich ganz und gar auf deiner Seite bin. Ich wüsste nicht, was du sonst hättest machen sollen. Du hast ja zwar immer gesagt, für ein Baby würdest du alles aufgeben, aber es wäre doch auch furchtbar unfair gegenüber dem Kind, wenn man es in die Welt setzen würde und nicht verheiratet wäre. Du müsstest ins Ausland gehen und könntest niemanden mehr sehen und – Aber selbst dann, irgendwer würde es mit Sicherheit irgendwann ausplaudern. Machen die doch immer. Du hast das einzig Mögliche getan, finde *ich*. Mona, um Himmels willen! Schrei doch nicht so. Ich bin ja nicht taub. Schon gut, Liebes, schon gut, schon gut, schon gut. Schon gut, selbstverständlich glaube ich dir. Natürlich nehme ich dir das ab. Jedes Wort. Nur versuch bitte, ruhig zu bleiben. Leg dich jetzt wieder hin und ruh dich aus und genieß die Unterhaltung.

Jetzt hack doch nicht dauernd darauf herum. Ich habe dir hundertmal gesagt, mindestens, ich wollte überhaupt gar nichts sagen. Ich schwöre dir, ich kann mich nicht erinnern, *was* ich sagen wollte. »Vorgestern Abend?« Wann habe ich denn »vorgestern Abend« gesagt? So was habe ich nie – Also gut. Vielleicht ist es besser so, Mona. Je mehr ich darüber nachdenke, desto mehr finde ich, es ist viel besser für dich, wenn du es von mir hörst. Denn irgend jemand *muss* es dir sagen. Solche Sachen kommen immer raus. Und du hörst es ja doch auch lieber von deiner ältesten Freundin, nicht? Und der liebe Herrgott weiß, ich

knows, anything I could do to make you see what that man really is! Only do relax, darling. Just for me. Dear, Garry isn't in Chicago. Fred and I saw him night before last at the Comet Club, dancing. And Alice saw him Tuesday night at El Rhumba. And I don't know how many people have said they've seen him around at the theater and night clubs and things. Why, he couldn't have stayed in Chicago more than a day or so–if he went at all.

Well, he was with *her* when we saw him, honey. Apparently he's with her all the time; nobody ever sees him with anyone else. You really must make up your mind to it, dear; it's the only thing to do. I hear all over that he's just simply *pleading* with her to marry him, but I don't know how true that is. I'm sure I can't see why he'd want to, but then you never can tell what a man like that will do. It would be just good enough *for* him if he got her, that's what *I* say. Then he'd see. She'd never stand for any of his nonsense. She'd make him toe the mark. She's a smart woman.

But, oh, so *ordinary*. I thought, when we saw them the other night, "Well, she just looks cheap, that's all she looks." That must be what he likes, I suppose. I must admit he looked very well. I never saw him look better. Of course you know what I think of him, but I always had to say he's one of the handsomest men I ever saw in my life. I can understand how any woman would be attracted to him–at first. Until they found out what he's really like. Oh, if you could have seen him with that awful, common creature, never once taking his eyes off her, and hanging on every word she said, as if it was pearls! It made me just–

Mona, angel, are you *crying*? Now, darling, that's just plain silly. That man's not worth another thought. You've thought about him entirely too much, that's the trouble. Three years! Three of the best years of your life you've given him, and all the time he's been deceiving you with that woman. Just think

wäre zu allem fähig, wenn ich dir nur die Augen öffnen könnte, was das in Wirklichkeit für ein Mann ist! Du musst dich nur entspannen, Liebling. Einfach meinetwegen. Liebes, Garry ist nicht in Chicago. Fred und ich haben ihn vor zwei Abenden im *Comet Club* tanzen sehen. Und Alice hat ihn Dienstag im *El Rhumba* gesehen. Und ich weiß nicht, wie viele Leute erzählt haben, sie hätten ihn im Theater oder in Nachtclubs oder sonstwo gesehen. Also, in Chicago kann er höchstens einen Tag oder so gewesen sein – falls er überhaupt hingefahren ist.

Nun, mit *ihr* war er da, als wir ihn sahen, Herzchen. Offenbar ist er die ganze Zeit mit ihr zusammen; kein Mensch sieht ihn je mit jemand anders. Du musst dich wirklich damit abfinden, Liebes; das ist jetzt das Einzige. Ich höre überall, dass er ihr regelrecht in den Ohren liegen soll, damit sie ihn heiratet, aber ich weiß nicht, inwieweit das stimmt. Ich begreife wirklich nicht, warum er das wollen sollte, aber bei so einem Mann weiß man ja sowieso nie, was er tut und lässt. Es geschähe ihm allerdings recht, wenn er sie kriegte, wenn du *mich* fragst. Der würde sich ganz schön umgucken. Die würde sich nämlich seinen Quatsch nicht bieten lassen. Die würde sich den schon zurechtbiegen. Die ist gar nicht dumm.

Aber, uh, so *ordinär*. Als wir sie neulich Abend sahen, dachte ich: »Ja, die sieht einfach billig aus und sonst gar nichts.« Aber offensichtlich mag er das gerade. Ich muss schon sagen, er sah ja blendend aus. Sah glaube ich nie besser aus. Natürlich, du weißt ja, was ich von ihm halte, aber ich habe auch immer zugeben müssen, dass er einer der schönsten Männer ist, die ich im Leben gesehen habe. Ich kann schon verstehen, dass er auf alle Frauen anziehend wirkt am Anfang. Bis sie dann mitkriegen, wie er in Wirklichkeit ist. Oh, wenn du ihn hättest sehen können, mit dieser grässlichen gewöhnlichen Kreatur, der kriegte seine Augen gar nicht von ihr weg und hing an jedem Wort, das sie sagte, als wenn es Perlen wären! Ich fand es einfach – – –

Mona, Engelchen, *weinst* du etwa? Also, Liebling, das ist nun wirklich albern. Dieser Mann ist keinen weiteren Gedanken wert. Du hast viel zu viel an ihn gedacht, das ist das Problem. Drei Jahre! Drei der besten Jahre deines Lebens hast du ihm geschenkt, und die ganze Zeit hat er dich hintergangen mit dieser Frau. Denk doch nur mal zurück,

back over what you've been through—all the times and times and times he promised you he'd give her up; and you, you poor little idiot, you'd believe him, and then he'd go right back to her again. And *everybody* knew about it. Think of that, and then try telling me that man's worth crying over! Really, Mona! I'd have more pride.

You know, I'm just glad this thing happened. I'm just glad you found out. This is a little too much, this time. In Chicago, indeed! Let you know the minute he came home! The kindest thing a person could possibly have done was to tell you, and bring you to your senses at last. I'm not sorry I did it, for a second. When I think of him out having the time of his life and you lying here deathly sick all on account of him, I could just—Yes, it is on account of him. Even if you didn't have an—well, even if I was mistaken about what I naturally thought was the matter with you when you made such a secret of your illness, he's driven you into a nervous breakdown, and that's plenty bad enough. All for that man! The skunk! You just put him right out of your head.

Why, of course you can, Mona. All you need to do is to pull yourself together, child. Simply say to yourself, "Well, I've wasted three years of my life, and that's that." Never worry about *him* any more. The Lord knows, darling, he's not worrying about you.

It's just because you're weak and sick that you're worked up like this, dear. I know. But you're going to be all right. You can make something of your life. You've got to, Mona, you know. Because after all—well, of course, you never looked sweeter, I don't mean that; but you're—well, you're not getting any younger. And here you've been throwing away your time, never seeing your friends, never going out, never meeting anybody new, just sitting here waiting for Garry to telephone, or Garry to come in—if he didn't have anything better to do. For three years, you've never had a thought in your head but that man. Now you just forget him.

was du alles durchgemacht hast – und immer und immer und immer wieder hat er dir versprochen, dass er sie aufgibt; und du, du armes Dusselchen, du hast ihm immer wieder geglaubt, und er ist sofort wieder zu ihr gegangen. Und *alle* haben es gewusst. Stell dir das mal vor, und dann versuch noch mal, mir weiszumachen, dass der Mann *eine* Träne wert ist! Wirklich, Mona! Ich an deiner Stelle hätte mehr Stolz.

Weißt du, eigentlich bin ich froh, dass es passiert ist. Ich bin wirklich froh, dass du es weißt. Das war ein bisschen zu happig diesmal. In Chicago, also wirklich! Will sich melden, sowie er wieder hier ist! War doch wirklich das Freundlichste, was man für dich tun konnte, dass man es dir sagt und dich wieder zur Vernunft bringt. Ich bedaure nicht, dass ich es war, nicht eine Sekunde. Wenn ich mir vorstelle, wie der sich draußen goldene Zeiten macht, und du liegst hier drin, todkrank, und nur wegen ihm, ich könnte ihn – Jawohl, wegen ihm. Auch wenn es keine – ich meine, auch wenn ich mich geirrt haben sollte, als ich sofort sicher war, was mit dir los ist, weil du so ein Geheimnis um dein Kranksein gemacht hast, er hat dich in einen Nervenzusammenbruch getrieben, und das ist ja wohl schlimm genug. Bloß wegen diesem Mann! So ein Stinktier! Du schlägst dir den jetzt endlich aus dem Kopf.

Wieso, natürlich kannst du, Mona. Du brauchst dich einfach nur zusammenzureißen, Kindchen. Sag dir einfach: »Gut, ich habe drei Jahre meines Lebens vergeudet, und jetzt ist Schluss.« Mach dir nur nie wieder Sorgen um *ihn*. Er macht sich weiß Gott keine um dich, Liebling.

Du bist nur so erregt, weil du so schwach und krank bist, Liebes. Ich weiß. Aber bald bist du wieder gesund. Du kannst noch etwas aus deinem Leben machen. Du musst, Mona, das weißt du. Denn letzten Endes – ich meine, natürlich hast du nie lieblicher ausgesehen, das meine ich nicht; aber du – ich meine, du wirst auch nicht jünger. Und hier hast du deine Zeit aus dem Fenster geworfen, du hast dich nie mit deinen Freunden getroffen, bist nie ausgegangen, hast niemand Neues kennengelernt, du hast immer nur hier gesessen und darauf gewartet, dass Garry anrief oder Garry kam – wenn er gerade nichts Besseres vorhatte. Drei Jahre lang hattest du keinen anderen Gedanken im Kopf als diesen Mann. Jetzt vergiss ihn endlich.

Ah, baby, it isn't good for you to cry like that. Please don't. He's not even worth talking about. Look at the woman he's in love with, and you'll see what kind he is. You were much too good for him. You were much too sweet to him. You gave in too easily. The minute he had you, he didn't want you any more. That's what he's like. Why, he no more loved you than–

Mona, don't! Mona, stop it! Please, Mona! You mustn't talk like that, you mustn't say such things. You've got to stop crying, you'll be terribly sick. Stop, oh, stop it, oh, please stop! Oh, what am I going to do with her? Mona, dear–Mona! Oh, where in heaven's name is that fool maid?

Edie. Oh, Edie! Edie, I think you'd better get Dr. Britton on the telephone, and tell him to come down and give Miss Morrison something to quiet her. I'm afraid she's got herself a little bit upset.

Ach, Kleines, das ist aber nicht gut für dich, wenn du so weinst. Bitte, lass es. Der ist nicht mal wert, dass man über ihn redet. Guck dir doch die Frau an, in die er verliebt ist, dann kannst du sehen, was für eine Sorte er ist. Du warst viel zu gut für ihn. Du warst viel zu lieb zu ihm. Du warst zu nachgiebig. Im selben Moment, wo er dich hatte, hat er dich nicht mehr gewollt. So einer ist das. Quatsch, er hat dich nie mehr geliebt als –

Mona, nicht! Mona, hör auf! Bitte, Mona! Du darfst nicht so reden, du darfst so etwas nicht sagen. Du musst aufhören zu weinen, sonst wirst du noch richtig krank. Hör auf, oh, hör auf damit, oh, hör bitte auf! Gott, was soll ich denn mit ihr machen? Mona, Liebes. Mona! Oh, wo um Himmels willen ist denn dieses dämliche Mädchen?

Edie. Oh, Edie! Edie, ich glaube, Sie müssen sofort Dr. Britton anrufen und ihm sagen, er soll herkommen und Miss Morrison etwas zum Beruhigen geben. Ich fürchte, sie ist ein bisschen aus der Fassung.

Raymond Carver

Will You Please Be Quiet, Please?

I

When he was eighteen and was leaving home for the first time, Ralph Wyman was counseled by his father, principal of Jefferson Elementary School and trumpet soloist in the Weaverville Elks Club Auxiliary Band, that life was a very serious matter, an enterprise insisting on strength and purpose in a young person just setting out, an arduous undertaking, everyone knew that, but nevertheless a rewarding one, Ralph Wyman's father believed and said.

But in college Ralph's goals were hazy. He thought he wanted to be a doctor and he thought he wanted to be lawyer, and he took pre-medical courses and courses in the history of jurisprudence and business law before he decided he had neither the emotional detachment necessary for medicine nor the ability for sustained reading required in law, especially as such reading might concern property and inheritance. Though he continued to take classes here and there in the sciences and in business, Ralph also took some classes in philosophy and literature and felt himself on the brink of some kind of huge discovery about himself. But it never came. It was during this time–his lowest ebb, as he referred to it later–that Ralph believed he almost had a breakdown; he was in a fraternity and he got drunk every night. He drank so much that he acquired a reputation and was called "Jackson", after the bartender at The Keg.

Then, in his third year, Ralph came under the influence of a particularly persuasive teacher. Dr Maxwell was his name;

Raymond Carver

Würdest du bitte endlich still sein, bitte?

I

Als Ralph Wyman achtzehn war und zum ersten Mal von zu Hause fortging, gab ihm sein Vater, Direktor der Jefferson-Grundschule und Solotrompeter im Orchester des Weavervill Elks Club, Ermahnungen mit auf den Weg: das Leben sei eine sehr ernste Angelegenheit, eine Unternehmung, die von einem frisch in die Welt gehenden jungen Menschen Stärke und Zielstrebigkeit verlange, ein mühsames Unterfangen, wie jeder wisse, aber gleichwohl ein lohnendes, wie Ralph Wymans Vater glaubte und sagte.

Doch auf dem College waren Ralphs Ziele vage. Er dachte, er wollte Arzt werden, und er dachte, er wollte Rechtsanwalt werden, und er nahm an Einführungskursen für Medizinstudenten und an Kursen in Rechtsgeschichte und Wirtschaftsrecht teil, bevor er zu dem Schluss kam, dass er weder die fürs Medizinstudium notwendige emotionale Gelassenheit besaß, noch die fürs Jurastudium erforderliche Fähigkeit fortgesetzten Lesens, zumal es bei solchem Lesen auch um Fragen des Eigentums und des Erbens gehen mochte. Zwar besuchte er weiterhin hier und da naturwissenschaftliche und wirtschaftswissenschaftliche Vorlesungen, doch wählte er nun auch Seminare in Philosophie und Literatur und hatte das Gefühl, unmittelbar vor einer geradezu unerhörten Entdeckung, die ihn selbst betraf, zu stehen. Aber die Entdeckung kam nie. Es war in dieser Zeit – der Phase, in der er auf dem Tiefpunkt angekommen war, wie er später sagen sollte –, dass Ralph glaubte, er sei am Rande eines Zusammenbruchs; er gehörte einer Studentenverbindung an und betrank sich jeden Abend. Er trank so viel, dass er bekannt dafür wurde und man ihn, nach dem Barmann im Keg, »Jackson« nannte.

Dann, in seinem dritten Collegejahr, geriet Ralph unter den Einfluss eines Lehrers von ungewöhnlicher Überzeugungskraft. Dr.

Ralph would never forget him. He was a handsome, graceful man in his early forties, with exquisite manners and with just the trace of the South in his voice. He had been educated at Vanderbilt, had studied in Europe, and had later had something to do with one or two literary magazines back East. Almost overnight, Ralph would later say, he decided on teaching as a career. He stopped drinking quite so much, began to bear down on his studies, and within a year was elected to Omega Psi, the national journalism fraternity; he became a member of the English Club; was invited to come with his cello, which he hadn't played in three years, and join in a student chamber-music group just forming; and he even ran successfully for secretary of the senior class. It was then that he met Marian Ross—a handsomely pale and slender girl who took a seat beside him in a Chaucer class.

Marian Ross wore her hair long and favored high-necked sweaters and always went around with a leather purse on a long strap swinging from her shoulder. Her eyes were large and seemed to take in everything at a glance. Ralph liked going out with Marian Ross. They went to The Keg and to a few other spots where everyone went, but they never let their going together or their subsequent engagement the next summer interfere with their studies. They were solemn students, and both sets of parents eventually gave approval to the match. Ralph and Marian did their student teaching at the same high school in Chico in the spring and went through graduation exercises together in June. They married in St James Episcopal Church two weeks later.

They had held hands the night before their wedding and pledged to preserve forever the excitement and the mystery of marriage.

For their honeymoon they drove to Guadalajara, and while they both enjoyed visiting the decayed churches and the

Maxwell war sein Name; Ralph würde ihn nie vergessen. Er war ein gutaussehender Mann Anfang Vierzig, voller Anmut, mit exquisiten Manieren und mit einem Hauch vom Süden, der in seiner Stimme mitschwang. Er hatte seine Ausbildung an der Vanderbilt University bekommen, hatte in Europa studiert und hatte später mit ein oder zwei Literaturzeitschriften drüben an der Ostküste zu tun gehabt. Fast über Nacht, wie Ralph später sagen sollte, beschloss er, den Beruf des Lehrers zu ergreifen. Er trank nicht mehr ganz so viel, stürzte sich in seine Studien und wurde binnen eines Jahres in die nationale Journalistenverbindung Omega Psi gewählt; er wurde Mitglied des English Club; er wurde eingeladen, mit seinem Cello zu kommen, das er drei Jahre lang nicht gespielt hatte, und sich einer studentischen Kammermusik-Gruppe, die sich gerade bildete, anzuschließen; und er kandidierte mit Erfolg für das Amt des Sprechers der Abschlussklasse. In dieser Zeit lernte er Marian Ross kennen – eine hübsche blasse und schlanke Studentin, die sich in einem Chaucer-Seminar neben ihn gesetzt hatte.

Marian Ross trug ihr Haar lang und bevorzugte Rollkragenpullover und lief immer mit einer ledernen Handtasche herum, die ihr, hin und her schwingend, an einem langen Riemen von der Schulter herabhing. Sie hatte große Augen, die alles mit einem Blick zu erfassen schienen. Ralph ging gern mit Marian Ross aus. Sie gingen ins Keg und in ein paar andere Lokale, in die alle gingen, aber sie ließen nicht zu, dass ihr Zusammensein oder später ihre Verlobung im folgenden Sommer in irgendeiner Weise ihr Studium beeinträchtigte. Sie waren gewissenhafte Studenten, und beide Eltern stimmten schließlich der Verbindung zu. Im Frühjahr absolvierten Ralph und Marian an derselben High School in Chicago ihr Lehr-Praktikum, und im Juni legten sie gemeinsam ihre Abschlussprüfungen ab. Zwei Wochen später heirateten sie in der episkopalischen Kirche St. James.

Sie hatten einander am Abend vor ihrer Hochzeit die Hände gehalten und gelobt, für immer die Freuden und das Mysterium der Ehe zu bewahren.

Die Hochzeitsreise machten sie, mit dem Auto, nach Guadalajara, und während sie beide die Besichtigung der verfallenen Kirchen und der

poorly lighted museums and the afternoons they spent shopping and exploring in the marketplace, Ralph was secretly appalled by the squalor and open lust he saw and was anxious to return to the safety of California. But the one vision he would always remember and which disturbed him most of all had nothing to do with Mexico. It was late afternoon, almost evening, and Marian was leaning motionless on her arms over the ironwork balustrade of their rented *casita* as Ralph came up the dusty road below. Her hair was long and hung down in front over her shoulders, and she was looking away from him, staring at something in the distance. She wore a white blouse with a bright red scarf at her throat, and he could see her breasts pushing against the white cloth. He had a bottle of dark, unlabeled wine under his arm, and the whole incident put Ralph in mind of something from a film, an intensely dramatic moment into which Marian could be fitted but he could not.

Before they left for their honeymoon they had accepted positions at a high school in Eureka, a town in the lumbering region in the northern part of the state. After a year, when they were sure the school and the town were exactly what they wanted to settle down to, they made a payment on a house in the Fire Hill district. Ralph felt, without really thinking about it, that he and Marian understood each other perfectly—as well, at least, as any two people might. Moreover, Ralph felt he understood himself—what he could do, what he could not do, and where he was headed with the prudent measure of himself that he made.

Their two children, Dorothea and Robert, were now five and four years old. A few months after Robert was born, Marian was offered a post as a French and English instructor at the junior college at the edge of town, and Ralph had stayed on at the high school. They considered themselves a happy couple, with only a single injury to their marriage, and that was

spärlich beleuchteten Museen und das nachmittägliche Einkaufen und Erkunden des Marktes genossen, war Ralph insgeheim entsetzt von dem Elend und der unverhüllten Begierde, die er dort sah, und sehnte sich danach, in die Sicherheit Kaliforniens zurückzukehren. Aber das eine Bild, an das er sich immer erinnern würde und das ihn von allen am meisten beunruhigte, hatte nichts mit Mexiko zu tun. Es war am späten Nachmittag, fast schon Abend, und Marian lehnte regungslos mit den Armen auf der schmiedeeisernen Balustrade der *casita*, die sie gemietet hatten, als Ralph unten die staubige Straße heraufkam. Ihr Haar war lang und hing ihr vorn über die Schultern, und sie stand da und sah nicht in seine, sondern in die andere Richtung, den Blick auf irgendetwas in der Ferne gerichtet. Sie trug eine weiße Bluse und um den Hals einen leuchtendroten Schal, und er konnte ihre gegen den weißen Stoff drängenden Brüste sehen. Er hatte eine Flasche dunklen Weins, ohne Etikett, unter dem Arm, und die ganze Szene kam ihm vor wie aus einem Film, ein Moment von intensiver Dramatik, in den Marian durchaus hineinpasste, er jedoch nicht.

Ehe sie in ihre Flitterwochen aufgebrochen waren, hatten sie beide eine Stellung an einer High School in Eureka angenommen, einer Stadt im Holzindustriegebiet im nördlichen Teil Kaliforniens. Nach einem Jahr, als sie überzeugt waren, dass die Schule und die Stadt genau das waren, was ihnen auf die Dauer vorschwebte, machten sie eine Anzahlung auf ein Haus im Fire Hill-Bezirk. Ralph hatte, ohne weiter darüber nachzudenken, das Gefühl, dass er und Marian einander vollkommen verstanden – so gut zumindest, wie zwei Menschen einander verstehen konnten. Überdies hatte Ralph das Gefühl, dass er sich selbst verstand – wusste, was er leisten konnte, was er nicht leisten konnte und welche Ziele er im Bewusstsein dessen, was er schaffen konnte, anstrebte.

Ihre zwei Kinder, Dorothea und Robert, waren inzwischen fünf und vier Jahre alt. Ein paar Monate nach Roberts Geburt war Marian eine Stellung als Französisch- und Englischlehrerin am Junior College am Stadtrand angeboten worden, und Ralph war an der High School geblieben. Sie betrachteten sich als ein glückliches Paar – nur ein einziges Mal hatte ihre Ehe Schaden genommen, und das lag weit zu-

well in the past, two years ago this winter. It was something they had never talked about since. But Ralph thought about it sometimes–indeed, he was willing to admit he thought about it more and more. Increasingly, ghastly images would be projected on his eyes, certain unthinkable particularities. For he had taken it into his head that his wife had once betrayed him with a man named Mitchell Anderson.

But now it was a Sunday night in November and the children were asleep and Ralph was sleepy and he sat on the couch grading papers and could hear the radio playing softly in the kitchen, where Marian was ironing, and he felt enormously happy. He stared a while longer at the papers in front of him, then gathered them all up and turned off the lamp.

"Finished, love?" Marian said with a smile when he appeared in the doorway. She was sitting on a tall stool, and she stood the iron up on its end as if she had been waiting for him.

"Damn it, no," he said with an exaggerated grimace, tossing the papers on the kitchen table.

She laughed–bright, pleasant–and held up her face to be kissed, and he gave her a little peck on the cheek. He pulled out a chair from the table and sat down, leaned back on the legs and looked at her. She smiled again and then lowered her eyes.

"I'm already half asleep," he said.

"Coffee?" she said, reaching over and laying the back of her hand against the percolator.

He shook his head.

She took up the cigarette she had burning in the ashtray, smoked it while she stared at the floor, and then put it back in the ashtray. She looked at him, and a warm expression moved across her face. She was tall and limber, with a good bust, narrow hips, and wide wonderful eyes.

"Do you ever think about that party?" she asked, still looking at him.

rück, zwei volle Jahre in diesem Winter. Es war etwas, worüber sie seither nie gesprochen hatten. Aber Ralph dachte manchmal daran – tatsächlich dachte er sogar, wie er sich bereitwillig eingestand, immer öfter daran. Und zunehmend sah er dann grässliche Bilder vor seinen Augen, bestimmte undenkbare Einzelheiten. Denn er hatte sich in den Kopf gesetzt, dass seine Frau ihn einmal betrogen hatte, mit einem Mann, der Mitchell Anderson hieß.

Aber jetzt war Sonntagabend, im November, und die Kinder schliefen, und Ralph saß auf dem Sofa und korrigierte Arbeiten und hörte das Radio leise in der Küche spielen, wo Marian war und bügelte, und er fühlte sich enorm glücklich. Er blickte eine Weile länger auf die Arbeiten, die vor ihm lagen, dann sammelte er sie alle ein und drehte die Lampe aus.

»Fertig, Liebes?«, sagte Marian mit einem Lächeln, als er in der Tür erschien. Sie saß auf einem hohen Hocker, und sie stellte das Bügeleisen hochkant auf das Brett, als hätte sie auf ihn gewartet.

»Verdammt, nein«, sagte er mit einer übertriebenen Grimasse und warf die Arbeiten auf den Küchentisch.

Sie lachte – hell, heiter – und hielt ihm das Gesicht hin, damit er sie küsste, und er gab ihr einen kleinen Kuss auf die Wange. Er zog sich einen Stuhl vom Tisch heran, setzte sich und lehnte sich mitsamt dem Stuhl zurück und sah sie an. Wieder lächelte sie und schlug dann die Augen nieder.

»Ich schlaf schon halb«, sagte er.

»Kaffee?«, fragte sie und langte hinüber und legte den Handrücken an die Kaffeemaschine.

Er schüttelte den Kopf.

Sie nahm ihre Zigarette, die angezündet im Aschenbecher lag, blickte zu Boden, während sie rauchte, und legte sie dann wieder in den Aschenbecher. Sie sah ihn an, und ein warmer Ausdruck glitt über ihr Gesicht. Sie war hochgewachsen und geschmeidig, mit einem schönen Busen, schmalen Hüften und wunderbaren weiten Augen.

»Denkst du eigentlich noch manchmal an die Party damals?«, fragte sie, während sie ihn noch immer ansah.

He was stunned and shifted in the chair, and he said, "Which party? You mean the one two or three years ago?"

She nodded.

He waited, and when she offered no further comment, he said, "What about it? Now that you brought it up, what about it?" Then: "He kissed you, after all, that night, didn't he? I mean, I knew he did. He did try to kiss you, or didn't he?"

"I was just thinking about it and I asked you, that's all," she said. "Sometimes I think about it," she said.

"Well, he did, didn't he? Come on, Marian," he said.

"Do you ever think about that night?" she said.

He said, "Not really. It was a long time ago, wasn't it? Three or four years ago. You can tell me now," he said. "This is still old Jackson you're talking to, remember?" And they both laughed abruptly together and abruptly she said, "Yes." She said, "He did kiss me a few times." She smiled.

He knew he should try to match her smile, but he could not. He said, "You told me before he didn't. You said he only put his arm around you while he was driving. So which is it?"

"What did you do that for?" she was saying dreamily. "Where were you all night?" he was screaming, standing over her, legs watery, fist drawn back to hit again. Then she said, "I didn't do anything. Why did you hit me?" she said.

"How did we ever get onto this?" she said.

"You brought it up," he said.

She shook her head. "I don't know what made me think of it." She pulled in her upper lip and stared at the floor. Then she straightened her shoulders and looked up. "If you'll move this ironing board for me, love, I'll make us a hot drink. A buttered rum. How does that sound?"

"Good," he said.

She went into the living room and turned on the lamp and bent to pick up a magazine from the floor. He watched her hips

Er war verblüfft und bewegte sich auf dem Stuhl, und er sagte: »Welche Party? Du meinst die vor zwei oder drei Jahren?«

Sie nickte.

Er wartete, und als sie keine weitere Erklärung abgab, sagte er: »Was ist damit? Jetzt, wo du's aufs Tapet bringst, was ist damit?« Dann: »Er hat dich geküsst, immerhin, an dem Abend damals, oder etwa nicht? Ich mein, ich wusste, dass er das getan hat. Er hat versucht, dich zu küssen, oder etwa nicht?«

»Ich musste nur gerade daran denken, und ich hab dich gefragt, das ist alles«, sagte sie. »Manchmal denk ich daran«, sagte sie.

»Also hat er, oder etwa nicht? Komm schon, Marian«, sagte er.

»Denkst du noch manchmal an die Nacht damals?«, sagte sie.

Er sagte: »Nicht eigentlich. Es ist lange her, nicht? Drei oder vier Jahre. Du kannst es mir jetzt erzählen«, sagte er. »Es ist immer noch der alte Jackson, mit dem du sprichst, weißt du noch?« Und beide lachten sie unvermittelt miteinander, und unvermittelt sagte sie: »Ja.« Sie sagte: »Er hat mich ein paarmal geküsst.« Sie lächelte.

Er wusste, er hätte jetzt versuchen sollen, ihr Lächeln zu erwidern, aber er konnte es nicht. Er sagte: »Du hast mir bisher immer gesagt, er hätte nicht. Du hast gesagt, er hätte nur den Arm um dich gelegt, während er fuhr. Also, was gilt nun?«

»Warum hast du das getan?«, sagte sie wie in Trance. »Wo warst du die ganze Nacht?«, schrie er, über ihr stehend, die Beine zittrig, die Faust wieder erhoben, bereit, abermals zuzuschlagen. Dann sagte sie: »Ich hab nichts getan. Warum hast du mich geschlagen?«, sagte sie.

»Wie sind wir bloß darauf gekommen?«, fragte sie.

»Du hast es aufs Tapet gebracht«, sagte er.

Sie schüttelte den Kopf. »Ich weiß nicht, warum ich daran denken musste.« Sie zog die Oberlippe ein und blickte zu Boden. Dann straffte sie die Schultern und blickte auf. »Wenn du das Bügelbrett für mich wegstellst, Lieber, mache ich uns einen heißen Drink. Einen Rumgrog. Wie klingt das?«

»Gut«, sagte er.

Sie ging ins Wohnzimmer und machte die Lampe an und bückte sich, um eine Zeitschrift vom Fußboden aufzuheben. Er betrachtete ihre

under the plaid woolen skirt. She moved in front of the window and stood looking out at the streetlight. She smoothed her palm down over her skirt, then began tucking in her blouse. He wondered if she wondered if he were watching her.

After he stood the ironing board in its alcove on the porch, he sat down again and, when she came into the kitchen, he said, "Well, what else went on between you and Mitchell Anderson that night?"

"Nothing," she said. "I was thinking about something else."

"What?"

"About the children, the dress I want Dorothea to have for next Easter. And about the class I'm going to have tomorrow. I was thinking of seeing how they'd go for a little Rimbaud," and she laughed. "I didn't mean to rhyme—really, Ralph, and really, nothing else happened. I'm sorry I ever said anything about it."

"Okay," he said.

He stood up and leaned against the wall by the refrigerator and watched her as she spooned out sugar into two cups and then stirred in the rum. The water was beginning to boil.

"Look, honey, it *has* been brought up now," he said, "and it *was* four years ago, so there's no reason at all I can think of that we *can't* talk about it now if we *want* to. Is there?"

She said, "There's really nothing to talk about."

He said, "I'd like to know."

She said, "Know what?"

"Whatever else he did besides kiss you. We're adults. We haven't seen the Andersons in literally years and we'll probably never see them again and it happened a *long* time ago, so what reason could there possibly be that we can't talk about it?" He was a little surprised at the reasoning quality in his voice. He sat down and looked at the tablecloth and then looked up at her again. "Well?" he said.

Hüften unter dem karierten Schottenrock. Sie trat vor das Fenster und stand da und blickte hinaus in das Licht der Straßenlaterne. Sie strich mit der Hand über ihren Rock, dann fing sie an, ihre Bluse in den Rockbund zu stecken. Er fragte sich, ob sie sich fragte, ob er sie beobachtete.

Nachdem er das Bügelbrett in die Nische auf der Veranda gestellt hatte, setzte er sich wieder, und als sie in die Küche kam, sagte er: »Also, was ist sonst noch vorgefallen zwischen dir und Mitchell Anderson, in der Nacht damals?«

»Nichts«, sagte sie. »Ich hab gerade an etwas anderes gedacht.«

»Woran?«

»An die Kinder, an das Kleid, das Dorothea nächstes Jahr zu Ostern kriegen soll. Und an den Kurs, den ich morgen geben muss. Ich hab gerade überlegt, was wohl passiert, wenn man's mal mit Rimbaud probiert«, und sie lachte. »Nein, ich wollte nicht reimen, ehrlich, Ralph, und ehrlich, sonst ist nichts passiert. Tut mir leid, dass ich das angesprochen habe.«

»Okay«, sagte er.

Er stand auf und lehnte sich neben dem Kühlschrank an die Wand und beobachtete sie, wie sie mit dem Teelöffel Zucker in zwei Gläser tat und dann den Rum hineinrührte. Das Wasser fing an zu kochen.

»Sieh mal, Schatz, jetzt *ist* es nun mal aufs Tapet gebracht«, sagte er, »und es *war* vor vier Jahren, also gibt es keinerlei Grund, den ich mir denken könnte, dass wir jetzt nicht darüber reden *können*, wenn wir es *wollen*. Oder gibt es einen Grund?«

Sie sagte: »Es gibt wirklich nichts, was da noch zu bereden wäre.«

Er sagte: »Ich würd es gern wissen.«

Sie sagte: »Was wissen?«

»Was er sonst noch gemacht hat, außer dass er dich geküsst hat. Wir sind erwachsen. Wir haben die Andersons buchstäblich seit Jahren nicht gesehen und werden sie wahrscheinlich nie wiedersehen, und es ist vor *langer* Zeit gewesen, welchen Grund könnte es da möglicherweise geben, dass wir nicht darüber reden können?« Er war selbst ein bisschen überrascht über den sachlichen Ton in seiner Stimme. Er setzte sich hin und blickte auf das Tischtuch und blickte dann auf und sah sie an. »Also?«, sagte er.

"Well," she said, with an impish grin, tilting her head to one side girlishly, remembering. "No, Ralph, really. I'd really just rather not."

"For Christ's sake, Marian! *Now* I mean it," he said, and he suddenly understood that he did. She turned off the gas under the water and put her hands out on the stool; then she sat down again, hooking her heels over the bottom step. She sat forward, resting her arms across her knees, her breasts pushing at her blouse. She picked at something on her skirt and then looked up.

"You remember Emily'd already gone home with the Beattys, and for some reason Mitchell had stayed on. He looked a little out of sorts that night, to begin with. I don't know, maybe they weren't getting along, Emily and him, but I don't know that. And there were you and I, the Franklins, and Mitchell Anderson still there. All of us a little drunk. I'm not sure how it happened, Ralph, but Mitchell and I just happened to find ourselves alone together in the kitchen for a minute, and there was no whiskey left, only a part of a bottle of that white wine we had. It must've been close to one o'clock, because Mitchell said, 'If we ride on giant wings we can make it before the liquor store closes.' You know how he could be so theatrical when he wanted? Soft-shoe stuff, facial expressions? Anyway, he was very witty about it all. At least it seemed that way at the time. And very drunk, too, I might add. So was I, for that matter. It was an impulse, Ralph. I don't know why I did it, don't ask me, but when he said let's go—I agreed. We went out the back, where his car was parked. We went just as ... we were ... didn't even get our coats out of the closet, thought we'd just be gone a few minutes. I don't know what we thought, *I* thought, I don't know *why* I went, Ralph. It was an impulse, that's all I can say. It was the wrong impulse." She paused. "It was my fault that night, Ralph, and I'm sorry. I shouldn't have done anything like that—I *know* that."

»Also«, sagte sie mit einem spitzbübischen Lächeln, neigte mädchenhaft den Kopf auf eine Seite und besann sich. »Nein, Ralph, wirklich. Ich möchte wirklich lieber nicht darüber reden.«

»Um Gottes willen, Marian! *Jetzt* meine ich es ernst«, sagte er, und plötzlich wurde ihm bewusst, dass er es ernst meinte. Sie drehte das Gas unter dem Wasserkessel aus und streckte die Hand aus und legte sie auf den Hocker; dann setzte sie sich wieder und hakte die Absätze hinter die untere Leiste. Sie saß vorgebeugt, die Arme über den Knien, und ihre Brüste drängten gegen die Bluse. Sie nahm einen Fussel von ihrem Rock, und dann blickte sie auf.

»Du erinnerst dich, Emily war mit den Beattys schon nach Hause gefahren, und aus irgendeinem Grund war Mitchell noch geblieben. Zuerst sah er an dem Abend so aus, als wäre er nicht gut beieinander. Ich weiß nicht, vielleicht kamen sie gerade nicht gut miteinander zurecht, Emily und er, aber das weiß ich nicht. Und so waren du und ich, die Franklins und Mitchell Anderson noch da. Allesamt ein bisschen betrunken. Ich weiß nicht genau, wie es kam, Ralph, aber zufällig waren Mitchell und ich einen Moment lang allein in der Küche, und es war kein Whisky mehr da, nur noch eine angebrochene Flasche von dem Weißwein, den wir getrunken hatten. Es muss kurz vor eins gewesen sein, denn Mitchell sagte: ›Wenn wir auf Riesenschwingen reisen, schaffen wir es noch zum Schnapsladen, ehe sie schließen.‹ Du weißt doch, wie theatralisch er sein konnte, wenn er wollte. Stepptanz auf weichen Sohlen, Pantomimen? Wie auch immer, er war in allem sehr witzig. Zumindest schien es damals so. Und außerdem sehr betrunken, möchte ich hinzufügen. Ich übrigens auch, was das angeht. Es war ein Impuls, Ralph. Ich weiß nicht, warum ich's getan hab, frag mich nicht, aber als er sagte, los, gehen wir – da hab ich ja gesagt. Wir sind hinten rausgegangen, wo sein Auto stand. Wir sind einfach so gegangen … wie wir waren … haben nicht mal unsere Mäntel aus dem Schrank geholt, wir dachten, wir würden nur ein paar Minuten fortbleiben. Ich weiß nicht, was wir gedacht haben, was *ich* gedacht hab. Ich weiß nicht, *warum* ich mitgefahren bin, Ralph. Es war ein Impuls, das ist alles, was ich dazu sagen kann. Es war der falsche Impuls.« Sie schwieg einen Moment. »Es war meine Schuld an

"Christ!" The word leaped out of him. "But you've always been that way, Marian!" And he knew at once that he had uttered a new and profound truth.

His mind filled with a swarm of accusations, and he tried to focus on one in particular. He looked down at his hands and noticed they had the same lifeless feeling they had had when he had seen her on the balcony. He picked up the red grading pencil lying on the table and then he put it down again.

"I'm listening," he said.

"Listening to what?" she said. "You're swearing and getting upset, Ralph. For nothing—nothing, honey! ... there's nothing *else,*" she said.

"Go on," he said.

She said, "*What* is the matter with us, anyway? Do you know how this started? Because I don't know how this started."

He said, "Go on, Marian."

"That's *all,* Ralph," she said. "I've told you. We went for a ride. We talked. He kissed me. I still don't see how we could've been gone three hours—or whatever it was you said we were."

"Tell me, Marian," he said, and he knew there was more and knew he had always known. He felt a fluttering in his stomach, and then he said, "No. If you don't want to tell me, that's all right. Actually, I guess I'd just as soon leave it at that," he said. He thought fleetingly that he would be someplace else tonight doing something else, that it would be silent somewhere if he had not married.

"Ralph," she said, "you won't be angry, will you? Ralph? We're just talking. You won't, will you?" She had moved over to a chair at the table.

He said, "I won't."

dem Abend, Ralph, und es tut mir leid. Ich hätte nichts dergleichen tun sollen – das *weiß* ich.«

»Verdammt!«, entfuhr es ihm. »Aber du bist immer so gewesen, Marian!« Und er wusste im selben Moment, dass er eine neue und profunde Wahrheit ausgesprochen hatte.

Sein Kopf füllte sich mit einem Schwarm von Beschuldigungen, und er gab sich Mühe, sich auf eine zu konzentrieren. Er sah nieder auf seine Hände und bemerkte, dass das gleiche leblose Gefühl in ihnen war wie an dem Tag, als er Marian auf dem Balkon hatte stehen sehen. Er nahm den roten Korrekturstift, der auf dem Tisch lag, und dann legte er ihn wieder hin.

»Ich höre«, sagte er.

»Was willst du hören?«, sagte sie. »Du fluchst und regst dich auf, Ralph. Um nichts – um nichts und wieder nichts, Schatz! –, da ist nichts *anderes*«, sagte sie.

»Sprich weiter«, sagte er.

Sie sagte: »*Was* ist denn bloß los mit uns? Weißt *du*, wie das alles angefangen hat? Ich weiß nämlich nicht mehr, wie es angefangen hat.«

Er sagte: »Sprich weiter, Marian.«

»Das ist *alles*, Ralph«, sagte sie. »Ich hab es dir gesagt. Wir sind losgefahren. Wir haben geredet. Er hat mich geküsst. Ich begreife immer noch nicht, wieso wir drei Stunden weg waren – oder was immer es war, was du gesagt hast.«

»Erzähl es mir«, sagte er, und er wusste, da war mehr, und er wusste, dass er es immer gewusst hatte. Er hatte ein flattriges Gefühl im Magen, und dann sagte er: »Nein. Wenn du es mir nicht erzählen willst, ist es auch recht. Ich glaub sogar, ich würde es lieber dabei belassen«, sagte er. Er dachte flüchtig, dass er heute, an diesem Abend, irgendwo anders wäre und etwas anderes täte, dass es irgendwo still wäre, wenn er nicht geheiratet hätte.

»Ralph«, sagte sie, »du wirst nicht wütend, nicht wahr? Ralph? Wir reden doch nur. Du wirst nicht wütend, nicht wahr?« Sie hatte sich hinüberbewegt zu einem Stuhl am Tisch.

Er sagte: »Nein, werde ich nicht.«

She said, "Promise?"

He said, "Promise."

She lit a cigarette. He had suddenly a great desire to see the children, to get them up and out of bed, heavy and turning in their sleep, and to hold each of them on a knee, to jog them until they woke up. He moved all his attention into one of the tiny black coaches in the tablecloth. Four tiny white prancing horses pulled each one of the black coaches and the figure driving the horses had his arms up and wore a tall hat, and suitcases were strapped down atop the coach, and what looked like a kerosene lamp hung from the side, and if he were listening at all it was from inside the black coach.

"... We went straight to the liquor store, and I waited in the car until he came out. He had a sack in one hand and one of those plastic bags of ice in the other. He weaved a little getting into the car. I hadn't realized he was so drunk until we started driving again. I noticed the way he was driving. It was terribly slow. He was all hunched over the wheel. His eyes staring. We were talking about a lot of things that didn't make sense. I can't remember. We were talking about Nietzsche. Strindberg. He was directing *Miss Julie* second semester. And then something about Norman Mailer stabbing his wife in the breast. And then he stopped for a minute in the middle of the road. And we each took a drink out of the bottle. He said he'd hate to think of me being stabbed in the breast. He said he'd like to kiss my breast. He drove the car off the road. He put his head on my lap ..."

She hurried on, and he sat with his hands folded on the table and watched her lips. His eyes skipped around the kitchen–stove, napkinholder, stove, cupboards, toaster, back to her lips, back to the coach in the tablecloth. He felt a peculiar desire for her flicker through his groin, and then he felt

Sie sagte: »Versprochen?«

Er sagte: »Versprochen.«

Sie zündete sich eine Zigarette an. Er hatte plötzlich ein übermächtiges Verlangen, die Kinder zu sehen, sie aus dem Bett zu holen, schwer und schlaftrunken, wie sie waren, und er wollte sie beide halten, jedes auf einem seiner Knie, und sie schaukeln, bis sie aufwachten. Er verlagerte all seine Aufmerksamkeit auf eine der winzigen schwarzen Kutschen auf dem Tischtuch. Jede der schwarzen Kutschen wurde von vier stolzen Schimmeln gezogen, und der Kutscher hatte die Arme erhoben und trug einen schwarzen Zylinder, und oben waren Koffer auf die Kutsche geschnallt, und an der Seite hing etwas, das wie eine Petroleumlampe aussah, und sofern er überhaupt etwas hörte, dann hörte er es vom Innern der schwarzen Kutsche aus.

»... Wir sind direkt zu dem Schnapsladen gefahren, und ich hab im Auto gewartet, bis er rauskam. Er hatte eine Tragetüte in der einen Hand und einen von diesen Plastikbeuteln mit Eiswürfeln in der anderen. Er taumelte ein bisschen, als er einstieg. Ich hatte nicht gemerkt, dass er so betrunken war, bis wir wieder losfuhren. Ich merkte es an der Art, wie er fuhr. Er fuhr entsetzlich langsam. Er saß tief über das Lenkrad gebeugt. Seine Augen blickten glasig. Wir sprachen über alles mögliche, Dinge, die keinen Sinn ergaben. Ich kann mich nicht erinnern. Wir sprachen über Nietzsche. Strindberg. Er inszenierte damals *Fräulein Julie* mit Studenten aus dem zweiten Semester. Und dann über Norman Mailer, irgendwas, dass er seiner Frau ein Messer in die Brust gestoßen hätte. Und dann hielt er eine Zeitlang mitten auf der Straße. Und wir tranken beide einen Schluck aus der Flasche. Er sagte, er könne den Gedanken, dass mir ein Messer in die Brust gestoßen werde, nicht ertragen. Er sagte, er würde meine Brust gern küssen. Er fuhr von der Straße runter und legte seinen Kopf in meinen Schoß ...«

Sie sprach hastig weiter, und er saß da, die gefalteten Hände auf dem Tisch, und beobachtete ihre Lippen. Seine Augen sprangen in der Küche hin und her – Herd, Serviettenhalter, Herd, Küchenschränke, Toaster, wieder zu ihren Lippen, wieder zu der Kutsche auf dem Tischtuch. Er empfand ein eigenartiges, durch seine Lenden zucken-

the steady rocking of the coach and he wanted to call *stop* and then he heard her say, "He said shall we have a go at it?" And then she was saying, "I'm to blame. I'm the one to blame. He said he'd leave it all up to me, I could do whatever I want."

He shut his eyes. He shook his head, tried to create possibilities, other conclusions. He actually wondered if he could restore that night two years ago and imagined himself coming into the kitchen just as they were at the door, heard himself telling her in a hearty voice, oh no, no, you're not going out for anything with that Mitchell Anderson! The fellow is drunk and he's a bad driver to boot and you have to go to bed now and get up with little Robert and Dorothea in the morning and stop! Thou shalt stop!

He opened his eyes. She had a hand up over her face and was crying noisily.

"Why did you, Marian?" he asked.

She shook her head without looking up.

Then suddenly he knew! His mind buckled. For a minute he could only stare dumbly at his hands. He knew! His mind roared with the knowing.

"Christ! No! Marian! *Jesus Christ*!" he said, springing back from the table. "Christ! *No*, Marian!"

"No, no," she said, throwing her head back.

"You let him!" he screamed.

"No, no," she pleaded.

"You let him! A go at it! Didn't you? Didn't you? A *go* at it! Is that what he said? Answer me!" he screamed. "Did he come in you? Did you let him come in you when you were having your go at it?"

"Listen, listen to me, Ralph," she whimpered, "I swear to you he didn't. He didn't come. He didn't come in me." She rocked from side to side in the chair.

"Oh God! God *damn* you!" he shrieked.

des Verlangen nach ihr, und dann spürte er das andauernde Schaukeln der Kutsche, und er wollte gerade rufen *Halt*, da hörte er sie sagen: »Er sagte, wollen wir es mal versuchen?« Und dann sagte sie: »Ich bin schuld daran. Ich bin die Schuldige. Er hat gesagt, er überlässt es ganz mir, ich könnte tun und lassen, was ich will.«

Er schloss die Augen. Er schüttelte den Kopf, bemühte sich, Möglichkeiten zu erfinden, andere Schlüsse. Er fragte sich sogar, ob er diese Nacht von vor zwei Jahren wiederherstellen könne, und er malte sich aus, wie er in die Küche kam, während die beiden gerade an der Tür waren, und hörte sich mit entschiedener Stimme zu ihr sagen, o nein, nein, du gehst mir nicht mehr raus mit diesem Mitchell Anderson! Der Kerl ist betrunken, und obendrein ist er ein schlechter Autofahrer, und du musst jetzt schlafen gehen und morgen früh mit dem kleinen Robert und mit Dorothea aufstehen, und jetzt Schluss! Du sollst Schluss machen!

Er schlug die Augen auf. Sie hatte die eine Hand vor dem Gesicht und weinte schluchzend.

»Warum hast du das getan, Marian?«, fragte er.

Sie schüttelte den Kopf, ohne aufzusehen.

Da plötzlich wusste er! Seine Gedanken überschlugen sich. Einen Moment lang konnte er nur dumpf auf seine Hände starren. Er wusste! Und dieses Wissen tobte in seinem Kopf.

»Gott! Nein! Marian! *Mein Gott!*«, rief er und sprang vom Tisch zurück. »Gott! Nein, Marian!«

»Nein, nein«, sagte sie und warf den Kopf zurück.

»Du hast ihn gelassen!« schrie er.

»Nein, nein«, flehte sie.

»Du hast ihn gelassen! Mal versuchen! Du hast! Du hast! Mal *versuchen*! War es das, was er gesagt hat? Antworte mir!«, schrie er. »Ist er in dir gekommen? Hast du ihn in dir kommen lassen, als ihr euren kleinen Versuch gemacht habt?«

»Hör zu, Ralph, hör mir bitte zu«, wimmerte sie, »ich schwör dir, nein, er ist nicht. Er ist nicht gekommen. Er ist nicht in mir gekommen.« Sie wiegte sich auf dem Stuhl hin und her.

»O Gott! Gott *verdamme* dich!« rief er mit schriller Stimme.

"God!" she said, getting up, holding out her hands. "Are we crazy, Ralph? Have we lost our minds? Ralph? Forgive me, Ralph. Forgive–"

"Don't touch me! Get away from me!" he screamed. He was screaming.

She began to pant in her fright. She tried to head him off. But he took her by the shoulder and pushed her out of the way.

"Forgive me, Ralph! *Please*. Ralph!" she screamed.

II

He had to stop and lean against a car before going on. Two couples in evening clothes were coming down the sidewalk toward him, and one of the men was telling a story in a loud voice. The others were already laughing. Ralph pushed off from the car and crossed the street. In a few minutes he came to Blake's, where he stopped some afternoons for a beer with Dick Koenig before picking up the children from nursery school.

It was dark inside. Candles flamed in long-necked bottles at the tables along one wall. Ralph glimpsed shadowy figures of men and women talking, their heads close together. One of the couples, near the door, stopped talking and looked up at him. A boxlike fixture in the ceiling revolved overhead, throwing out pins of light. Two men sat at the end of the bar, and a dark cutout of a man leaned over the jukebox in the corner, his hands splayed on each side of the glass. That man is going to play something, Ralph thought as if making a momentous discovery, and he stood in the center of the floor, watching the man.

"Ralph! Mr Wyman, sir!"

He looked around. It was David Parks calling to him from behind the bar. Ralph walked over, leaned heavily against the bar before sliding onto a stool.

»Mein Gott!«, sagte sie, sprang auf, streckte beide Hände aus. »Sind wir verrückt geworden, Ralph? Haben wir beide den Verstand verloren? Ralph? Vergib mir, Ralph. Vergib –«

»Rühr mich nicht an! Weg, weg von mir!«, brüllte er. Er brüllte.

Sie keuchte jetzt in ihrer Angst. Sie versuchte ihn abzuwehren. Aber er packte sie bei der Schulter und stieß sie aus dem Weg.

»Vergib mir, Ralph! *Bitte!* Ralph!« schrie sie.

2

Er musste stehenbleiben und sich an ein Auto lehnen, bevor er weitergehen konnte. Zwei Paare in Abendkleidung kamen ihm auf dem Gehweg entgegen, und einer der Männer erzählte gerade mit lauter Stimme eine Geschichte. Die anderen lachten schon. Ralph stieß sich von dem Auto ab und überquerte die Straße. Nach wenigen Minuten war er bei Blake's, wo er manchmal nachmittags auf ein Bier mit Dick Koenig Station machte, ehe er Robert und Dorothea vom Kindergarten abholte.

Drinnen war es dunkel. Auf den Tischen an der Wand brannten Kerzen, die auf langhalsigen Flaschen steckten. Verschwommen sah er Schattenrisse von Männern und Frauen; sie hatten die Köpfe zusammengesteckt und redeten. Eines der Paare nahe der Tür verstummte und sah zu ihm auf. Ein würfelförmiges Gerät oben an der Decke drehte sich und warf Nadeln aus Licht in den Raum. Zwei Männer saßen am Ende der Theke, und eine dunkle Männergestalt stand über die Jukebox in der Ecke gebeugt, die Hände zu beiden Seiten auf das Glas gestützt. Der Mann will irgendwas spielen, dachte Ralph, als machte er gerade eine bedeutsame Entdeckung, und er blieb in der Mitte des Raums stehen und beobachtete den Mann.

»Ralph! Mr Wyman, Sir!«

Er drehte sich um. Es war David Parks, der hinter der Theke stand und ihn rief. Ralph ging hinüber und stützte sich mit seinem ganzen Gewicht auf die Theke, bevor er sich auf einen Hocker setzte.

"Should I draw one, Mr Wyman?" Parks held a glass in his hand, smiling. Ralph nodded, watched Parks fill the glass, watched Parks hold the glass at an angle under the tap, smoothly straighten the glass as it filled.

"How's it going, Mr Wyman?" Parks put his foot up on a shelf under the bar. "Who's going to win the game next week, Mr Wyman?" Ralph shook his head, brought the beer to his lips. Parks coughed faintly. I'll buy you one, Mr Wyman. This one's on me." He put his leg down, nodded assurance, and reached under his apron into his pocket. "Here. I have it right here," Ralph said and pulled out some change, examined it in his hand. A quarter, nickel, two dimes, two pennies. He counted as if there were a code to be uncovered. He laid down the quarter and stood up, pushing the change back into his pocket. The man was still in front of the jukebox, his hands still out to its sides.

Outside, Ralph turned around, trying to decide what to do. His heart was jumping as if he'd been running. The door opened behind him and a man and woman came out. Ralph stepped out of the way and they got into a car parked at the curb and Ralph saw the woman toss her hair as she got into the car: He had never seen anything so frightening.

He walked to the end of the block, crossed the street, and walked another block before he decided to head downtown. He walked hurriedly, his hands balled into his pockets, his shoes smacking the pavement. He kept blinking his eyes and thought it incredible that this was where he lived. He shook his head. He would have liked to sit someplace for a while and think about it, but he knew he could not sit, could not think about it. He remembered a man he saw once sitting on a curb in Arcata, an old man with a growth of beard and a brown wool cap who just sat there with his arms between his legs. And then Ralph thought: Marian! Dorothea! Robert! It was impossible. He tried to imagine how all this would seem twenty

»Soll ich eins zapfen, Mr Wyman?« Parks hielt ein Glas in der Hand und lächelte. Ralph nickte. Er sah zu, wie Parks das Glas füllte, sah zu, wie Parks das Glas schräg unter den Zapfhahn hielt und es nach und nach, während es voll lief, aufrichtete.

»Wie geht's denn, Mr Wyman?« Parks stellte den einen Fuß auf ein Brett unter der Theke. »Was meinen Sie, wer wird nächste Woche das Spiel gewinnen, Mr Wyman?« Ralph schüttelte den Kopf und hob das Glas an die Lippen. Parks hüstelte. »Ich lad Sie zu einem ein, Mr Wyman. Das hier geht auf meine Rechnung.« Er nahm den Fuß herunter, nickte bekräftigend und griff in die Tasche unter seiner Schürze. »Hier, ich hab es passend«, sagte Ralph. Er brachte ein paar Münzen zum Vorschein und musterte sie in seiner Hand. Ein Quarter, ein Nickel, zwei Dimes, zwei Pennies. Er zählte sie, als ginge es darum, einen Code zu knacken. Er legte den Quarter hin und stand auf und steckte die Münzen in die Tasche. Der Mann stand noch immer vor der Jukebox, und seine Hände lagen noch immer zu beiden Seiten auf dem Glas.

Draußen drehte Ralph sich um und versuchte zu entscheiden, was er tun wollte. Sein Herz pochte, als wäre er gerannt. Hinter ihm öffnete sich die Tür, und ein Mann und eine Frau kamen heraus. Ralph ging ihnen aus dem Weg, und sie stiegen in ein Auto, das am Straßenrand parkte, und Ralph sah, wie die Frau, als sie in den Wagen stieg, ihr Haar zurückwarf. Er hatte nie etwas so Erschreckendes gesehen.

Er ging bis zum Ende des Blocks, überquerte die Straße und ging noch einen Block weiter, ehe er beschloss, in die Stadt zu gehen. Er ging schnell, die Hände in den Taschen zu Fäusten geballt, und seine Schuhe klatschten auf das Pflaster. Er blinzelte immer wieder mit den Augen und konnte es nicht glauben, dass er hier lebte. Er schüttelte den Kopf. Er hätte gern irgendwo eine Weile gesessen und darüber nachgedacht, aber er wusste, dass er jetzt nicht sitzen, nicht darüber nachdenken konnte. Er erinnerte sich an einen Mann, den er vor langer Zeit in Arcata auf dem Bordstein hatte sitzen sehen, ein alter Mann mit Bartstoppeln und einer braunen Wollmütze auf dem Kopf, der einfach nur dasaß, mit den Armen zwischen den Beinen. Und dann dachte Ralph: Marian! Dorothea! Robert! Es war unmöglich. Er ver-

years from now. But he could not imagine anything. And then he imagined snatching up a note being passed among his students and it said *Shall we have a go at it?* Then he could not think. Then he felt profoundly indifferent. Then he thought of Marian. He thought of Marian as he had seen her a little while ago, face crumpled. Then Marian on the floor, blood on her teeth: "Why did you hit me?" Then Marian reaching under her dress to unfasten her garter belt! Then Marian lifting her dress as she arched back! Then Marian ablaze, Marian crying out, *Go! Go! Go!*

He stopped. He believed he was going to vomit. He moved to the curb. He kept swallowing, looked up as a car of yelling teenagers went by and gave him a long blast on their musical horn. Yes, there was a great evil pushing at the world, he thought, and it only needed a little slipway, a little opening.

He came to Second Street, the part of town people called "Two Street". It started here at Shelton, under the streetlight where the old rooming houses ended, and ran for four or five blocks on down to the pier, where fishing boats tied up. He had been down here once, six years ago, to a secondhand shop to finger through the dusty shelves of old books. There was a liquor store across the street, and he could see a man standing just inside the glass door, looking at a newspaper.

A bell over the door tinkled. Ralph almost wept from the sound of it. He bought some cigarettes and went out again, continuing along the street, looking in windows, some with signs taped up: a dance, the Shrine circus that had come and gone last summer, an election–*Fred C. Walters for Councilman.* One of the windows he looked through had sinks and pipe joints scattered around on a table, and this too brought tears to his eyes. He came to a Vic Tanney gym where he

suchte sich vorzustellen, wie sich all dies in zwanzig Jahren ausnehmen würde. Aber er konnte sich gar nichts mehr vorstellen. Und dann stellte er sich vor, er erwischte seine Schüler dabei, wie sie einen Zettel weitergaben, auf dem stand *Wollen wir es mal versuchen?* Dann konnte er nicht mehr denken. Dann empfand er eine tiefe Gleichgültigkeit. Dann dachte er an Marian. Er dachte an Marian, wie er sie vor einer Weile gesehen hatte, mit zerknittertem Gesicht. Dann an Marian, wie sie auf dem Fußboden lag, Blut an den Zähnen: »Warum hast du mich geschlagen?« Dann an Marian, wie sie unter ihr Kleid griff, um ihren Strumpfgürtel zu lösen! Dann an Marian, wie sie das Kleid hob, während sie sich zurückbog! Dann an Marian in Glut, an Marian, wie sie rief: *Mach! Mach! Mach!*

Er hörte auf. Er dachte, er müsse sich übergeben. Er ging an den Straßenrand. Er schluckte und schluckte, blickte auf, als ein Auto voller krakeelender Teenager vorbeifuhr, die ihn mit einem langen Hornstoß aus ihrer musikalischen Hupe bedachten. Ja, ein großes Übel bedrängte die Welt, sagte er sich, und es bedurfte nur eines kleinen Durchschlupfs, einer kleinen Öffnung.

Er kam zur Second Street, dem Teil der Stadt, den die Leute die »Straße zwei« nannten. Sie begann hier, in Shelton, unter dem Licht der Straßenlaternen, wo die alten Pensionen aufhörten, und führte über vier oder fünf Blocks hinunter zur Pier, wo Fischerboote festmachten. Er war vor sechs Jahren einmal hier unten gewesen, in einem Trödelladen, in dem er die verstaubten Regale mit alten Büchern durchgesehen hatte. Auf der anderen Straßenseite war ein Spirituosenladen, und er sah einen Mann gleich hinter der Glastür stehen, der in eine Zeitung guckte.

Eine Glocke über der Tür schlug an. Ralph weinte fast bei dem Klang. Er kaufte sich Zigaretten, ging wieder hinaus und ging weiter die Straße entlang, blickte in Schaufenster, von denen manche mit Plakaten beklebt waren: ein Ball, der Shrine-Zirkus, der im letzten Sommer da gewesen war, eine Wahl – *Fred C. Walters, unser Kandidat für den Stadtrat*. In einem der Fenster, in die er blickte, stand ein Tisch, auf dem ein Waschbecken und Verbindungsrohre durcheinanderlagen, und auch dieser Anblick trieb ihm Tränen in die Augen. Er kam

could see light sneaking under the curtains pulled across a big window and could hear water splashing in the pool inside and the echo of exhilarated voices calling across water. There was more light now, coming from bars and cafés on both sides of the street, and more people, groups of three or four, but now and then a man by himself or a woman in bright slacks walking rapidly. He stopped in front of a window and watched some Negroes shooting pool, smoke drifting in the light burning above the table. One of the men, chalking his cue, hat on, cigarette in his mouth, said something to another man and both men grinned, and then the first man looked intently at the balls and lowered himself over the table.

Ralph stopped in front of Jim's Oyster House. He had never been here before, had never been to any of these places before. Above the door the name was spelled out in yellow lightbulbs: JIM'S OYSTER HOUSE. Above this, fixed to an iron grill, there was a huge neon-lighted clam shell with a man's legs sticking out. The torso was hidden in the shell and the legs flashed red, on and off, up and down, so that they seemed to be kicking. Ralph lit another cigarette from the one he had and pushed the door open.

It was crowded, people bunched on the dance floor, their arms laced around each other, waiting in positions for the band to begin again. Ralph pushed his way to the bar, and once a drunken woman took hold of his coat. There were no stools and he had to stand at the end of the bar between a Coast Guardsman and a shriveled man in denims. In the mirror he could see the men in the band getting up from the table where they had been sitting. They wore white shirts and dark slacks with little red string ties around their necks. There was a fireplace with gas flames behind a stack of metal logs, and the band platform was to the side of this. One of the musicians plucked the strings of his electric gui-

zu einem Vic Tanney-Sportstudio, wo er Licht unter den vor ein großes Fenster gezogenen Vorhängen nach draußen dringen sah und das Wasser im Schwimmbecken drinnen und das Echo beschwingter, über das Wasser hallender Stimmen hörte. Und dann sah er mehr Licht, es kam aus Bars und Cafés auf beiden Seiten der Straße, und mehr Menschen, Gruppen von drei oder vier Leuten, aber hin und wieder ein Mann allein oder eine Frau in hellen Hosen, die schnell die Straße entlangging. Er blieb vor einem Fenster stehen und sah ein paar Negern zu, die Pool spielten, während Zigarettenrauch durch den Lichtkegel der über dem Tisch brennenden Lampe trieb. Einer der Männer, der gerade sein Queue mit Kreide einrieb, mit Hut auf dem Kopf und einer Zigarette im Mund, sagte etwas zu einem anderen Mann, und beide Männer grinsten, und dann blickte der erste konzentriert auf die Billardkugeln und beugte sich über den Spieltisch.

Ralph blieb vor Jim's Oyster House stehen. Er war noch nie hier gewesen, hatte noch nie eines dieser Lokale betreten. Der Name war über der Tür aus gelben Glühbirnen zusammengesetzt: JIM'S OYSTER HOUSE. Darüber, an einem Eisengitter befestigt, war eine riesige Neonlichtreklame, eine Muschelschale, aus der die Beine eines Mannes herausstaken. Der Torso war in der Muschel verborgen, und die Beine blitzten rot auf, an und aus, auf und nieder, sodass es aussah, als zappelten sie in der Luft. Ralph steckte sich eine neue Zigarette an dem Stummel der gerade gerauchten an und stieß die Tür auf.

Das Lokal war überfüllt, Menschen drängten sich auf der Tanzfläche, die Arme umeinandergeschlungen, darauf wartend, dass die Band wieder spielte. Ralph schob sich zur Theke, und einmal hielt eine betrunkene Frau ihn am Mantel fest. An der Theke gab es keine Hocker, und er musste ganz am Ende stehen, zwischen einem Mann von der Küstenwache und einem verschrumpelten Mann in einem Jeansanzug. Im Spiegel sah er, wie die Musiker der Band von dem Tisch, an dem sie gesessen hatten, aufstanden. Sie hatten weiße Hemden an und dunkle Hosen und trugen rote Stringties um den Hals. Er sah einen Kamin mit Gasflammen hinter einem Stapel von Scheiten aus Blech, und das Podium der Band war unmittelbar daneben. Einer der Musiker zupfte die Saiten seiner elektrischen Gitarre und sagte mit

tar, said something to the others with a knowing grin. The band began to play.

Ralph raised his glass and drained it. Down the bar he could hear a woman say angrily, "Well, there's going to be trouble, that's all I've got to say." The musicians came to the end of their number and started another. One of the men, the bass player, moved to the microphone and began to sing. But Ralph could not understand the words. When the band took another break, Ralph looked around for the toilet. He could make out doors opening and dosing at the far end of the bar and headed in that direction. He staggered a little and knew he was drunk now. Over one of the doors was a rack of antlers. He saw a man go in and he saw another man catch the door and come out. Inside, in line behind three other men, he found himself staring at opened thighs and vulva drawn on the wall over a pocket-comb machine. Beneath was scrawled EAT ME, and lower down someone had added *Betty M. Eats It–RA 52275.* The man ahead moved up, and Ralph took a step forward, his heart squeezed in the weight of Betty. Finally, he moved to the bowl and urinated. It was bolt of lightning cracking. He sighed, leaned forward, and let his head rest against the wall. Oh, Betty, he thought. His life had changed, he was willing to understand. Were there other men, he wondered drunkenly, who could look at one event in their lives and perceive in it the tiny makings of the catastrophe that thereafter set their lives on a different course? He stood there a while longer, and then he looked down: he had urinated on his fingers. He moved to the wash basin, ran water over his hands after deciding against the dirty bar of soap. As he was unrolling the towel, he put his face up close to the pitted mirror and looked into his eyes. A face: nothing out of the ordinary. He touched the glass, and then he moved away as a man tried to get past him to the sink.

einem vielsagenden Grinsen etwas zu den anderen. Die Band begann zu spielen.

Ralph hob sein Glas und leerte es. Weiter weg an der Theke hörte er eine Frau wütend sagen: »Also, das gibt Ärger, das ist alles, was ich dazu sagen kann.« Die Musiker beendeten ihre Nummer und begannen mit einer neuen. Einer der Männer, der Bassist, trat ans Mikrofon und begann zu singen. Aber Ralph konnte den Text nicht verstehen. Als die Band wieder eine Pause einlegte, sah sich Ralph nach der Toilette um. Er sah hinten, am äußersten Ende der Theke, sich öffnende und schließende Türen und ging in diese Richtung. Er schwankte leicht, und er wusste, dass er jetzt betrunken war. Über einer der Türen hing ein Geweih. Er sah einen Mann hineingehen und sah einen anderen Mann die Tür auffangen und herauskommen. Drinnen, in einer Schlange von drei anderen Männern, merkte er plötzlich, dass er auf ausgebreitete Schenkel und eine Vulva starrte, die über einem Taschenkammautomaten an die Wand gemalt waren. Darunter war gekritzelt NASCH MICH, und darunter wiederum hatte jemand geschrieben: *Betty Nasch T. RA 52275.* Der Mann vor ihm rückte auf, und Ralph machte einen Schritt vorwärts, und unter der Last von Betty verkrampfte sich sein Herz. Schließlich trat er an das Becken und urinierte. Es war ein jäh niederfahrender Blitz. Er seufzte, beugte sich vor und legte die Stirn an die Wand. Oh, Betty, dachte er. Sein Leben war verändert, und er versuchte es zu verstehen. Gab es andere Männer, fragte er sich betrunken, die auf ein bestimmtes Ereignis in ihrem Leben blicken und darin die Anfänge der Katastrophe wahrnehmen konnten, die danach ihrem Leben eine andere Richtung gab? Er stand eine Weile länger da, und dann blickte er nach unten: er hatte auf seine Finger uriniert. Er ging zum Waschbecken, ließ Wasser über die Hände laufen, nachdem er sich gegen das schmutzige Stück Seife entschieden hatte. Als er das Handtuch herunterrollte, hielt er das Gesicht dicht an den fleckigen Spiegel und blickte in seine Augen. Ein Gesicht: nichts daran außergewöhnlich. Er berührte das Spiegelglas, und dann trat er zurück, weil ein Mann an ihm vorbei ans Waschbecken wollte.

When he came out the door, he noticed another door at the other end of the corridor. He went to it and looked through the glass panel in the door at four card players around a green felt table. It seemed to Ralph immensely still and restful inside, the silent movements of the men languorous and heavy with meaning. He leaned against the glass and watched until he felt the men watching him.

Back at the bar there was a flourish of guitars and people began whistling and clapping. A fat middle-aged woman in a white evening dress was being helped onto the platform. She kept trying to pull back but Ralph could see that it was mock effort, and finally she accepted the mike and made a little curtsy. The people whistled and stamped their feet. Suddenly he knew that nothing could save him but to be in the same room with the card players, watching. He took out his wallet, keeping his hands up over the sides as he looked to see how much he had. Behind him the woman began to sing in a low drowsy voice.

The man dealing looked up.

"Decided to join us?" he said, sweeping Ralph with his eyes and checking the table again. The others raised their eyes for an instant and then looked back at the cards skimming around the table. The men picked up their cards, and the man sitting with his back to Ralph breathed impressively out his nose, turned around in his chair and glared.

"Benny, bring another chair!" the dealer called to an old man sweeping under a table that had chairs turned up on the top. The dealer was a large man; he wore a white shirt, open at the collar, the sleeves rolled back once to expose forearms thick with black curling hair. Ralph drew a long breath.

"Want anything to drink?" Benny asked, carrying a chair to the table.

Ralph gave the old man a dollar and pulled out of his coat. The old man took the coat and hung it up by the door as he

Als er aus der Tür kam, sah er eine andere Tür am anderen Ende des Gangs. Er ging hin und blickte durch die Glasscheibe in der Tür auf vier Kartenspieler, die an einem mit grünem Filz bezogenen Tisch saßen. Ralph kam es so vor, als müsste es da drinnen unendlich still und erholsam sein, die ruhigen Bewegungen der Männer schienen ihm matt und bedeutungsschwer. Er lehnte sich an die Scheibe und sah zu, bis er spürte, dass die Männer auf ihn aufmerksam wurden.

Wieder an der Theke, hörte er eine Art Tusch der Gitarren und dann begannen die Leute zu pfeifen und zu klatschen. Eine dicke Frau mittleren Alters in einem weißen Abendkleid wurde auf das Podium gehievt. Sie versuchte, sich zu sträuben, aber Ralph sah, dass sie sich nur zierte, und schließlich nahm sie das Mikrofon und machte einen kleinen Knicks. Die Leute pfiffen und stampften mit den Füßen. Plötzlich wusste er, dass nichts ihn retten konnte, außer wenn er in dem Raum mit den Kartenspielern war und ihnen zusah. Er nahm seine Brieftasche heraus und wölbte die Hände von beiden Seiten darüber, während er nachsah wie viel Geld er bei sich hatte. Hinter ihm begann die Frau mit einer tiefen, schmachtenden Stimme zu singen.

Der Mann, der die Karten austeilte, blickte auf.

»Sie wollen mitspielen?«, sagte er. Seine Augen glitten kurz über Ralph hin und beobachteten dann wieder den Tisch. Die anderen hoben eine Sekunde lang die Augen und blickten dann zurück auf die ringsum über den Tisch gleitenden Karten. Die Männer nahmen ihre Karten auf, und der, der mit dem Rücken zu Ralph saß, atmete eindrucksvoll durch die Nase aus, drehte sich böse starrend auf seinem Stuhl um.

»Benny, bring noch einen Stuhl!«, rief der Geber einem alten Mann zu, der unter einem Tisch fegte, auf den Stühle mit der Sitzfläche nach unten gesetzt waren. Der Geber war ein massiger Mann; er hatte ein weißes, am Kragen offenes Hemd an; die Manschetten, einmal umgeschlagen, entblößten Unterarme voller schwarzer, sich kräuselnder Haare. Ralph holte tief Atem.

»Was zu trinken?«, fragte Benny, der den Stuhl an den Tisch trug.

Ralph gab dem alten Mann einen Dollar und streifte seinen Mantel ab. Der alte Mann nahm den Mantel und hängte ihn im Hinaus-

went out. Two of the men moved their chairs and Ralph sat down across from the dealer.

"How's it going?" the dealer said to Ralph, not looking up.

"All right," Ralph said.

The dealer said gently, still not looking up, "Low ball or five card. Table stakes, five-dollar limit on raises."

Ralph nodded, and when the hand was finished he bought fifteen dollars' worth of chips. He watched the cards as they flashed around the table, picked up his as he had seen his father do, sliding one card under the corner of another as each card fell in front of him. He raised his eyes once and looked at the faces of the others. He wondered if it had ever happened to any of them.

In half an hour he had won two hands, and, without counting the small pile of chips in front of him, he thought he must still have fifteen or even twenty dollars. He paid for another drink with a chip and was suddenly aware that he had come a long way that evening, a long way in his life. *Jackson,* he thought. He could be Jackson.

"You in or out?" one man asked. "Clyde, what's the bid, for Christ's sake?" the man said to the dealer.

"Three dollars," the dealer said.

"In," Ralph said. "I'm in." He put three chips into the pot.

The dealer looked up and then back at his cards. "You really want some action, we can go to my place when we finish here," the dealer said.

"No, that's all right," Ralph said. "Enough action tonight. I just found out tonight. My wife played around with another guy two years ago. I found out tonight." He cleared his throat.

One man laid down his cards and lit his cigar. He stared at Ralph as he puffed, then shook out the match and picked up

gehen neben der Tür auf. Zwei von den Kartenspielern rückten ihre Stühle, und Ralph setzte sich dem Geber gegenüber.

»Wie sieht's aus?«, sagte der Geber zu Ralph, ohne aufzublicken.

»Ganz gut«, sagte Ralph.

Der Geber sagte in höflichem Ton, noch immer ohne aufzublicken: »Lowball oder Fünf-Karten-Stud. Tischgeld, Fünf-Dollar-Limit bei jeder Erhöhung.«

Ralph nickte, und als die Runde gespielt war, kaufte er für fünfzehn Dollar Chips. Er beobachtete, wie die Karten in alle Richtungen über den Tisch flitzten, nahm seine so auf, wie er es seinen Vater hatte tun sehen, indem er eine Karte unter die Ecke einer anderen schob, während eine nach der anderen vor ihn hin flog. Einmal hob er die Augen und blickte in die Gesichter der anderen. Er fragte sich, ob es wohl einem von ihnen jemals passiert war.

Binnen einer halben Stunde hatte er zwei Runden gewonnen, und ohne das Häufchen Chips vor ihm zu zählen, glaubte er, dass er immer noch fünfzehn oder sogar zwanzig Dollar haben musste. Er gab einen Chip für einen weiteren Drink aus, und plötzlich war ihm bewusst, dass er einen langen Weg an diesem Abend zurückgelegt hatte, einen langen Weg in seinem Leben. *Jackson*, dachte er. Er könnte Jackson sein.

»Gehst du mit oder passt du?« sagte einer der Männer. »Clyde, wo sind wir, um Gottes willen«, fragte der Mann den Geber.

»Drei Dollar«, sagte der Geber.

»Ich geh mit«, sagte Ralph. »Ich geh mit.« Er tat drei Chips in den Pott.

Der Geber sah auf und dann wieder auf seine Karten. »Wenn du wirklich ein bisschen Aktion willst, können wir, wenn wir hier fertig sind, zu mir gehen«, sagte der Geber.

»Nein, das ist schon in Ordnung so«, sagte Ralph. »Genug Aktion für heute Abend. Ich hab heute Abend was rausgefunden. Meine Frau hat mit einem andern Kerl rumgemacht, vor zwei Jahren. Ich hab's heute Abend rausgefunden.« Er räusperte sich.

Ein Mann legte seine Karten ab und zündete sich seine Zigarre an. Während er paffte, sah er Ralph lange an, schüttelte dann das Streich-

his cards again. The dealer looked up, resting his open hands on the table, the black hair very crisp on his dark hands.

"You work here in town?" he said to Ralph.

"I live here," Ralph said. He felt drained, splendidly empty.

"We playing or not?" a man said. "Clyde?"

"Hold your water," the dealer said.

"For Christ's sake," the man said quietly.

"What did you find out tonight?" the dealer said.

"My wife," Ralph said. "I found out."

In the alley, he took out his wallet again, let his fingers number the bills he had left: two dollars–and he thought there was some change in his pocket. Enough for something to eat. But he was not hungry, and he sagged against the building trying to think. A car turned into the alley, stopped, backed out again. He started walking. He went the way he'd come. He stayed close to the buildings, out of the path of the loud groups of men and women streaming up and down the sidewalk. He heard a woman in a long coat say to the man she was with, "It isn't that way at all, Bruce. You don't understand."

He stopped when he came to the liquor store. Inside he moved up to the counter and studied the long orderly rows of bottles. He bought a half pint of rum and some more cigarettes. The palm trees on the label of the bottle, the large drooping fronds with the lagoon in the background, had caught his eye, and then he realized *rum*! And he thought he would faint. The clerk, a thin bald man wearing suspenders, put the bottle in a paper sack and rang up the sale and winked. "Got you a little something tonight?" he said.

Outside, Ralph started toward the pier; he thought he'd like to see the water with the lights reflected on it. He thought how

holz aus und nahm seine Karten wieder auf. Der Geber sah auf, seine Hände lagen flach auf dem Tisch – die schwarzen Haare auf seinen Handrücken waren stark gekräuselt.

»Arbeitest du hier in der Stadt?«, fragte er Ralph.

»Ich wohn hier«, sagte Ralph. Er fühlte sich ausgehöhlt, wunderbar leer.

»Spielen wir, oder nicht?«, sagte ein Mann. »Clyde?«

»Immer mit der Ruhe«, sagte der Geber.

»Um Gottes willen«, sagte der Mann mit leiser Stimme.

»Was hast du heute Abend rausgefunden?«, sagte der Geber.

»Meine Frau«, sagte Ralph. »Ich hab es rausgefunden.«

In der Seitengasse nahm er seine Brieftasche wieder heraus, ließ seine Finger die Scheine zählen, die ihm geblieben waren: zwei Dollar – und dann war da, wie er glaubte, noch etwas Kleingeld in seiner Tasche. Es reichte für etwas zu essen. Aber er war nicht hungrig, und er sank gegen die Hausmauer und versuchte zu denken. Ein Auto bog in die Gasse ein, hielt und setzte wieder zurück. Er ging los. Er ging den Weg, den er gekommen war. Er hielt sich im Schatten der Häuser und mied die lauten Gruppen von Männern und Frauen, die in beide Richtungen den Gehweg herauf- und herunterströmten. Er hörte eine Frau, die einen langen Mantel trug, zu dem Mann, mit dem sie ging, sagen: »Nein, Bruce, es ist überhaupt nicht so. Du begreifst es nicht.«

Er blieb stehen, als er zu dem Spirituosenladen kam. Drinnen trat er an den Ladentisch und studierte die langen ordentlichen Flaschenreihen. Er kaufte einen halben Liter Rum und noch eine Packung Zigaretten. Die Palmen auf dem Flaschenetikett, die großen, herabhängenden Wedel mit der Lagune im Hintergrund, hatten seinen Blick gefangen, und dann erst wurde es ihm klar – *Rum!* Und er dachte, er würde ohnmächtig werden. Der Verkäufer, ein hagerer kahlköpfiger Mann mit Hosenträgern, tat die Flasche in eine Papiertüte, tippte den Preis ein und sah ihn augenzwinkernd an. »Haben was laufen heut Abend, was?« sagte er.

Draußen schlug Ralph den Weg zum Pier ein; er dachte, er würde gern das Wasser sehen, mit den sich darin spiegelnden Lichtern. Er

Dr Maxwell would handle a thing like this, and he reached into the sack as he walked, broke the seal on the little bottle and stopped in a doorway to take a long drink and thought Dr Maxwell would sit handsomely at the water's edge. He crossed some old streetcar tracks and turned onto another, darker street. He could already hear the waves splashing under the pier, and then he heard someone move up behind him. A small Negro in a leather jacket stepped out in front of him and said, "Just a minute there, man." Ralph tried to move around. The man said, "Christ, baby, that's my feet you're steppin' on!" Before Ralph could run the Negro hit him hard in the stomach, and when Ralph groaned and tried to fall, the man hit him in the nose with his open hand, knocking him back against the wall, where he sat down with one leg turned under him and was learning how to raise himself up when the Negro slapped him on the cheek and knocked him sprawling onto the pavement.

III

He kept his eyes fixed in one place and saw them, dozens of them, wheeling and darting just under the overcast, seabirds, birds that came in off the ocean this time of morning. The street was black with the mist that was still falling, and he had to be careful not to step on the snails that trailed across the wet sidewalk. A car with its lights on slowed as it went past. Another car passed. Then another. He looked: mill workers, he whispered to himself. It was Monday morning. He turned a corner, walked past Blake's: blinds pulled, empty bottles standing like sentinels beside the door. It was cold. He walked as fast as he could, crossing his arms now and then and rubbing his shoulders. He came at last to his house, porch light on, windows dark. He crossed the lawn and went around to

dachte, wie Dr. Maxwell wohl mit so etwas zurechtkommen würde, und er griff im Gehen in die Papiertüte, brach das Siegel an der kleinen Flasche und blieb in einem Eingang stehen, um einen kräftigen Schluck zu trinken, und er dachte, Dr. Maxwell würde, hübsch anzuschauen, am Rand des Wassers sitzen. Er überquerte ein paar alte Straßenbahnschienen und bog in eine andere, dunklere Straße ein. Er hörte schon das Schwappen der Wellen unter dem Pier, und dann hörte er, wie jemand sich ihm von hinten näherte. Ein kleiner Neger in einer Lederjacke trat plötzlich vor ihn hin und sagte: »Einen Moment mal, Mann.« Ralph versuchte, um ihn herumzugehen. Der Mann sagte: »Mann, Baby, das sind meine Füße, du trittst auf meine Füße!« Ehe Ralph loslaufen konnte, versetzte der Neger ihm einen harten Schlag in den Magen, und als Ralph stöhnte und zu Boden gehen wollte, schlug der Mann ihm mit der flachen Hand auf die Nase und stieß ihn rückwärts gegen die Wand, an der er niedersank, mit dem einen Bein verdreht unter sich, und als er versuchte zu lernen, wie man sich wieder aufrappelte, gab der Neger ihm eine Ohrfeige, die ihn der Länge nach aufs Pflaster warf.

3

Er hielt die Augen fest auf einen Punkt gerichtet und sah sie, Dutzende von ihnen, wie sie dicht unter der Wolkendecke im Kreis herumwirbelten und dahinschossen, Seevögel, Vögel, die um diese Morgenstunde vom Ozean hereinkamen. Die Straße war schwarz vom immer noch fallenden Nieselregen, und er musste sehr vorsichtig sein, um nicht auf die Schnecken zu treten, die über den nassen Gehweg zogen. Ein Auto mit eingeschalteten Scheinwerfern drosselte das Tempo, als es vorbeifuhr. Ein anderes Auto kam vorbei. Dann wieder eines. Er sah genauer hin: Arbeiter von der Sägemühle, flüsterte er vor sich hin. Es war Montagmorgen: Er bog um eine Ecke, ging an Blake's Bar vorbei: die Jalousien runtergezogen, leere Flaschen, die wie Wächter neben der Tür standen. Es war kalt. Er ging so schnell er konnte, schlug die Arme hin und wieder um sich und rieb sich die Schultern.

the back. He turned the knob, and the door opened quietly and the house was quiet. There was the tall stool beside the draining board. There was the table where they had sat. He had gotten up from the couch, come into the kitchen, sat down. What more had he done? He had done nothing more. He looked at the clock over the stove. He could see into the dining room, the table with the lace cloth, the heavy glass centerpiece of red flamingos, their wings opened, the draperies beyond the table open. Had she stood at that window watching for him? He stepped onto the living-room carpet. Her coat was thrown over the couch, and in the pale light he could make out a large ashtray full of her cork cigarette ends. He noticed the phone directory open on the coffee table as he went by. He stopped at the partially open door to their bedroom. Everything seemed to him open. For an instant he resisted the wish to look in at her, and then with his finger he pushed the door open a little bit more. She was sleeping, her head off the pillow, turned toward the wall, her hair black against the sheet, the covers bunched around her shoulders, covers pulled up from the foot of the bed. She was on her side, her secret body angled at the hips. He stared. What, after all, should he do? Take his things and leave? Go to a hotel? Make certain arrangements? How should a man act, given these circumstances? He understood things had been done. He did not understand what things now were to be done. The house was very quiet.

In the kitchen he let his head down onto his arms as he sat at the table. He did not know what to do. Not just now, he thought, not just in this, not just about this, today and tomorrow, but every day on earth. Then he heard the children stirring. He sat up and tried to smile as they came into the kitchen.

Schließlich kam er zu seinem Haus, das Verandalicht brannte, die Fenster waren dunkel. Er überquerte den Rasen und ging um das Haus herum. Er drehte den Knauf, und die Tür ging leise auf, und es war still im Haus. Da stand der hohe Hocker neben dem Abtropfbord. Da war der Tisch, an dem sie gesessen hatten. Er war vom Sofa aufgestanden, war in die Küche gekommen, hatte sich hingesetzt. Was hatte er sonst noch getan? Er hatte nichts weiter getan. Er sah auf die Uhr über dem Herd. Er konnte ins Esszimmer sehen, sah den Tisch mit der Spitzendecke, in der Mitte der schwere gläserne Tafelaufsatz mit den roten Flamingos, die ihre Schwingen ausgebreitet hatten, die Vorhänge hinter dem Tisch, die aufgezogen waren. Hatte sie an diesem Fenster gestanden und nach ihm Ausschau gehalten? Er betrat den Wohnzimmerteppich. Ihr Mantel lag hingeworfen über dem Sofa, und in dem blassen Morgenlicht erkannte er einen großen Aschenbecher, voll von den Kippen ihrer Zigaretten mit Korkmundstück. Im Vorbeigehen bemerkte er das aufgeschlagene Telefonbuch auf dem Sofatisch. Er blieb an der halboffenen Tür zum Schlafzimmer stehen. Alles, so schien es, war offen für ihn. Einen kurzen Moment lang widerstand er dem Wunsch, zu ihr hineinzusehen, und dann stieß er mit dem Zeigefinger die Tür ein klein bisschen weiter auf. Sie schlief, ihr Kopf war vom Kissen gerutscht, der Wand zugekehrt, ihr Haar schwarz auf dem Laken, die Decken, hochgerutscht vom Fußende des Bettes, um ihre Schultern gebauscht. Sie lag auf der Seite, ihr geheimnisvoller Leib an den Hüften leicht gewinkelt. Er starrte. Was sollte er nach alledem tun? Seine Sachen nehmen und fortgehen? In ein Hotel gehen? Bestimmte Vereinbarungen treffen? Wie sollte ein Mann angesichts dieser Umstände handeln? Es war ihm klar, dass etwas getan worden war. Es war ihm nicht klar, was nun getan werden musste. Das Haus war sehr still.

In der Küche ließ er, als er am Tisch saß, den Kopf auf die Arme sinken. Er wusste nicht, was er tun sollte. Nicht nur jetzt, dachte er, nicht nur in dieser Sache, nicht nur angesichts dieser Sache, nicht nur heute und morgen, sondern jeden Tag, den er auf Erden verbrachte. Dann hörte er, wie die Kinder sich regten. Er richtete sich auf und versuchte zu lächeln, als sie in die Küche kamen.

"Daddy, Daddy," they said, running to him with their little bodies.

"Tell us a story, Daddy," his son said, getting onto his lap.

"He can't tell us a story," his daughter said. "It's too early for a story. Isn't it, Daddy?"

"What's that on your face, Daddy?" his son said, pointing.

"Let me see!" his daughter said. "Let me see, Daddy."

"Poor Daddy," his son said.

"What did you do to your face, Daddy?" his daughter said.

"It's nothing," Ralph said. "It's all right, sweetheart. Now get down now, Robert, I hear your mother."

Ralph stepped quickly into the bathroom and locked the door.

"Is your father here?" he heard Marian calling. "Where is he, in the bathroom? Ralph?"

"Mama, Mama!" his daughter cried. "Daddy's face is hurt!"

"Ralph!" She turned the knob. "Ralph, let me in, please, darling. Ralph? Please let me in, darling. I want to see you. Ralph? Please!"

He said, "Go away, Marian."

She said, "I can't go away. Please, Ralph, open the door for a minute, darling. I just want to see you. Ralph. Ralph? The children said you were hurt. What's wrong, darling? Ralph?"

He said, "Go away."

She said, "Ralph, open up, please."

He said, "Will you please be quiet, please?"

He heard her waiting at the door, he saw the knob turn again, and then he could hear her moving around the kitchen, getting the children breakfast, trying to answer their questions.

»Daddy, Daddy«, riefen sie und liefen mit ihren kleinen Körpern auf ihn zu.

»Erzähl uns 'ne Geschichte, Daddy«, sagte sein Sohn und kletterte auf seinen Schoß.

»Er kann uns jetzt nichts erzählen«, sagte seine Tochter. »Es ist noch zu früh für eine Geschichte. Stimmt's, Daddy?«

»Was hast du da im Gesicht, Daddy?«, sagte sein Sohn und zeigte mit dem Finger.

»Lass mal sehen!«, sagte seine Tochter. »Lass mal sehen, Daddy.«

»Armer Daddy«, sagte sein Sohn.

»Was hast du mit deinem Gesicht gemacht, Daddy?«, sagte seine Tochter.

»Das ist nichts weiter«, sagte Ralph. »Das macht nichts, Süße. Und jetzt runter mit dir, Robert, ich hör deine Mutter.«

Ralph trat schnell ins Badezimmer und verschloss die Tür.

»Ist euer Vater da?«, hörte er Marian rufen. »Wo ist er, im Badezimmer? Ralph?«

»Mama, Mama!«, schrie seine Tochter. »Daddy hat sich im Gesicht weh getan!«

»Ralph!« Sie drehte den Türknauf. »Ralph, lass mich rein, bitte, Liebling. Ralph? Bitte, lass mich rein, Liebling. Ich möchte dich sehen. Ralph? Bitte!«

Er sagte: »Geh weg, Marian.«

Sie sagte: »Ich kann nicht weggehen. Bitte, Ralph, mach die Tür auf, eine Minute nur, Liebling. Ich will dich nur sehen. Ralph. Ralph? Die Kinder sagen, du wärst verletzt. Was ist passiert, Liebling? Ralph?«

Er sagte: »Geh weg.«

Sie sagte: »Ralph, mach auf, bitte.«

Er sagte: »Würdest du bitte endlich still sein, bitte?«

Er hörte, wie sie draußen an der Tür wartete, er sah, wie sich der Knauf wieder drehte, und dann hörte er, wie sie in der Küche hin und her ging, den Kindern Frühstück machte und versuchte, ihre Fragen zu beantworten.

He looked at himself in the mirror a long time. He made faces at himself. He tried many expressions. Then he gave it up. He turned away from the mirror and sat down on the edge of the bathtub, began unlacing his shoes. He sat there with a shoe in his hand and looked at the clipper ships making their way across the wide blue sea of the plastic shower curtain. He thought of the little black coaches in the tablecloth and almost cried out *Stop!* He unbuttoned his shirt, leaned over the bathtub with a sigh, and pressed the plug into the drain. He ran hot water, and presently steam rose.

He stood naked on the tiles before getting into the water. He gathered in his fingers the slack flesh over his ribs. He studied his face again in the clouded mirror. He started in fear when Marian called his name.

"Ralph. The children are in their room playing. I called Von Williams and said you wouldn't be in today, and I'm going to stay home." Then she said, "I have a nice breakfast on the stove for you, darling, when you're through with your bath. Ralph?"

"Just be quiet, please," he said.

He stayed in the bathroom until he heard her in the children's room. She was dressing them, asking didn't they want to play with Warren and Roy? He went through the house and into the bedroom, where he shut the door. He looked at the bed before he crawled in. He lay on his back and stared at the ceiling. He had gotten up from the couch, had come into the kitchen, had ... *sat* ... *down.* He snapped shut his eyes and turned onto his side as Marian came into the room. She took off her robe and sat down on the bed. She put her hand under the covers and began stroking the lower part of his back.

"Ralph," she said.

He tensed at her fingers, and then he let go a little. It was easier to let go a little. Her hand moved over his hip and over his stomach and she was pressing her body over his now and

Er betrachtete sich lange im Spiegel. Er schnitt sich Gesichter. Er versuchte es mit vielen verschiedenen Gesichtern. Dann gab er auf. Er wandte sich vom Spiegel ab und setzte sich auf den Badewannenrand und machte sich daran, seine Schuhe aufzubinden. Mit dem einen Schuh in der Hand, saß er da und starrte auf die Klipper, die über die weite blaue See des Duschvorhangs aus Plastik segelten. Er dachte an die kleinen schwarzen Kutschen auf der Tischdecke und schrie beinahe *Halt!* Er knöpfte das Hemd auf, beugte sich mit einem Seufzer über die Wanne und drückte den Stöpsel in den Abfluss. Er ließ heißes Wasser ein, und sogleich stieg Dampf auf.

Er stand nackt auf den Fliesen, ehe er in das Wasser stieg. Er umspannte mit den Fingern das schlaffe Fleisch über seinen Rippen. Er studierte wieder sein Gesicht in dem bewölkten Spiegel. Er fuhr erschrocken zusammen, als Marian seinen Namen rief.

»Ralph. Die Kinder sind in ihrem Zimmer und spielen. Ich habe Von Williams angerufen und gesagt, du kannst heute nicht kommen, und ich bleib zu Hause.« Dann sagte sie: »Ich hab ein schönes Frühstück für dich auf dem Herd, Liebling, wenn du fertig bist mit deinem Bad. Ralph?«

»Sei einfach still, bitte«, sagte er.

Er blieb im Badezimmer, bis er sie im Kinderzimmer hörte. Sie zog die Kinder an, fragte sie, ob sie nicht mit Warren und Roy spielen wollten. Er ging durchs Haus und ins Schlafzimmer, wo er die Tür schloss. Er blickte auf das Bett, ehe er hineinkroch. Er lag auf dem Rücken und blickte an die Zimmerdecke. Er war vom Sofa aufgestanden, war in die Küche gekommen, hatte sich … *hingesetzt.* Er machte die Augen zu und drehte sich auf die Seite, als Marian ins Zimmer kam. Sie zog ihren Bademantel aus und setzte sich aufs Bett. Sie schob die Hand unter die Decke und begann den unteren Teil seines Rückens zu streicheln.

»Ralph«, sagte sie.

Er spannte sich an unter ihren Fingern, und dann ließ er ein bisschen los. Es war leichter, ein bisschen loszulassen. Ihre Hand bewegte sich über seine Hüfte und über seinen Bauch, und jetzt presste sie

moving over him and back and forth over him. He held himself, he later considered, as long as he could. And then he turned to her. He turned and turned in what might have been a stupendous sleep, and he was still turning, marveling at the impossible changes he felt moving over him.

ihren Leib an seinen und schob sich über ihn und bewegte sich über ihm und hin und her über ihm. Er hielt, wie er später meinte, an sich, solange er konnte. Und dann drehte er sich zu ihr um. Er drehte und drehte sich, womöglich war es ein gewaltiger Schlaf gewesen, und er drehte sich weiter und staunte über die unmöglichen Veränderungen, die, wie er spürte, über ihn kamen.

Anmerkungen

Washington Irving – Rip Van Winkle

Diedrich Knickerbocker – Irvings Pseudonym und der fiktive Autor von »The Knickerbocker History of New York« (1809).

Cartwright – William Cartwright, 1611–1643, englischer Dramatiker und Geistlicher; das Zitat stammt aus der Komödie »The Ordinary« (um 1635), auch zitiert bei Sir Walter Scott, »The Antiquary« (1816).

Peter Stuyvesant – 1592–1672, der letzte holländische Gouverneur von New York.

Fort Christina – von den Schweden erbaute Festung am Delaware River in der Nähe der heutigen Stadt Wilmington; die Belagerung vollzog sich ohne Kampf.

Bunker Hill – gemeint ist die Schlacht von Bunker Hill, die am 17. Juni 1775 während der Belagerung von Boston stattfand.

Helden von '76 – entscheidendes Jahr im amerikanischen Unabhängigkeitskrieg 1775–1783; am 4. Juli 1776 wurde in Philadelphia, Pennsylvania, die Amerikanische Unabhängigkeitserklärung unterzeichnet.

Stony Point – Landzunge am Westufer des Hudson, die von den Briten erobert und in der Nacht vom 15. auf den 16. Juli 1779 von den Amerikanern unter General Anthony Wayne (1745–1796) zurückerobert wurde.

Antony's Nose – Klippe am Ostufer des Hudson, in der Regel mit einem h geschrieben.

Hendrick Hudson – eigentlich Henry Hudson, um 1565–1611, englischer Seefahrer und Entdecker, der 1609 im Dienst der holländischen Vereinigten Ostindischen Kompanie mit dem Schiff »Halve Maen« (Halbmond) zu seiner dritten Reise in See stach und am 11. September des Jahres die Bucht von New York erreichte.

Herman Melville – Bartleby, der Schreiber

John Jacob Astor – Geschäftsmann und Mäzen (1763–1848); galt bei seinem Tod als reichster Mann Amerikas.

Court of Chancery – im angloamerikanischen Rechtssystem das Gericht, vor dem Fälle nach dem Billigkeitsrecht verhandelt werden; *Master*: hier eine Art Rechtspfleger.

Turkey, *Nippers*, *Ginger Nut* – alle drei Namen haben mit Essen zu tun: ›Truthahn‹, ›Schere‹ [bei Schalentieren], ›Ingwerkeks‹.

The Tombs – umgangssprachliche Bezeichnung für *The New York Halls of Justice and House of Detention*, einen Gefängnis- und Gerichtskomplex in Lower Manhattan, dessen Baustil ein altägyptisches Mausoleum nachahmte.

rote Tinte – Wein.

Marius – römischer Feldherr; dargestellt auf einem Gemälde des neoklassizistischen Malers John Vanderlyn (1775–1852), das beim Pariser Salon 1808 eine Goldmedaille gewann.

Adams/Colt – Beteiligte an einem aufsehenerregenden Mordfall des Jahres 1841. John C. Colt erschlug Samuel Adams mit einer Axt und brachte sich, wegen Mordes verurteilt, selbst um, bevor er gehängt werden konnte. Der Mord ereignete sich in der Nähe des Schauplatzes der Erzählung.

Ein neues Gebot … – Johannes 13,34.

Edwards' »Will« – *Freedom of Will* (1754); eines der Hauptwerke des amerikanischen Theologen und Philosophen Jonathan Edwards (1703–1758); *Priestleys »Necessity«: Doctrine of Philosophical Necessity* (1777); metaphysisches Werk des englischen Theologen, Philosophen und Naturforschers Joseph Priestley (1733–1804).

Rockaway – offene Kutsche.

Monroe Edwards – Sklavenschmuggler und Fälscher aus Texas (um 1808–1847); war zeitweilig in den Tombs inhaftiert.

Mit allen Königen und Ratsherren – vgl. Hiob 3,13–14.

Mark Twain – Die Eine-Million-Pfundnote

Punch – satirische Zeitschrift, die von 1841 bis 1992 erschienen ist.
Beefeater – Angehöriger der königlichen Leibwache im Londoner Tower.
Cribbage – addierendes Kartenspiel für zwei Personen.

Ambrose Bierce – Eine Begebenheit an der Owl-Creek-Brücke

schwanken Halt – vgl. William Shakespeare, *Heinrich IV*, Teil 1, Akt 1, Szene 3: »So voll Gefahr und Unternehmungsgeist, / Wie über einen Strom, der tobend brüllt, / Auf eines Speeres schwanker Halt zu schreiten.« (Worcester), Übersetzung: August Wilhelm von Schlegel.

Quellenverzeichnis

Washington Irving (1783–1859), Rip Van Winkle (1819)
Aus: *The Oxford Book of American Short Stories.* Edited by Joyce Carol Oates. Oxford, New York: Oxford University Press 1992.
Für diese Ausgabe neu übersetzt von Bernd Samland, Lektorat: K.L.

Nathaniel Hawthorne (1804–1864), Wakefield (1835)
Aus: Nathaniel Hawthorne: *Young Goodman Brown and Other Tales.* Edited with an Introduction and Notes by Brian Harding. Oxford: Oxford University Press 1998 [Oxford World's Classics].
Für diese Ausgabe neu übersetzt von Isabelle Fuchs, Lektorat: K.L.

Edgar Allan Poe (1809–1849), The Tell-Tale Heart (1843)
Aus: Edgar Allan Poe: *Selected Tales.* Edited with an Introduction and Notes by David Van Leer. Oxford: Oxford University Press 1998 [Oxford World's Classics].
Deutsch von Kai Kilian aus: Edgar Allan Poe: *The Fall of the House of Usher / Der Untergang des Hauses Usher.* 10 Erzählungen. Englisch – Deutsch. Köln: Anaconda Verlag 2007.

Herman Melville (1819–1891), Bartleby, The Scrivener (1853)
Aus: *Melvilles's Short Novels.* Authoritative Texts, Contents, Criticism. Selected and Edited by Dan McCall, Cornell University. New York, London: W. W. Norton & Company 2002 [Norton Critical Editions].
Für diese Ausgabe neu übersetzt von Felix Mayer, Lektorat: Meike Breitkreutz, Frankfurt a. M.

Mark Twain (1835–1910), The £ 1,000,000 Bank-Note (1893)
Aus: *The Complete Short Stories of Mark Twain.* Edited with an Introduction by Charles Neider. New York: Bentam Books 1990 [Bentam Classics].
Deutsch von Margarete Jacobi, für diese Ausgabe überarbeitet von Julia Schuster.

Ambrose Bierce (1842–1914), An Occurrence at Owl Creek Bridge (1891)
Aus: *The Complete Short Stories of Ambrose Bierce.* Compiled with Commentary by Ernest Jerome Hopkins. Foreword by Cathy N. Davidson. Lincoln, London: University of Nebraska Press 1984.
Für diese Ausgabe neu übersetzt von Kim Landgraf, Lektorat: Kai Kilian, Düsseldorf.

Edith Wharton (1862–1937), A Journey (1899)
Aus: *The Oxford Book of American Short Stories.* Edited by Joyce Carol Oates. Oxford, New York: Oxford University Press 1992.
Für diese Ausgabe neu übersetzt von Bernd Samland, Lektorat: K.L.

Dorothy Parker (1893–1967), Lady with a Lamp (1932)
Aus: Dorothy Parker: *Complete Stories*. Edited by Colleen Breese. With an Introduction by Regina Barreca. London: Penguin Books 2003. Copyright © The National Association for the Advancement of Colored People 1932.
Deutsch von Pieke Biermann aus: Dorothy Parker: *New Yorker Geschichten*. Aus dem Amerikanischen von Pieke Biermann und Ursula-Maria Mössner. Mit einem Vorwort von Elke Heidenreich. Hamburg: Gruner + Jahr 2006. Copyright für die deutsche Übersetzung © 2003 by KEIN & ABER AG Zürich.

Raymond Carver (1938–1988), Will You Please Be Quiet, Please? (1976)
Aus: Raymond Carver: *Will You Please Be Quiet, Please?* London: Vintage Books 2003. First published in the USA in 1976 by McGraw-Hill. Copyright © 1991 Tess Gallagher.
Deutsch von Helmut Frielinghaus aus: Raymond Carver: *Würdest du bitte endlich still sein, bitte.* Erzählungen. Berlin: Berlin Verlag 2000. Copyright für die deutsche Übersetzung © Helmut Frielinghaus.